U0917081

精华卷

中华工商联合出版社

图书在版编目（CIP）数据

世界上最伟大的推销员：精华卷 / 宿文渊编著 .--北京：中华工商联合出版社，2016.8（2021.6 重印）

ISBN 978-7-5158-1741-5

Ⅰ . ①世…　Ⅱ . ①宿…　Ⅲ . ①推销—通俗读物　Ⅳ . ① F713.3-49

中国版本图书馆 CIP 数据核字（2016）第 173254 号

世界上最伟大的推销员

编　　著：宿文渊
责任编辑：李　瑛　袁一鸣
装帧设计：北京东方视点数据技术有限公司
责任审读：李　征
责任印制：迈致红
出版发行：中华工商联合出版社有限责任公司
印　　刷：唐山富达印务有限公司
版　　次：2017 年 1 月第 1 版
印　　次：2021 年 6 月第 2 次印刷
开　　本：710mm × 1020mm　1/16
字　　数：280 千字
印　　张：20
书　　号：ISBN 978-7-5158-1741-5
定　　价：78.00 元

服务热线：010-58301130
销售热线：010-58302813
地址邮编：北京市西城区西环广场 A 座
19-20 层，100044
http: //www.chgslcbs.cn
E-mail: cicap1202@sina.com（营销中心）
E-mail: gslzbs@sina.com（总编室）

前　言

做一个好的推销员什么最重要？答案可能有很多种：人脉、技能、技巧、机会等，似乎每一个都不可或缺，但其中最重要的有 3 个，即经验、方法和知识。为了让梦想成功的推销员获得这三项必备的成功“武器”，我们推出了这本《世界上最伟大的推销员》，其内容全面、案例生动、方法实用，让读者一册在手，即可轻松赢得推销的成功。

学习别人的经验，可以避免重蹈覆辙。我们在《世界上最伟大的推销员》一书中精选了全球“销售之冠”乔·吉拉德、日本“推销之神”原一平、20 世纪“推销宗师”法兰克·贝特格等世界顶尖级的推销大师的推销经验、人生智慧和成功之道。在本书中，神奇的推销大师原一平教给你发现顾客、留住顾客的秘诀。他告诉我们，发现顾客、赢得顾客只是第一步，管理好客户资源，让老顾客为你开发新客户才是伟大的推销员应该掌握的基本功。被吉尼斯世界纪录誉为“世界上最伟大的推销员”的乔·吉拉德，他告诉每一个销售员：“If I can do it，you can!”他教会了我们如何把任何东西卖给任何人……他们的人生智慧和成功经验被全世界亿万从事推销的人士所推崇和学习，被公认为培养和打造最优秀推销员的活的范例和最佳工具。

在这些世界上最伟大的推销员的思想智慧、人生传奇的引领、感召和指导下，无数的推销员从平凡走向卓越，改变了人生命运。这些大师们在从事推销工作中所具备的心态、修养、品质、习惯、方法、技巧等，给广大的推销员提供了良好的参考范本，为他们提升个人的修养和素质，改进销售的习惯和方法，迅速提升推销能力和业绩，更好地完善和成就自我提供了极为宝贵的指导和帮助。学习他们成功的经验，对向往成功的你必将大有裨益。

运用正确的做事方法，可以让你事半功倍。在现代市场经济条件下，无论是对企业还是对营销人员而言，要想在激烈的竞争中脱颖而出，必然要透彻地理解营销，娴熟地应用营销工具。营销方法是对营销实践的科学总结，是处理特定问题的利器，了解与掌握各种营销方法已经成为企业管理者必备的商业素质，更是营销人员成就事业的必修课。

目 录

· 第一章 ·

奥格·曼狄诺教你怎样成为最伟大的推销员

我用全心的爱迎接今天

爱心是一宗大财产，爱心的力量是伟大的，它是使你拥有成功的最珍贵的东西。对一个推销员来说，爱是一支很好的利箭。

一、爱心是一笔很大的财富

有位名叫海菲的少年，一心想要推销掉一件上好的袍子，好有机会成为伟大的商人，和自己心爱的女孩在一起，可是最终他却把这样一件对自己意义重大、十分珍贵的袍子送给了一个在山洞中冻得发抖的婴孩。

正是少年这种善良的本性感动了上苍，他最终得到了10张珍贵的羊皮卷，上面写着关于推销艺术的所有秘诀，使这位少年最终成为世界上最伟大的推销员，并建立起了显赫一世的商业王国。

这就是爱的力量，唯有爱才是幸福的根源，唯有爱才是令你成功的最深层的动力。为此，你若想追求幸福，就请慷慨地向人间遍洒你的普世之爱吧。

在“羊皮卷”中这样写道：

“我要用全身心的爱迎接今天。

“因为，这是一切成功的最大秘诀。武力能够劈开一块盾牌，甚至毁掉生命，唯有爱才具有无与伦比的力量，使人们敞开心灵。在拥有爱的艺术之前，我只是商场上的无名小卒。我要让爱成为我最重要的武器，没有人能抗拒它的威力。

“我的观点，你们也许反对；我的话语，你们也许怀疑；我的穿着，你们也许不赞成；我的长相，你们也许不喜欢；甚至我廉价出售的商品都可能使你们将信将疑，然而我的爱心一定能温暖你们，就像太阳的光热能融化冰冷的大地。

“我将怎样面对遇到的每一个人呢？只有一种办法，我将在心里深深地为你祝福。这无言的爱会涌动在我的心中，流露在我的眼神里，令我嘴角挂上微笑，在我的声音里引起共鸣。在这无声的爱意里，你的心扉向我敞开了，你不再拒绝我推销的货物。”

这便是爱的力量，它是使你拥有成功的最珍贵的东西。

世界不能没有爱，爱对于我们就像空气、阳光和水。爱是一宗大财产，是一笔宝贵的资源，拥有了这种财产和资源，人生就会变得富有、幸福，人生就会步入成功的顶峰。

一颗善良的心，一种爱人的性情，一种坦率、诚恳、忠厚、宽恕的精神，可以说是一宗财产。百万富翁的区区财产若与这种丰富的财产相比较，便不足挂齿了。怀着这种好心情、好精神的人，虽然没有一文钱可以施舍与人，但是他们能比那些慷慨解囊的富翁行更多的善事。

假使一个人能够大彻大悟，能尽心尽力地为他人服务，为他人付出爱心，他的事业一定能获得发展。最有助于人的个人发展的莫过于从早年起就培养爱心以及懂得爱人的习惯了。

尽管大量地给予他人以爱心、同情、鼓励、扶助，然而那些东西在我们本身是不会因“给予”而有所减少的，反而会由于给人越多，我们自己拥有的也越多。我们把爱心、善意、同情、扶助给人越多，则我们所能收回的爱心、善意、同情、扶助也越多。

人生一世，所能得到的成绩和结果常常微乎其微。此中原因，就是在爱心的给予上显然不够大方。我们不轻易给予他人以我们的爱心与扶助，因此，别人也“以我们之道，还治我们之身”，以致我们也不能轻易获得他人的爱心与扶助。

常常向别人说亲热的话、常常注意别人的好处、说别人的好话，能养成这种习惯是十分有益的。人类的短处就在彼此误解、彼此指责、彼此猜忌，我们总是因他人的不好、缺憾、错误的地方而批评他人。假如人类能够减少或克服这种误解、指责、猜忌，彼此能相互亲爱、同情、扶助，那么梦寐以求的欢乐世界就能够盼望了。

有一次，一位哲学家问他的一些学生：“人生在世，最需要的是什么？”答案有许多，但最后一个学生说：“一颗爱心！”那位哲学家说：“在‘爱心’这两个字中，包含了别人所说的一切话。因为有爱心的人对于自己则能自安自足，能去做一切与己适宜的事；对于他人，他则是一个良好的伴侣和可亲的朋友。”

我们大多数人都是因为贪得无厌、自私自利的心理，以及无情、冷酷的商业行为之故，以至于目光被蒙蔽，以致只能看到别人身上的坏处，而看不到他们的好处。假如我们真能改变态度，不要一味去指责他人的缺点，而多注意一些他们的好处，则于己于人均有益处。因为由于我们的发现，他人也能感觉到他们的好处，因此感到兴奋并获得自尊，从而更加努力。假如人们彼此间都有互爱的精神，这种氛围一定可以使世界充满爱和阳光。

二、乐于助人，爱心用行动体现

在宾夕法尼亚州，有一段时间，当地人最痛恨的就是洛克菲勒。被他打败的竞争者将他的人像吊在树上泄恨，充满火药味的信件如雪花般涌进他的办公室，威胁要取他的性命。他雇用了许多保镖，防止遭人杀害。他试图忽视这些仇视怒潮，有一次曾以讽刺的口吻说："你尽管踢我骂我，但我还是按照我自己的方式行事。"

但他最后还是发现自己毕竟也是凡人，无法忍受人们对他的仇视，也受不了忧虑的侵蚀。他的身体开始不行了，疾病从内部向他发动攻击，这令他措手不及、疑惑不安。

起初，"他试图对自己偶尔的不适保秘密"，但是，失眠、消化不良、掉头发、烦恼等病症却是无法隐瞒的。最后，他的医生把实情坦白地告诉他，他只有两种选择：财富和烦恼，或是性命。医生警告他：必须在退休和死亡之间做一抉择。

他选择退休。但在退休之前，烦恼、贪婪、恐惧已彻底破坏了他的健康。美国最著名的女传记作家伊达·塔贝见到他时吓坏了。她写道："他脸上所显示的是可怕的衰老，我从未见过像他那样苍老的人。"

医生们开始挽救洛克菲勒的生命，他们为他立下 3 条规则——这是他以后奉行不渝的 3 条规则：

(1) 避免烦恼，在任何情况下绝不为任何事烦恼。

(2) 放松心情，多在户外做适当运动。

(3) 注意节食，随时保持半饥饿状态。

洛克菲勒遵守这 3 条规则，因此而挽救了自己的性命。退休后，他学习打高尔夫球、整理庭院，和邻居聊天、打牌、唱歌等。

但他同时也做别的事。温克勒说："在那段痛苦至极的夜晚里，洛克菲勒终于有时间自我反省。"他开始为他人着想，他曾经一度停止去想他能赚多少钱，而是开始思索那笔钱能换取多少人类的幸福。

简而言之，洛克菲勒开始考虑把数百万的金钱捐出去。有时候，做件事可真不容易，当他向一座教堂捐献时，全国各地的传教士齐声发出怒吼："腐败的金钱！"

但他继续捐献。在获知密歇根湖岸的一家学院因为抵押而被迫关闭时，他立刻展开援助行动，捐出数百万美元去援助那家学院，将它建设成为目前举世闻名的芝加哥大学。

他也尽力帮助黑人，帮助完成黑人教育家华盛顿·卡文的志愿。当著名的十二指肠虫专家史太尔博士说："只要价值 5 角钱的药品就可以为一个人治愈这种病，但谁会捐出这 5 角钱呢？"洛克菲勒捐出数百万美元消除十二指肠虫，消除了这种疾病。然后，他又采取更进一步的行动，成立了一个庞大的国际性基金会——洛克菲勒基金会，致力于消灭全世界各地的疾病、扫除文盲等工作。

洛克菲勒的善举不仅平息了人们对他的憎恨，而且产生了更为神奇的效果：许多人开始赞扬他、敬仰他，有的受了他恩惠的人甚至对他感激涕零。

其实，你我都应该感谢约翰·D. 洛克菲勒，因为在他的资助下，科学家发明了盘尼西林以及其他多种新药。它使我们的孩子不再因患脑膜炎而死亡；它使我们有能力克服疟疾、肺结核、流行性感冒、白喉和其他目前仍危害世界各地人们的疾病。

洛克菲勒把钱捐出去之后，他最后终于感到满足了。

幸福的产生与否就在于一个人的心态如何，那种善良的心、仁慈的爱能产生巨大的威力，迎来盼望的幸福。在这个地球上，只有充满着爱心的角落、家庭，才能得到幸福的光线照耀。

世界著名的精神医学家亚弗烈德·阿德勒曾经发表过一篇令人惊奇的研究报告。他常对那些孤独者和忧郁病患者说："只要你按照我这个处方去做，14 天内你的孤独、忧郁症一定可以痊愈。这个处方是——每天想想，怎样才能使别人快乐？让别人感到人世间的爱心力量。"

在漫漫的人生道路上，你如果觉得自己孤寂，或者觉得道路艰难，那你就照着阿德勒的话去做，只要心中有一盏温暖的灯，就将照亮你暗淡的心灵，获得温暖，度过寒冷的冬季，跨过每一道障碍。这样你会逢凶化吉、因祸得福、获得快乐，使你远离精神科医生。因为爱的表现是无条件地付出、奉献，而最终结果是自己得到了最大的报偿。

三、善良是爱的初始

一家餐馆里，一位老太太买了一碗汤，在餐桌前坐下，突然想起忘记取面包。

她起身取回面包，重返餐桌。然而令她惊讶的是，自己的座位上坐着一位黑皮肤的男子，正在喝着自己的那碗汤。

这个无赖，他为什么喝我的汤？老太太气呼呼地想，可是，也许他太穷了、太饿了，还是一声不吭算了，不过，也不能让他一个人把汤全喝了。

于是，老太太装着若无其事的样子，与黑人同桌，面对面地坐下，拿起汤匙，不声不响地喝起了汤。

就这样，一碗汤被两个人共同喝着，你喝一口，我喝一口。两个人互相看看，都默默无语。

这时，黑人突然站起身，端来一大盘面条，放在老太太面前，面条上插着两把叉子。

两个人继续吃着，吃完后，各自站起身，准备离去。“再见！”老太太友好地说。“再见！”黑人热情地回答。他显得特别愉快，感到非常欣慰，因为他自认为今天做了一件好事，帮助了一位穷困的老人。黑人走后，老太太这才发现，旁边的一张饭桌上放着一碗无人喝的汤，正是她自己的那一碗。

生活就是这样纷繁复杂，人与人之间的误会、隔阂，乃至怨恨都会时常发生，只要心地善良、互谅互让，误会、怨恨也能变成令人感动和怀念的往事。

善良是一种能力，一种洞察人性中的恶的能力。善良是一种胸怀，拥有善良，就会拥有一颗平和的心，能以平和、宽容的心态去面对你所遇到的人和事。

善良不是善恶不辨、是非不分，不是对坏人坏事一味放纵、宽容、无原则地愚善，而是一种洞察世事的智慧。

善良，会让天地更宽广，万物更明丽，人生更丰盈。

一座城市来了一个马戏团，8个12岁以下的孩子穿着干净的衣裳，手牵着手排队在父母的身后，等候买票。他们不停地谈论着即将上演的节目，好像他们就要骑上大象在舞台上表演似的。

终于轮到他们了，售票员问要多少张票，父亲神气地回答："请给我8张小孩的、2张大人的。"

售票员说出了价格。

母亲的心颤了一下，转过头把脸垂了下来。父亲咬了咬唇，又问："你刚才说的是多少钱?"

售票员又报了一次价。

父亲眼里透着痛楚的目光，他实在不忍心告诉他身旁兴致勃勃的孩子们："我们的钱不够!"

一位排队买票的男士目睹了这一切，他悄悄地把手伸进口袋，把一张20元的钞票拿出来，让它掉到地上。然后，他蹲下去，捡起钞票，拍拍那个父亲的肩膀说："对不起，先生，你掉了钱。"

父亲回过头，明白了原因。他眼眶一热，紧紧地握住男士的手。因为这位男士在他心碎、困窘的时刻帮了他的忙："谢谢，先生。这对我和我的家庭意义重大。"

有时候，一个发自仁慈与爱的小小善行会铸就大爱的人生舞台。

善待社会、善待他人并不是一件复杂、困难的事，只要心中常怀善念，生活中的小小善行不过是举手之劳，却能给予别人很大帮助，何乐而不为呢？给迷途者指路、向落难者伸出援手，真心祝贺他的成功、真诚鼓励失意的朋友，等等，看似微不足道的举动，却能给别人带去力量，给自己带来付出的快乐和良心的安宁。

如果人人都能以善心待人，世间便会少很多纷争，多很多关爱。

四、爱让推销无往不胜

推销是和人打交道的工作，推销员必须具有爱心，才能得到顾客的认可，推销成功。

如果你成为客户信任的推销员，你就会受到客户的喜爱、信赖，甚至能够和客户成为亲密的朋友关系。一旦形成这种人际关系，有时客户会只因照顾你的情面，自然而然地购买商品。而要形成这种关系，就要求推销员具有爱心，注意一些寻常小事。

有位推销员去拜访客户时，正逢天空乌云密布，眼瞅着暴风雨就要来临了，这时他突然看见被访者的邻居有床棉被晒在外面，女主人却忘了出来收。那位推销员便大声喊道："要下雨啦，快把棉被收起来呀！"他的这句话对这家女主人无疑是一种至上的服务，这位女主人非常感激他，他要拜访的客户也因此十分热情地接待了他。

翰森搬家后不久，还不满 4 岁的儿子波利在一天傍晚突然失踪了，全家人分头去寻找，找遍了大街小巷，依然毫无结果。他们的恐惧感越来越强，于是，他们给警察局打了电话，几分钟后，警察也配合他们一起寻找。

翰森开着车子到商业街去寻找，所到之处，他不断地打开车窗呼唤波利的名字。附近的人们注意到他的这种行为，也纷纷加入寻找的行列。

为了看波利是否已经回家，翰森不得不多次赶回家去。有一次回家看时，他突然遇到了地区警备公司的人，翰森恳求说："我儿子失踪了，能否请您和我一起去找找看？"此时却发生了令人难以置信的事情——那个人竟然做起了巡回服务推销表演！尽管翰森气得目瞪口呆，但那人还是照旧表演。几分钟后，翰森总算打断了那人的话，他怒不可遏地对那人说：“你如果给我找到儿子，我就会和你谈巡回服务的问题。”

波利终于被找着了，但那位推销员的推销却未成功。倘若那个人当时能主动帮助翰森寻找孩子，20 分钟后，他就能够得到推销史上最容易得到的交易。

有的推销员认为爱心对推销无关紧要，这是错误的观点，正是因为你的爱心，客户才可能信任你，进而买你的产品，使你的推销成功。

因此，朋友们，请从现在起用全身心的爱来迎接明天、感谢生活吧。用爱心打开人们的心扉，让爱化作你商场上的护身符，爱会使你孤独时变得平静，绝望时变得振作。有了爱，你将成为伟大的推销员；有了爱，你将迈出成为优秀人士的第一步。

我将坚持不懈直到成功

俗话说，坚持就是胜利，贵在持之以恒。每个人都有梦想，追求梦想需要不懈地努力。只有坚持不懈，成功才不再遥远。

一、坚持不懈是最基本的品质

“羊皮卷”故事中的少年海菲接受了主人的 10 张羊皮卷的商业秘诀之后，孤身一人骑着驴子来到了大马士革城，沿着喧哗的街道，他心中充满了疑虑和恐惧，尤其是曾经在伯利恒那个小镇上推销袍子的挫败感笼罩在他的心底，突然他想放弃自己的理想，他想大声地哭泣。但此刻，他的耳畔响起了主人的声音：“只要决心成功，失败永远不会把你击垮。”

于是，他大声呐喊：“我要坚持不懈，直到成功。”

他想起了“羊皮卷”中的箴言：

“我不是注定为了失败才来到这个世界上的，我的血脉里也没有失败的血脉在流动。我不想听失败者的哭泣、抱怨者的牢骚，我不能被它传染。失败者的屠宰场不是我人生的归宿。

“从今往后，我每天的奋斗就如同对参天大树的一次砍击，前几刀可能留不下痕迹，每一击似乎微不足道，然而，积累起来，巨树终将倒下。这正如我今天的努力。

“如同冲洗高山的雨滴、吞噬猛虎的蝼蚁、照亮大地的星辰、建造金字塔的奴隶，我也要一石一瓦地建造起自己的城堡，因为我深知水滴石穿的道理，只要持之以恒，什么都可以做到。

“我要坚持、坚持、再坚持。障碍是我成功路上的弯路，我迎接这项挑战。我要像水手一样，乘风破浪。”

坚持是一种神奇的力量，因为它几乎能够战胜一切，让你得到任何想要的东西。

开学第一天，苏格拉底对学生们说：“今天我们只学一件最简单也是最容易的事儿。每人把胳膊尽量往前甩，然后再尽量往后甩。”说着，苏格拉底示范了一遍。“从今天开始，每天做 300 下。大家能做到吗？”

学生们都笑了，这么简单的事，有什么做不到的？过了一个月，苏格拉底问学生们：“每天甩手 300 下，哪些同学在坚持着？”有 90％的同学骄傲地举起了手。又过了一个月，苏格拉底又问，这回，坚持下来的学生只剩下八成。

一年过后，苏格拉底再一次问大家：“请告诉我，最简单的甩手运动，还有哪几位同学坚持着？”这时，整个教室里，只有一人举起了手，这个学生就是后来的古希腊另一位大哲学家柏拉图。

世间最容易的事常常也是最难做的，最难的事也是最容易做的。

说它容易，是因为只要愿意做，人人都能做到；说它难，是因为真正能做到并持之以恒的，终究只是极少数人。

半途而废者经常会说“那已足够了”、“这不值”、“事情可能会变坏”、“这样做毫无意义”。而能够持之以恒者会说“做到最好”、“尽全力”、“再坚持一下”。

巨大的成功靠的不是力量而是韧性，竞争常常是持久力的竞争。有恒心者往往是笑在最后、笑得最好的胜利者。

一次拍卖会上，有大批的脚踏车出售。当第一辆脚踏车开始竞拍时，站在最前面的一个不到 12 岁的男孩抢先出价：“5 元钱。”可惜，这辆车被出价更高的人买走了。

稍后，另一辆脚踏车开拍，这位小男孩又出价 5 元钱。接下来，他每次都出这个价，而且不再加价。不过，5 元钱的确太少了，那些脚踏车都卖到 35 元或 40 元钱，有的甚至卖到 100 元以上。暂停休息时，拍卖员问小男孩为什么不出较高价竞争。小男孩说，他只有 5 元钱。

拍卖继续，小男孩还是给每辆脚踏车出 5 元钱。他的这一举动引起了所有人的注意，人们交头接耳地议论着他。

经过漫长的一个半小时后，拍卖快要结束了，只剩下最后一辆脚踏车，而且是非常棒的一辆，车身光亮如新，令小男孩怦然心动。拍卖员问：“有谁出价吗？”

这时，小男孩依然抢先出价说：“5 元钱。”

拍卖员停止唱价，静静地站在那里，观众也默不作声，没有人举手喊价。静待片刻后，拍卖员说：“成交！5 元钱卖给那个穿短裤、白球鞋的小伙子。”

观众纷纷鼓掌。

小男孩脸上洋溢着幸福的光芒，拿出握在汗湿的手心里揉皱了的

5 元钱，买下了那辆无疑是世界上最漂亮的脚踏车。

好的梦想，是未来人生道路上美满成功的预示。梦想能给我们带来希望，激发我们内在的潜能，并激励我们不断为实现目标而努力。

但是，仅有梦想是不够的，还要有实现梦想的毅力和决心，把梦想变成现实要依靠不懈的努力。

执着地追求梦想和成全他人的梦想，都是人间至美的事情。

二、坚持不懈才能成功

多年以前，美国曾有一家报纸刊登了一则某园艺所以重金征求纯白金盏花的启事，在当地轰动一时。高额的奖金让许多人趋之若鹜，但在千姿百态的自然界中，金盏花除了金色的就是棕色的，能培植出白色的不是一件易事。所以许多人一阵热血沸腾之后，就把那则启事抛到九霄云外去了。

一晃就是 20 年，一天，那家园艺所意外地收到了一封热情的应征信和一粒纯白金盏花的种子。当天，这件事就不胫而走，引起轩然大波。

寄种子的原来是一个年已古稀的老人。老人是一个地地道道的爱花人。20 年前当她偶然看到那则启事后，便怦然心动，她不顾 8 个儿女的一致反对，义无反顾地干了下去。她撒下了一些最普通的种子，精心侍弄。一年之后，金盏花开了，她从那些金色的、棕色的花中挑选了一朵颜色最淡的，任其自然枯萎，以取得最好的种子。次年，她又把它种下去。然后，再从这些花中挑选出颜色最淡的花种栽种……日复一日，年复一年。终于，20 年后的一天，她在那片花园中看到一朵金盏花，它不是近乎白色，也并非类似白色，而是如银如雪的白。一个连专家都解决不了的问题，在这位不懂遗传学的老人手中迎刃而解，这难道是奇迹吗？

一个做事没有耐心、没有恒心的人是很难成功的。因为任何一件事的成功都不是偶然的，它需要你耐心地等待。同样，一个人做事不坚持，他就很难看到成功，因为他在成功到来之前就放弃了。

一个人的毅力决定了他在面对困难、失败、挫折、打击时是倒下去还是屹立不动。一个人如果想把任何事进行到底，单单靠着“一时的冲劲”是不行的，还需要毅力方能成事。具有毅力的人，不达目标绝不中止。

世界潜能大师博恩·崔西曾说过：“现在世界上大部分的人都处在不耐心的状态下，有许多人做行销、推销有一个非常奇怪的习惯：东边有一只兔子，去追；西边有一只兔子，也去追；南边有一只兔子，去追；北边有一只兔子，还去追；追来追去，一只兔子也追不到。所以，成功永远只是耐心不耐心的问题，要成功就要坚持只去追一只兔子。”

有位国际著名的推销大师即将告别他的推销生涯，应行业协会和社会各界的邀请，他将在该城中最大的体育馆作告别职业生涯的演说。

那天，会场座无虚席，人们在热切地等待着那位当代最伟大的推销员作精彩的演讲。当大幕徐徐拉开，6 个彪形大汉抬着一个巨大的铁球走到舞台中央。

一位老者在人们热烈的掌声中走了出来，站在铁球的一边，他就是那位今天将要演讲的推销大师。

人们惊奇地望着他，不知道他要做出什么举动。

这时，两位工作人员抬着一个大铁锤，放在老者的面前。

老人请两个年轻力壮的人用这个大铁锤去敲打那个铁球，直到它滚动起来。

一个年轻人抡着铁锤，全力向铁球砸去，一声震耳的响声过后，那个铁球动也没动。他用大铁锤接二连三地敲了一段时间后，很快就气喘吁吁了。

另一个人也不甘示弱，接过大铁锤把铁球敲得叮当响，可是铁球仍旧一动不动。

台下逐渐没了呐喊声，观众好像认定那是没用的，铁锤是敲不动铁球的。他们在等着老人做出什么解释。

会场恢复了平静，老人从上衣口袋里掏出一个小锤，然后认真地面对着那个巨大的铁球。他用小锤对着铁球“咚”地敲了一下，然后停顿一下，再一次用小锤“咚”地敲一下，停顿一下，然后“咚”地敲一下……就这样持续地用小锤敲打着。

10 分钟过去了，20 分钟过去了，会场早已开始骚动，有的人干脆叫骂起来，人们用各种声音和动作发泄着他们的不满。老人好像什么也没听见，仍然一小锤一小锤地工作着。人们开始愤然离去，会场上出现了大块大块的空缺。

大概在老人进行到 40 分钟的时候，坐在前面的一个妇女突然尖叫一声：“球动了！”霎时间会场立即鸦雀无声，人们聚精会神地看着那个铁球。那球以很小的幅度真的动了起来，老人仍旧一小锤一小锤地敲着。铁球在老人一锤一锤的敲打中越动越快，最后滚动起来了，场上终于爆发出一阵阵热烈的掌声。在掌声中，老人转过身来，说：“当成功来临的时候，你挡都挡不住。”

每个人生命中的每一天都要接受很多的考验，如果能够坚忍不拔、勇往直前，迎接挑战，那么你一定会成功。

希望你坚持不懈，直到成功。要相信自己天生就是为了成功而降临世界，自己的身体中只有成功的血液在流淌。你不是任人鞭打的耕牛，而是不与懦夫为伍的猛兽。千万不要被那些懦夫的哭泣和失意的抱怨所感染，你和他们不一样，你要意志坚定地做你的猛兽，才能笑傲在自己的领域！

希望你坚持不懈，直到成功。要相信生命的奖赏只会高悬在旅途的终点。你永远不可能在起点附近找到属于自己的钻石。也许你不知道还要走多久才能成功，就算当你走到一多半的时候，仍然可能遭到失败。但成功也许就藏在拐角后面，除非拐了弯，否则你永远看不到成功近在咫尺的景象。所以，要不停地向前，再前进一步，如果不行，就再向前一步。事实上，每次进步一点点并不太难。或许你这次考试只得了 50 分，而你的目标是 90 分，那么要求下一次就得到 90 分，显得不现实，而且太残酷了，但是如果要求你得到 55 分或者 60 分，并不是太难。你每次只需要比上一次好一点点，那么成功就会越来越近。

希望你坚持不懈，直到成功。从现在开始，你要承认自己每天的奋斗就像一滴水，或许明天还看不到它的用处，但是总有一天，滴水穿石。你每一天奋斗不止，就好似蚂蚁吞噬猛虎，只要持之以恒，什么都可以做到。不要小看那些仿佛微不足道的努力，没有它们，就没有你最后的辉煌。

希望你坚持不懈，直到成功。每个人都必然会面临失败，但是在勇者的字典里不允许有“放弃”、“不可能”、“办不到”、“没法子”、“行不通”、“没希望”……这类愚蠢的字眼。你可以失败，也可以失望，但是如果真的还想成为优秀的推销员的话，请记住：你已经不再有绝望的权利！为什么要绝望？想想自己是多么的独一无二！你需要辛勤耕耘，或许必须忍受苦楚，但是请你放眼未来，勇往直前，不用太在意脚下的障碍，在哪里跌倒，就在哪里爬起来。要相信阳光总在风雨后。

希望你坚持不懈，直到成功。你应该牢牢记住那个流传已久的平衡法则，不断鼓励自己坚持下去，因为每一次的失败都会增加下一次成功的机会。这一刻顾客的拒绝就是下一刻顾客的赞同。命运是公平的，你所经受的苦难和你将会获得的幸福是一样多的。今天的不幸，往往预示着明天的好运。深夜时分，当你回想今天的一切，你是否心存感激？要知道，或许命运就是这样，你一定要失败多次才能成功。

希望你坚持不懈，直到成功。你需要不断地尝试、尝试、再尝试。无论什么样的挑战，只要你敢面对，就有战胜的希望，因为你的潜能无限。

希望你坚持不懈，直到成功。你应该借鉴别人成功的秘诀，把过去的那些荣耀或者失败都抛到脑后。只需要抱定一个信念——明天会更好。当你精疲力竭时，你是否可以抵制睡眠的诱惑？再试一次，坚持就是胜利，争取每一天的成功，避免以失败收场。当别人停滞不前时，你不可以放纵自己，你要继续拼搏，因为只要你的付出比别人多一点点，有一天你就会丰收。

希望你坚持不懈，直到成功！

我是自然界伟大的奇迹

如果你把自己看成是伟人的化身，然后像伟人一样行动，那你的生命自会精彩得无与伦比。要想得到别人的重视，首先要自己重视自己，自信让你战无不胜。

一、自信是成功的第一秘诀

每当海菲在推销商品的过程中遇到挫折时，他会想：我是世界上独一无二的，我是上帝创造的杰作和奇迹，即使当我屡被拒绝。既然上天将这“羊皮卷”赐予我，我就是自然界伟大的奇迹，我将永远不再自怜自贱，而且从今天起，我要加倍重视自己的价值。

因为他相信“羊皮卷”中的真言，于是他毫无顾忌地大声诵读起来：

“我相信，我是自然界最伟大的奇迹。

“我不是随意来到这个世间的。我生来应为高山，而非草芥。从今天起，我要倾尽全力成为群峰之巅，发挥出最大的潜能。

“我要汲取前人的经验，了解自己以及手中的货物，这样才能更大程度地增加销量。我要斟酌词句，反复推敲推销时用的语言，因为这关系到事业的成败。我知道，许多成功的推销员，其实只有一套说辞，却能使他们无往不利。我还要不断改进自己的仪表和风度，因为这是最能吸引别人的关键。

“从今天起，我永远不再自怜自贱。”

有一个法国人，42 岁时仍一事无成，他自己也认为自己简直倒霉透了：离婚、破产、失业……他不知道自己的生存价值和人生意义何在。他对自己非常不满，变得古怪、易怒，同时又十分脆弱。有一天，一个吉普赛人在巴黎街头算命，他上前一试。

吉普赛人看过他的手相之后，说：

“您是一个伟人，您很了不起！”

“什么？”他大吃一惊，“我是个伟人，你不是在开玩笑吧？”

吉普赛人平静地说：

“您知道您是谁吗？”

我是谁？他暗想，是个倒霉鬼，是个穷光蛋，我是个被生活抛弃的人！

但他仍然故作镇静地问：

“我是谁呢？”

“您是伟人，”吉普赛人说，“您知道吗？您是拿破仑转世！您身上流的血、您的勇气和智慧，都是拿破仑的啊！先生，难道您真的没有发觉，您的面貌也很像拿破仑吗？”

“不会吧……”他迟疑地说，“我离婚了……我破产了……我失业了……我几乎无家可归……”

“嗨，那是您的过去，”吉普赛人只好说，“您的未来可不得了！如果先生您不相信，就不用给钱好了。不过，5 年后，您将是法国最成功的人啊！因为您就是拿破仑的化身！”

他表面装作极不相信地离开了，但心里却有了一种从未有过的伟大感觉。他对拿破仑产生了浓厚的兴趣。回家后，就想方设法找与拿破仑有关的一切书籍著述来学习，渐渐地，他发现周围的环境开始改变了：朋友、家人、同事、老板，都换了另一种眼光、另一种表情对他。事情开始顺利起来。13 年以后，也就是在他 55 岁的时候，他成了法国赫赫有名的亿万富翁。

真正的自信不是孤芳自赏，也不是夜郎自大，更不是得意忘形、自以为是和盲目乐观；真正的自信就是看到自己的强项并加以肯定、展示或表达。它是内在实力和实际能力的一种体现，能够清楚地预见并把握事情的正确性和发展趋势，引导自己做得最好或更好。

自信是每一个成功人士最为重要的特质之一。

信心是我们获得财富、争取自由的出发点。有句谚语说得好：“必须具有信心，才能真正拥有。”

世界酒店大王希尔顿用 200 美元创业起家，有人问他成功的秘诀，他说：“信心。”

拿破仑·希尔说：“有方向感的自信心，令我们每一个意念都充满力量。当你有强大的自信心去推动你的致富巨轮时，你就可以平步青云。”

美国前总统里根在接受《成功》杂志采访时说：“创业者若抱有无比的信心，就可以缔造一个美好的未来。”

自信可以让我们成为所希望的那样，自信可以让我们心想事成。

只有先相信自己，别人才会相信你，多诺阿索说：“你需要推销的首先就是你的自信，你越是自信，就越能表现出自信的品质。”一个人一旦在自己心中把自己的形象提升之后，其走路的姿势、言谈、举止，无不显示出自信、轻松和愉快，从气势上表现出可以自己做主并且冲劲十足、热情高涨、热心助人。

一个冲劲十足、热情高涨、热心助人的人绝对拥有成功的资本。

“信者”为“储”，不信者即无储，不自信就自卑，自卑就会恐惧……缺乏自信带来的后果是非常可怕的。

如果没有坚定的自信去勇于面对责难和嘲讽，去不断地尝试着动摇传统和挑战权威，那么爱迪生不可能发明电灯，莫尔斯不可能发明电报，贝尔不可能发明电话……

居里夫人说：“我们的生活多不容易，但是，那有什么关系？我们必须有恒心，尤其要有自信心，我们的天赋是用来做某件事情的，无论代价多么大，这件事情必须做到。”

汤姆·邓普西生下来的时候只有半只左脚和一只畸形的右手，父母从不让他因为自己的残疾而感到不安。结果，他能做到任何健全男孩所能做的事：如果童子军可以行军 10 公里，汤姆也同样可以走完 10 公里。

后来他学橄榄球，他发现：自己能把球踢得比在一起玩的男孩子都远。他请人为他专门设计了一只鞋子，参加了踢球测验，并且得到了冲锋队的一份合约。

但是教练却尽量婉转地告诉他，说他“不具备做职业橄榄球运动员的条件”，劝他去试试其他的事业。最后他申请加入新奥尔良圣徒球队，并且请求教练给他一次机会。教练虽然心存怀疑，但是看到这个男子这么自信，对他有了好感，因此就留下了他。

两个星期之后，教练对他的好感加深了，因为他在一次友谊赛中踢出了 55 码并且为本队得了分。这使他获得了专为圣徒队踢球的工作，而且在那一季中为他的球队得了 99 分。

他一生中最伟大的时刻到来了。那天，球场上坐了6.6万名球迷。球是在28码线上，比赛只剩下几秒钟。这时球队把球推进到45码线上。“邓普西，进场踢球!”教练大声说。

当汤姆进场时，他知道他的队距离得分线有45码远。球传接得很好，邓普西一脚全力踢在球身上，球笔直地向前飞去。但是踢得够远吗？6.6万名球迷屏住气观看，球在球门横杆之上几英寸的地方越过，接着终端得分线上的裁判举起了双手，表示得了3分，汤姆的球队以19比17获胜。球迷们疯狂地叫着，为踢得最远的一球而兴奋，因为这是只有半只左脚和一只畸形的手的球员踢出来的!

“真令人难以相信!”有人感叹道，但是邓普西只是微笑。他想起他的父母，他们一直告诉他的是他能做什么，而不是他不能做什么。他之所以创造了这么了不起的纪录，正如他自己说的：“他们从来没有告诉我，我有什么不能做的。”

这就是自信!

二、自信心能打开你内心的宝藏

著名的心理学家阿德勒博士在小时候有过一次体验，通过他的例子，完全可以说明一个人的自信心对其行为和能力会产生多大的影响。

阿德勒刚开始上学时算术很糟，老师深信他“数学脑子迟钝”，并把这一“事实”告诉了他的父母，让他们不要对儿子期望过高。他的父母也信以为真。阿德勒被动地接受了他们对自己的评价，而且他的算术成绩似乎也证明他们是对的。但是有一天，他心里闪过一个念头，觉得自己忽然解出了老师在黑板上出的一道其他人都不能解答的难题，他就把自己的想法对老师说了，老师和全班学生哄堂大笑。于是他愤愤不平地几步跨到黑板前面，把问题解了出来，使在场的人目瞪口呆。这件事情以后，阿德勒认识到自己完全可以学好算术，对自己的能力有了自信，后来他终于成为一个数学成绩出类拔萃的学生。

有一位企业家，他想在公开演说中取得成功，因为他在一个很有难度的领域有了重大突破，想让大家知道这个消息。他的嗓音很好，演讲的话题也很吸引人，但他不能在陌生人面前讲话。阻碍他的原因是他的自信心不足，他认为自己讲话讲得不好，不会给听众留下好印象，仅仅是因为他不具备引人注目的外表……他“不像一个成功的企业经理人”。这种不良心理在他心上烙下了深深的痕迹。所以，每次他站在人群面前开始说话时，便受到这种心理的阻碍。他错误地得出结论：如果他能动一次手术整一下容，改善外表，他就会产生自信。

整容手术其实并不一定能够解决问题，肉体的变化并不能绝对保证个性的改变。一旦他相信正是自己的消极信念妨碍了他发表这个重要消息时，他的问题也就解决了。他成功地把消极的信念换成了积极而肯定的信念，认为他有一个极其重要的消息，而这则消息只有自己才能告诉大家，不管自己的外表如何。从那时起，他成为企业界最难得的演说家之一。而他唯一的改变只是增强自信。

每个人的内心都有一座宝藏，只有找到开启宝藏的钥匙，才能把潜能开发出来，而自信，是唯一一把开启你内心宝藏的钥匙。

艾尔墨·惠勒受某公司之聘担任推销顾问，负责销售的经理让他注意一件令人感到非常奇怪的事：有一位推销员，不管被公司派到什么地方，也不管给他定多少佣金，他平均所得总是挣够 5000 美元，不多也不少。

因为这个推销员在一个比较小的推销区干得不错，公司就派他到一个更大、更理想的地区。可是第二年，他抽得的佣金数同在小区域干的时候完全一样——5000 美元。第三年，公司提高了所有推销员的佣金比例，但这位推销员还是只挣了 5000 美元。公司又派他到一个最不理想的地方，他照样拿到5000美元。

惠勒跟这个推销员谈过话后发现，问题的症结不在于推销区域，而在于他的自我评价。他认为自己是个“每年赚5000美元”的人。有了这个概念之后，外在环境似乎对他就没有什么影响了。

他被派到不理想的地区时，他会为5000美元而努力工作；被派到条件好的地区时，只要达到5000美元，他就有各种借口停步不前了。有一次，目标达到之后，他就生了病，那一年什么工作也没有再干。医生并没有找到生病的原因，而且，第二年一开始，他又奇迹般地恢复了健康。

所以，不管你是什么人，不管你自认为多么失败，你本身仍然具有才能和力量去做使自己快乐而成功的事。开启自身宝藏大门的金钥匙就在你自己的掌握之中。你现在就有力量做你从来不敢梦想的事，只要你能改变自己的否定信念，你马上就能得到这种力量。你要尽快地从“我不能”、“我不配”和“我不应该得到”等自我限制的观念所施行的催眠中清醒过来，以充沛的自信发掘你的成功人生。

约翰·摩根是美国的银行大王，也是哈佛人生哲学中多次引用“以自信创造成功自我”的实践者。

摩根幼年时，他父亲还是个小商人。后来家境渐渐富裕起来，他在波士顿中学毕业后，被送到德国留学。

摩根毕业回国时，他父亲已经拥有巨资，可以提携他做生意。但是少年摩根性喜独立，决心不依靠父亲。21岁的摩根时常说：“不错，我是乔爱斯·摩根的儿子，但我并不想借此而站立在世界上，我要成为一个独立的男子汉。”

就是由于这份自信，摩根不凭父荫，进入纽约的达卡西玛银行实习，从底层做起，掌握了国际的复杂贸易关系和世界金融的微妙趋势。

摩根最为人乐道的事迹就是在1900年12月12日接受查理斯·舒

瓦普的建议，说服铁路大王卡内基将他的公司出售，又和7家制钢公司订立合同，成立了工业史上最庞大的大钢铁托拉斯，支配足足25万名工人。

一个人的潜能就像水蒸气一样，其形其势无拘无束，谁都无法用有固定形状的瓶子来装它。而要把这种潜能充分地发挥出来，就一定要有坚定的自信力。

三、对自己充满信心

推销人员的自信心就是在推销过程中相信自己一定能够取得成功，如果你没有这份信心，就不用做推销人员了。

乔·坝多尔弗说："信心是推销人员胜利的法宝。在推销过程的每一个环节，自信心都是必要的成分。"

说明白一点儿，推销就是与形形色色的人打交道的工作。既然是形形色色的人，就肯定会有财大气粗、权位显赫的人物，也会有博学多才、经验丰富的客户，推销人员在与这些人打交道的时候，难免会把自己与他们进行比较，可那又何苦呢？他们还是需要我们，需要我们向他们推销产品。你只有树立强烈的自信心，才能最大限度地发挥自己的才能，赢得他们的信任和欣赏，说服他们，最后使他们心甘情愿地掏腰包。

推销是最容易受到客户拒绝的工作，如果你不敢面对它，没有战胜它的自信，那你肯定得不到成绩，你也将永远被客户拒绝。面对客户的拒绝，你只有抱着"说不定什么时候，我一定会成功"的坚定自信——即使客户横眉冷对，表示厌烦，也信心不减，坚持不懈地拜访他，肯定会有所收获。

同时，推销是需要你四处奔波的工作。并且，如果你整天忙忙碌碌，说破了嘴皮还是没有取得成效，而其他的推销人员成绩斐然，自己除了一身臭汗什么都没有，就往往会对自己失去信心，殊不知，你离成功只有那么一丁点儿的距离了。

坚持，就是有信心，对自己说："我一定能成功，我就是一名出色的推销人员。"

有一位顶尖的杂技高手，一次，他参加了一个极具挑战的演出，这次演出的主题是在两座山之间的悬崖上架一条钢丝，而他的表演节目是从钢丝的这边走到另一边。杂技高手走到悬在山上钢丝的一头，然后注视着前方的目标，并伸开双臂，慢慢地挪动着步子，终于顺利地走了过去。这时，整座山响起了热烈的掌声和欢呼声。

"我要再表演一次，这次我要绑住我的双手走到另一边，你们相信我可以做到吗？"杂技高手对所有的人说。我们知道，走钢丝靠的是双手的平衡，而他竟然要把双手绑上！但是，因为大家都想知道结果，所以都说："我们相信你，你是最棒的！"杂技高手真的用绳子绑住了双手，然后用同样的方式，一步、两步……终于又走了过去。"太棒了，太不可思议了！"所有的人都报以热烈的掌声。但没想到的是，杂技高手又对所有的人说："我再表演一次，这次我同样绑住双手，然后再把眼睛蒙上，你们相信我可以走过去吗？"所有的人都说："我们相信你！你是最棒的！你一定可以做到！"

杂技高手从身上拿出一块黑布蒙住了眼睛，用脚慢慢地摸索到钢丝，然后一步一步地往前走，所有的人都屏住呼吸，为他捏一把汗。终于，他走过去了！表演好像还没有结束，只见杂技高手从人群中找到一个孩子，然后对所有的人说："这是我的儿子，我要把他放到我的肩膀上，我同样还是绑住双手、蒙住眼睛走到钢丝的另一边，你们相信我吗？"所有的人都说："我们相信你！你是最棒的！你一定可以走过去的！"

"真的相信我吗？"杂技高手问道。

"相信你！真的相信你！"所有人都这样说。

“我再问一次，你们真的相信我吗？”

“相信！绝对相信你！你是最棒的！”所有的人都大声回答。

“那好，既然你们都相信我，那我把我的儿子放下来，换上你们的孩子，有愿意的吗？”杂技高手说。

这时，整座山上鸦雀无声，再也没有人敢说相信了。

现实中，许多人说：“我相信我自己，我是最棒的！”当我们在喊这些口号时，我们是否真的相信自己？我们会不会一出门或遇到一点困难，就忘掉刚才所喊的这句话呢？

自信是一种可贵的心理品质，它一方面需要培养，另一方面也要依赖知识、体能、技能的储备。

在培养自信时，要注意以下两点：

一是注重暗示的作用。“暗示”是一个心理学名词，主要指人的主观感受、主观意识对人的行为的一种引导、控制作用。在做一件事情之前，心中默念“我能干好”或“我能行”之类的话，这样可使自己从心理上放松，久而久之也逐渐地培养了自信的品质。

二是从行为方式上给人以自信的印象。行为方式是人的思想品质的外在体现，如果行动上畏畏缩缩，或者不知所措，很难令人把你同自信联系起来。与人谈话时，要看着对方的眼睛（当然不能死死地盯着），不躲避对方的目光；说话时要尽量清晰而有条理地表达，不让声音憋在嗓子里。如果对要表述的内容心中没底，就预演一番，这样心里就有把握了。

知识、技能的储备是自信的基础，具备了足够的知识和实际能力，自信就会发自内心，不必强装。否则，越是显得自信，就越是不自信。

只有自己真的相信自己，才能让别人相信你。

我永远沐浴在热情之中

真正的热情意味着你相信你所干的一切是有目的的。你坚定不移地去实现你的目的，你有火一样燃烧的愿望，它驱使你去达到你的目标，直到你如愿以偿。

一、热情是行动的信仰

英格兰一个小镇上竖立着一座雕像，用来纪念英式橄榄球的起源。雕像是一个男孩，急切地弯腰捡起地上的足球。雕像底座刻着一句铭文："他不顾规则，捡起球来拼命向前跑。"

这是一个真实发生的故事。两所高中正进行一场激烈的足球竞赛，离终场只剩几分钟，一名没有经验的男孩首次被换上球场。他求胜心切，忘记不可用手触摸足球的规定，他弯腰捡起球，铆足劲往对方球门猛冲。裁判和其他球员都惊讶地愣在原地，观众却被这男孩的精神感动，起立鼓掌欢呼。

这件偶发事件就是橄榄球运动的起源。显然这项新式运动并不是经过长久讨论研究而创生的，而是因为一个热情男孩的错误而诞生的。

一个人热情的能力来自于一种内在的精神特质。你唱歌，因为你很快乐，而在唱歌的同时你又变得更快乐。热情就像微笑一样，是会传染的。

一个人对于生活没有热情、没有激情，他的生活是枯燥无趣的。

一个人对于工作没有热情、没有激情，他的工作是没有效率的。

一个人没有热情、没有激情，他的人际关系是很糟糕的，没有人愿意跟一个没有任何激情的人在一起。激情会带来力量，激情会感染别人。

二、热忱是助你成功的神奇力量

俄亥俄州克里夫兰市的史坦·诺瓦克下班回到家里，发现他最小的儿子提姆又哭又叫地猛踢客厅的墙壁。小提姆第二天就要开始上幼儿园了，他不愿意去，就这样以示抗议。按照史坦平时的作风，他会把孩子赶回自己的卧室去，让孩子一个人在里面，并且告诉孩子他最好还是听话去上幼儿园。由于已了解了这种做法并不能使孩子欢欢喜喜地去幼儿园，史坦决定运用刚学到的知识：热忱是一种重要的力量。

他坐下来想：如果我是提姆的话，我怎么样才会乐意去上幼儿园？他和太太列出所有提姆在幼儿园里可能会做的趣事，例如画画、唱歌、交新朋友，等等。然后他们就开始行动，史坦对这次行动作了生动的描绘："我们都在饭厅桌子上画起画来，我太太、另一个儿子鲍勃和我自己都觉得很有趣。没有多久，提姆就来偷看我们究竟在做什么事，接着表示他也要画。'不行，你得先上幼儿园去学习怎样画。'我以我所能鼓起的全部热忱、以他能够听懂的话，说出他在幼儿园中可能会得到的乐趣。第二天早晨，我一起床就下楼，却发现提姆坐在客厅的椅子上睡着。'你怎么睡在这里呢？'我问。'我等着去上幼儿园，我不要迟到。'我们全家的热忱已经鼓起了提姆内心里对上幼儿园的渴望，而这一点是讨论或威胁、责骂都不可能做到的。"

热忱并不是一个空洞的名词，它是一种重要的力量。也许你的精力不是那么充沛，也许你的个性不是那么坚强，但是一旦你有了热忱，并好好地利用它，所有的这一切都可以克服。你也许很幸运地天生即拥有热忱，或者不太走运，必须通过努力才能获得。但是，没有关系，因为发展热忱的过程十分简单——从事自己喜欢的工作。如果你现在仍在感叹自己是多么讨厌推销员这份差事的话，那么还有两个办法让你拥有热忱：你现在是否正在从事自己的理想职业？你可以把它作为你的目标，但是不要忘了，你想从事的任何其他工作的前提是你拥有一个成功的基础，那就是你先要做一个成功的推销员。只有这样，你所梦想的那些高层工作才会向你招手。或者你现在依然是浑浑噩噩，你甚至不知道自己喜欢什么样的工作，那么还有一个办法，很简单，那就是你完全可以让自己爱上这份工作！想想看，你为什么讨厌它，或许你根本没有发现你所从事的工作的本质。

热忱是一种状态，夸张地说就是你 24 小时不断地思考一件事，甚至在睡梦中仍念念不忘。当然，如果真的这样，你会神经衰弱的。然而，这种专注对你实现梦想来说却很重要。它可以使你的欲望进到潜意识中，使你无论是清醒或是昏睡，都时时刻刻专注自己的目标，使你有获得成功的坚强意志。热忱可使你释放出潜意识的巨大力量。通常来讲，在认知的层次，个普通人是无法和天才竞争的。但是，大多数的心理学家都赞同这样一个观点：潜意识的力量要比有意识的大得多。也许你已经毕业奋斗了好几年，还是一个小角色，但是请相信自己：一旦将潜意识的力量挖掘，你就可以创造奇迹。

如果你现在仍旧可能不时地受到怯懦、自卑或恐惧的袭击，甚至被这些不正常心理所击倒，那么只能说明你还没有发现和感受到热忱的放射力量。其实在每个人身上都有强大的潜力，只是并非每个人都知道和了解，所以很多人的潜力只是未被发现和利用罢了。你若经常或多或少有自卑感，常常低估自己，对自己失去信心，缺少热忱，那么请尝试相信自己的健康、精力与忍耐力，尝试相信自己具有强大的潜在力量，这种自信将会给予你极大的热忱。请记住：热爱自己就会帮助自己成功。

热忱可以使人成功，使人解决似乎难以解决的难题；同理，没有热忱就不会成功，很多活生生的例子就说明了这一点。

“十分钱连锁商店”的创办人查尔斯·华尔渥兹说过：“只有对工作毫无热忱的人才会到处碰壁。”查尔斯·史考伯则说：“对任何事都没有热忱的人，做任何事都不会成功。”

当然，这是不能一概而论的，譬如一个毫无音乐才气的人，不论如何热忱和努力，都不可能变成一位音乐界的名家。但凡是具有必需的才气，有着可能实现的目标，并且具有极大热忱的人，做任何事都会有所收获，不论物质上或精神上都是一样。

关于这点，我们可以引用著名的人寿保险推销员法兰克·贝特格的一些话加以说明。以下是贝特格在他的著作中所列出的一些经验之谈：

“当时是 1907 年，我刚转入职业棒球界不久，就遭到有生以来最大的打击，因为我被开除了。我的动作无力，因此球队的经理有意要我走人。他对我说：‘你这样慢吞吞的，哪像是在球场混了 20 年？法兰克，离开这里之后，无论你到哪里做任何事，若不提起精神来，你将永远不会有出路。’

“本来我的月薪是 175 美元，离开之后，我参加了亚特兰斯克球队，月薪减为 25 美元。薪水这么少，我做事当然没有热情，但我决心努力试一试。待了大约 10 天之后，一位名叫丁尼·密亨的老队员把我介绍到新凡去。在新凡的第一天，我的一生有了一个重要的转变。

“因为在那个地方没有人知道我过去的情形，我就决心变成新英格兰最具热忱的球员。为了实现这点，当然必须采取行动才行。

“我一上场，就好像全身带电。我强力地投出高速球，使接球的人双手都麻木了。记得有一次，我以强烈的气势冲入三垒，那位三垒手吓呆了，球漏接，我就盗垒成功了。当时气温高达华氏 100 度，我在球场奔来跑去，极可能中暑而倒下去。

“这种热忱所带来的结果，真令人吃惊——

“我心中所有的恐惧都消失了，发挥出意想不到的技能；

“由于我的热忱，其他的队员跟着热忱起来；

“我不但没有中暑，在比赛中和比赛后，还感到从没有如此健康过。

“第二天早晨，我读报的时候，兴奋得无以复加。报上说：‘那位新加进来的贝特格无疑是一个霹雳球手，全队的人受到他的影响，都充满了活力。他们不但赢了，而且是本季最精彩的一场比赛。’

“由于热忱的态度，我的月薪由 25 美元提高为 185 美元，多了近 7 倍。

“在往后的 2 年里，我一直担任三垒手，薪水加到 30 倍之多。为什么呢？就是因为一股热忱，没有别的原因。”

后来贝特格的手臂受了伤，不得不放弃打棒球。接着，他到菲特列人寿保险公司当保险员，整整一年多都没有什么成绩，因此很苦闷。但后来他又变得热忱起来，就像当年打棒球那样。

再后来，他成了人寿保险界的大红人，不但有人请他撰稿，还有人请他演讲自己的经验。他说：“我从事推销已经 30 年了。我见到许多人，由于对工作抱着热忱的态度，使他们的收入成倍数地增加起来。我也见到另一些人，由于缺乏热忱而走投无路。我深信，唯有热忱的态度，才是成功推销的最重要因素。”

如果热忱对任何人都能产生这么惊人的效果，对你我也应该有同样的功效。

所以，可以得出如下的结论：热忱的态度，是做任何事必需的条件。我们都应该深信此点。任何人，只要具备这个条件，都能获得成功，他的事业，必会飞黄腾达。

我珍惜生命中的每一天

浪费时间是生命中最大的错误，也是最具毁灭性的力量。大量的机遇就蕴含在点点滴滴的时间当中。浪费时间往往是绝望的开始，也是幸福生活的扼杀者……明天的幸福就寄寓在今天的时间中。

一、浪费时间等同于挥霍生命

在美国近代企业界里，与人接洽生意能以最少时间产生最大效率的人，非金融大王摩根莫属，为了珍惜时间，他招致了许多怨恨。

摩根每天上午 9 点 30 分准时进入办公室，下午 5 点回家。有人对摩根的资本进行了计算后说，他每分钟的收入是 20 美元，但摩根说好像不止这些。所以，除了与生意上有特别关系的人商谈外，他与人谈话绝不超过 5 分钟。

通常，摩根总是在一间很大的办公室里与许多员工一起工作，他不是一个人待在房间里工作，摩根会随时指挥他手下的员工，按照他的计划去行事。如果你走进他那间大办公室，是很容易见到他的，但如果你没有重要的事情，他是绝对不会欢迎你的。

摩根能够轻易地判断出一个人来接洽的到底是什么事。当你对他说话时，一切转弯抹角的方法都会失去效力，他能够立刻判断出你的真实意图。这种卓越的判断力使摩根节省了许多宝贵的时间。有些人本来就没有什么重要事情需要接洽，只是想找个人来聊天，而耗费了工作繁忙的人许多重要的时间。摩根对这种人简直是恨之入骨。

一位作家在谈到“浪费生命”时说：“如果一个人不争分夺秒、惜时如金，那么他就没有奉行节俭的生活原则，也不会获得巨大的成功。而任何伟大的人都争分夺秒、惜时如金。”

人人都须懂得时间的宝贵，“光阴一去不复返”。当你踏入社会开始工作的时候，一定是浑身充满干劲的。你应该把这份干劲全部用在事业上，无论做什么职业，你都要努力工作、刻苦经营。如果能一直坚持这样做，那么这种习惯一定会给你带来丰硕的成果。

歌德这样说：“你最适合站在哪里，你就应该站在哪里。”这句话是对那些三心二意者的最好忠告。

明智而节俭的人不会浪费时间，他们把点点滴滴的时间都看成是浪费不起的珍贵财富，把人的精力和体力看成是上苍赐予的珍贵礼物，它们如此神圣，绝不能胡乱地浪费掉。

无论是谁，如果不趁年富力强的黄金时代去培养自己善于集中精力的好性格，那么他以后一定不会有什么大成就。世界上最大的浪费，就是把一个人宝贵的精力无谓地分散到许多不同的事情上。一个人的时间有限、能力有限、资源有限，想要样样都精、门门都通，绝不可能办到，如果你想在某些方面取得一定成就，就一定要牢记这条法则。

二、珍惜时间使生命更加珍贵

时间就是金钱，时间就是生命本身，时间也是独一无二的，对每个人来说都是只有一次的宝贵资源。每个人的人生旅途都是在时间长河中开始的，每个人的生命都是随着时间的推移而发展的。只有那些能够把握时间、会利用时间的人，才能最早接近成功的终点。时间总是在不经意间悄悄溜走，如果不去主动抓住它，它永远不会停留。世界上只有一种东西平等地属于每一个人，那就是时间，在时间面前没有高低贵贱之分。由于对时间利用的差异，才有了贫富贵贱的差别。

瑞士是世界上第一个实行电子户籍卡的国家。只要有婴儿降生，医院就会立刻用计算机网络查看他是这个国家的第多少位成员，然后，这个孩子就拥有了自己的户籍卡，在这个户籍卡上标明了他的姓名、性别、出生日期、家庭住址等信息。与其他国家不同的是，每一个初生的孩子都有财产这一栏，因为他们认为孩子降临到这个世上就是一笔伟大的财富。

一次，一个电脑黑客入侵了瑞士的户籍网络，他希望为自己在瑞士注册一个虚拟的儿子。在填写财产这一栏时，他随便敲了一个数——5 万瑞士法郎。

当填完了一切表格的时候，他满意极了。但他没有想到，自认为天衣无缝的行动在第二天就被发现了。

奇怪的是，发现这个可疑孩子的并不是瑞士的户籍管理人员，而是一位家庭主妇。

那位妇女在互联网上为自己新出生的女儿注册时，发现排在她前面的那个孩子的个人财产一栏写的是 5 万瑞士法郎，这引起了她的怀疑，因为所有的瑞士人在自己的孩子个人财产这一栏上写的都是“时间”。瑞士人认为时间是孩子一生的财富。

所以哪怕你出生在一个经济拮据的家庭，只要你还年轻，依然对生活抱有希望，那你就是一个富有的人。

对于一个人来说，生命是最重要的。一个生命降临到这个世界上，在以后的日子里，他要走过几十年的时间，而时间是他最初带来的，也就是他最初的财富。时间在一分一秒地过去，他的生命也在一点一点地减少，财富也就随之减少了。

有的人用一生的时间追求权力和金钱，但是到最后，当他们不再年轻的时候，才知道原来时间就是他最大的财富，拥有一切的时候却发现自己变穷了，因为时间不会再回来，他失去了最初的财富。

人们说时间就是金钱，这种说法低估了时间的价值，时间远比金钱更宝贵——通常如此。即使我们富可敌国，也不会为自己买下比任何人多一分钟的时间。

许多伟人为什么能够名垂千古？一个重要的原因就在于他们非常珍惜时间。他们在一生有限的时间里争分夺秒地为实现他们的人生目标不停地努力、奋斗、进步。意大利文艺复兴时期，几乎所有的文学创作者同时又都是勤奋工作、兢兢业业的商人、医生、政治家、法官或是士兵。

以现在人均寿命 70 岁计算，人一生将占有 60 多万个小时，即使除去休息时间也有35万多个小时。而就一生的时间而言是不断减少的，但是人对实际时间的利用和发挥是不一样的，因而实际生命的长短也是不一样的。所以对于挤时间的人来说，时间却又是在不断增加的，甚至是成倍地增加。

时间像是海绵，要靠一点一点地挤；时间更像边角料，要学会合理利用，一点一滴地积累。

一个男子走进富兰克林的书店，拿起一本书问店员："这本书要多少钱？"

"1美元。"店员答道。

"要1美元？"那个徘徊良久的人惊呼道，"太贵了，你能不能便宜一点？"

"没法便宜了，这本书写得很好，就得1美元。"店员微笑着答道。

这个人又盯了那本书一会儿，然后问道："你们的老板富兰克林先生在店内吗？"

"在，"店员回答说，"他正在印刷间里忙。"

"哦，那很好，我想见一见他。"这个男子说道。

书店的老板富兰克林被店员叫了出来，这个人扬了扬手中的书，再一次问："富兰克林先生，请问这本书的最低价是多少？"

"1.2美元。"富兰克林斩钉截铁地回答道。

"1.2美元！怎么可能呢？刚才你的店员还只要1美元，你怎么可以这样做呢？"

"没错，"富兰克林说道，"但是你耽误了我的宝贵时间，这个损失比1美元要大得多。"

这个男子非常诧异，但是，为了尽快结束这场由他自己引起的小小的风波，他再次问道："是吗，那么请你告诉我这本书的最低价好吗？"

“1.5 美元。”富兰克林重复道，“1.5 美元!”

“这是怎么了？刚才你自己不是说了只要 1.2 美元吗?”

“是的，”富兰克林回答，“可是到现在，我因此所耽误的工作和损失的价值要远远大于 1.5 美元。”

这个男子沉思了一下，默不作声地把钱放在柜台上，拿起书离开了书店。因为他从富兰克林身上得到了一个有益的教训：从某种程度上来说，时间就是财富，时间生产价值。

富兰克林说：“如果想成功，就必须重视时间的价值。”

浪费自己的时间是自杀，浪费别人的时间是谋财害命。

人生由时间组成，不珍惜时间就是不珍惜自己的生命。而有时候，我们不但自己不在意时间的宝贵，而且还拖累别人跟自己去消磨时间。这是一件很残忍的事情，同时也是不道德和不尊重人的表现。

你可能没有莫扎特的音乐天赋，也没有比尔·盖茨那般富有，但是有一样东西，你拥有的和别人一样多，那就是时间。每个人每天都拥有 24 个小时，所不同的是，有的人会有效地利用时间、合理地安排时间，从闲暇中找出时间。

人生，其实就是和时间赛跑，人人都有可能是胜利者。只有不参加的人，才是失败者。

三、学做时间的主人

一天，时间管理专家为一群商学院的学生讲课。

“我们来个小测验。”专家拿出一个一加仑的广口瓶放在桌上。随后，他取出一堆拳头大小的石块，把它们一块块地放进瓶子里，直到石块高出瓶口再也放不下了。他问：“瓶子满了吗?”所有的学生应道：“满了。”他反问：“真的满了吗?”说着他从桌下取出一桶沙子，倒了一些进去，并敲击玻璃壁使沙子填满石块间的间隙。

“现在瓶子满了吗?”这一次学生有些明白了，“可能还没有。”一位学生应道。“很好!”他伸手从桌下又拿出一桶更细的沙子，把沙子慢慢倒进玻璃瓶，沙子填满了石块的所有间隙。他又一次问学生：“瓶子满了吗?”“没满!”学生们大声说。然后专家拿过一壶水倒进玻璃瓶直到水面与瓶口齐平。他望着学生，“这个例子说明了什么?”一个学生举手发言：“它告诉我们：无论你的时间多么紧凑，如果你真的再加把劲，你还可以干更多的事!”

“不，那还不是它的寓意所在。”专家说，“这个例子告诉我们，如果你不先把大石块放进瓶子里，那么你就再也无法把它们放进去了。那么，什么是你生命中的‘大石块’呢?你的信仰、学识、梦想，或是和我一样，传道授业解惑。千万要记住，得先去处理这些‘大石块’，否则你就将悔恨终生。”

上天是公平的，上帝给每个人的时间一样多，每个人一天的时间都是 24 小时，一天都是 86400 秒，没有谁比谁多一分钟，亦没有谁比谁少一分钟。时间一样多，但人的成就却不一样大，为什么?就是因为对于时间的态度和管理策略不同。

除了把大部分时间和主要精力运用于重要事情上以外，还要学会利用琐碎时间。

工作与工作之间总会出现时间的空当，人们都会在每件事情与事情之间浪费琐碎的片段时间，例如等车、等电梯、搭飞机，甚至上厕所时，或多或少都会有片刻的空闲时间，如果我们不善加利用，这些时间就会白白溜走；倘若能够善加利用，积累起来的时间所产生的效果也是非常可观的。推销员在等公共汽车时总有近 10 分钟的空当时间，若是毫无目标地与人闲聊或四下张望，就是缺乏效率的时间运用。如果每天利用这 10 分钟等车的时间想一想自己将要拜访的客户、想一想自己的开场白、对自己的下一步工作做一下安排，那么，你的推销工作一定能顺利展开。不要小看不起眼的几分钟，说不定正是由于这几分钟的策划，你的推销就取得了成功。

妥善地规划行程也是有效利用时间的方法。

在时间的运用上，最忌讳的是缺乏事前计划，临时起意，想到哪里就做到哪里，这是最浪费时间的。推销员拜访客户时，从甲客户到丙客户的行程安排中遗漏了两者中间还有一个乙客户的存在，等到拜访完丙客户时，才又想到必须绕回去拜访乙客户，这就是事先未做好妥善的行程规划所致，如此一来，做事的效率自然事倍功半。另外，某些私人事务也可以在拜访客户的行程中顺道完成，来减少往返时间的浪费。例如，交水电费、交电话费、寄信、买车票等，因此一份完整的行程安排表是不可或缺的。

要做时间的主人还要有积极的时间概念。

凡事必须定出完成的时间，才会迫使自己积极地掌握时间，有句俗话说："住得近的人容易晚到。"其原因是住得近，容易忽略时间。例如，一些推销员为了方便上班，在离公司一步之遥的地方租房子，因为很快就可以到达公司，但也容易养成磨磨蹭蹭的坏习惯，结果往往是快迟到的时候才惊觉时间已经来不及了。事实上，不是时间不够用，而是因为消极的心态让你疏忽了时间的重要性。因此，要改变自己的想法，就必须用正确而积极的态度面对时间管理，要求自己凡事都得限时完成，如此，事情才会一件接着一件地完成，这才是有效率的工作。

时间是最容易取得的资源，因为容易取得，所以我们也就容易轻视它的存在而恣意浪费，这种习惯会降低我们生存的价值。以最简单的数学概念来计算，如果我们每天浪费 1 小时，1 年下来就浪费了 365 小时，1 天 24 小时中扣除 8 小时的休息时间，以 16 小时当作 1 天来计算，365 个小时等于 22 天，10 年下来就有 220 天，大约等于浪费了 1 年的可用时间，所以 1 个活到 70 岁的人若是每天浪费了 1 小时，其中就有接近 7 年的时间是白活了，想起来真是十分可怕的事！我们还能毫无限制地让时间溜走而不懂得把握吗？

推销员是可以自由支配自己时间的人，如果自己没有时间概念，不能有效地管理好自己的时间，那么推销的成功就无从谈起。

我在困境中寻找机遇

困境是一所培养人才的学校，人生路上的磨难能成就辉煌人生。逆风飞行需要勇气，要时时调整心态，积极走出困境。

一、困境让你更坚强

逆境是人生中一所最好的学校。每一次失败、每一次挫折、每一次磨难都孕育着成功的萌芽。这一切都教会他在下一次的表现中更为出色。他不会对失败耿耿于怀，不会逃避现实，不会拒绝从以往的错误中汲取教训。教训是来自苦难的精华，生活中最可怕的事情是不断重复同样的错误。每个人都要避免发生这样的事情，逆境往往是通向真理的重要路径。为了改变处境，他随时准备学习所需要的一切知识。

无论何时，当他被可怕的失败击倒，在每一次的痛苦过去之后，他要想方设法将失败变成好事。人生的机遇就在这一刻闪现……这苦涩的根脉必将迎来满园的花团锦簇。

困境对我们每个人都是一种考验，面对逆境，不同的人会有不同的表现。勇敢地面对它，并努力去解决它，困境会让你更坚强。

二、磨难成就辉煌人生

深山里有两块石头，第一块石头对第二块石头说：

“去经历一下路途中的艰险坎坷和世事的磕磕碰碰吧，能够搏一搏，不枉来此世一遭。”

“不，何苦呢？”第二块石头嗤之以鼻，“安坐高处一览众山小，周围花团锦簇，谁会那么愚蠢地在享乐和磨难之间选择后者，再说，那路途的艰险会让我粉身碎骨的!”

于是，第一块石头随山溪滚涌而下，历尽了风雨和大自然的磨难，它依然执着地在自己的路途上奔波。第二块石头讥讽地笑了，它在高山上享受着安逸和幸福，享受着周围花草簇拥的畅意抒怀。

许多年以后，饱经风霜、历尽尘世千锤百炼的第一块石头和它的家族已经成了世间的珍品、石艺的奇葩，被千万人赞美称颂。第二块石头知道后，有些后悔当初，现在它想投入到世间风尘的洗礼中，然后得到像第一块石头那样的成功和高贵，可是一想到要经历那么多的坎坷和磨难，甚至疮痍满目、伤痕累累，还有粉身碎骨的危险，便又退缩了。

一天，人们为了更好地珍存那块石艺的奇葩，准备修建一座精美别致、气势雄伟的博物馆，建造材料全部用石头。于是，他们来到高山上，把第二块石头粉了身、碎了骨，给第一块石头盖起了房子。

孟子云：“生于忧患，死于安乐。”忧患和安逸同样是一种生活方式，但一个可以培育信念，另一个只能播种平庸。

动物学家的实验表明：狼群的存在使羚羊变得强健，而没有狼群的威胁，羚羊在舒适的环境下变得弱不禁风，一旦遭遇狼群，只有被吃掉的下场。这一现象同样适用于人类，真正的人生需要磨难。遇到逆境就一味消沉的人是肤浅的；一有不顺心的事就惶惶不可终日的人是脆弱的。一个人不懂得人生的艰辛，就容易傲慢和骄纵；未尝过人生苦难的人，也往往难当重任。

爱伦·坡是一位浪漫、神秘的天才诗人、小说家，他给后世留下了很多不朽的诗歌，最脍炙人口的诗歌是《乌鸦》：

“那只乌鸦总不飞去，老是栖息着，老是栖息着；在我房门上方那苍白的帕拉斯半身雕像上。它眼中流露的神情，看上去就好像梦中的一个恶魔。在它头顶上倾泻着的灯光将它的阴影投射在地板上。”

爱伦·坡将这首诗写了又改，改了又写，一直断断续续地写了10年。然而在当时的情况下，他却被迫将它廉价出卖，仅仅得到了10美元的稿费——这相当于他一年的工作仅合一块钱。

历史是公正的。当时只得了10美元的诗，它的原稿最近却卖了几万美金的高价。

这样一位天才诗人，一生都在穷困中度过，他大部分时间付不起房租，尽管房子简陋。他的妻子患有肺痨，因为没有钱寻医问药，只有终日缠绵病榻。他们没有钱买食物，有时候，他们一连好几天都没有一点东西可吃。当车前草在院子里开花的时候，他们就把它摘下来，用水煮熟了当饭吃，有一段时间几乎天天如此。

当年幼的藏犬长出牙齿并能撕咬时，主人就把它们放到一个没有食物和水的封闭环境里让这些幼犬自相撕咬，残杀后剩下一只活着的犬，这只犬称为獒。据说10只犬才能产生一只獒。

要做一只犬还是一只獒，要看你自己的选择。有磨难的历练，才能成就辉煌的人生。

三、积极的心态帮你走出困境

美国从事个性分析的专家罗伯特·菲利浦有一次在办公室接待了一个因自己开办的企业倒闭而负债累累、离开妻女到处为家的流浪者。那人进门打招呼说：“我来这儿，是想见见这本书的作者。”说着，他从口袋中拿出一本名为《自信心》的书，那是罗伯特许多年前写的。流浪者继续说：“一定是命运之神在昨天下午把这本书放入我的口袋中的，因为我当时决定跳到密歇根湖，了却此生。我已经看破一切，认为一切已经绝望，所有的人（包括上帝在内）已经抛弃了我，但还好，我看到了这本书，使我产生新的看法，为我带来了勇气及希望，并支持我度过昨天晚上。我已下定决心：只要我能见到这本书的作者，他一定能协助我再度站起来。现在，我来了，我想知道你能替我这样的人做些什么。”

在他说话的时候，罗伯特从头到脚打量流浪者，发现他茫然的眼神、沮丧的皱纹、十几天未刮的胡须以及紧张的神态，这一切都显示：他已经无可救药了。但罗伯特不忍心对他这样说，因此，请他坐下，要他把他的故事完完整整地说出来。

听完流浪汉的故事，罗伯特想了想，说：“虽然我没有办法帮助你，但如果你愿意的话，我可以介绍你去见本大楼的一个人，他可以帮助你赚回你所损失的钱，并且协助你东山再起。”罗伯特刚说完，流浪汉立刻跳了起来，抓住他的手，说道：“看在上天的份上，请带我去见这个人。”

他会为了“上天的份上”而做此要求，显示他心中仍然存在着一丝希望。所以，罗伯特拉着他的手，引导他来到从事个性分析的心理实验室里，和他一起站在一块窗帘布之前。罗伯特把窗帘布拉开，露出一面高大的镜子，罗伯特指着镜子里的流浪汉说：“就是这个人。在这世界上，只有一个人能够使你东山再起，除非你坐下来，彻底认识这个人，当作你从前并未认识他，否则，你只能跳进密歇根湖里，因为在你对这个人作充分的认识之前，对于你自己或这个世界来说，这都将是一个没有任何价值的废物。”

流浪汉朝着镜子走了几步，用手摸摸他长满胡须的脸孔，对着镜子里的人从头到脚打量了几分钟，然后后退几步，低下头，开始哭泣起来。过了一会儿，罗伯特领他走出电梯间，送他离去。

几天后，罗伯特在街上碰到了这个人，他不再是一个流浪汉形象，而是西装革履，步伐轻快有力，头抬得高高的，原来那种衰老、不安、紧张的姿态已经消失不见。他说他感谢罗伯特先生，让他找回了自己，很快找到了工作。

后来，那个人真的东山再起，成为芝加哥的富翁。

挫折，是一面镜子，能照见人的污浊；挫折，也是一副清醒剂，是条鞭子，可以使你在抽打中清醒。

挫折，会使你冷静地反思自责，正视自己的缺点和弱项，努力克服不足，以求一搏；挫折，会使人细细品味人生，反复咀嚼人生甘苦，培养自身悟性，不断完善自己；挫折，不是一束鲜花，而是一丛荆棘，鲜花虽令人怡情，但常使人失去警惕；荆棘虽叫人心悸，却使人头脑清醒。

面对挫折，不能丧志，要重新调整自己的心态和情绪，校正人生的坐标和航线，重新寻找和把握机会，找到自己的位置，发出自己的光芒。

有一个男孩在报上看到应征启事，正好是适合他的工作。第二天早上，当他准时前往应征地点时，发现应征队伍中已有20个男孩在排队。

如果换成另一个意志薄弱、不太聪明的男孩，可能会因此而打退堂鼓。但是这个年轻人却完全不一样，他认为自己应该动动脑筋，运用自身的智慧想办法解决困难。他不往消极面思考，而是认真用脑子去想，看看是否有办法解决。

他拿出一张纸，写了几行字，然后走出行列，并要求后面的男孩为他保留位子。他走到负责招聘的女秘书面前，很有礼貌地说："小姐，请你把这张纸交给老板，这件事很重要，谢谢你。"

这位秘书对他的印象很深刻，因为他看起来神情愉悦、文质彬彬，有一股强有力的吸引力，令人难以忘记。所以，她将这张纸交给了老板。

老板打开纸条，见上面写着这样一句话：

“先生，我是排在第 21 号的男孩，请不要在见到我之前做出任何决定。”

你可以预料到，最后的结果是这个年轻人被顺利录取。

因此，人生不必害怕困境，只要调整心态，勇于迎接挑战，加之勤动脑，运用智慧去积极地解决问题，相信任何的困境都将成为你成功的一个机遇，这时，你也许会由衷地感激这些人生中的逆境，正是因为它们的存在，让你的人生充满了挑战、机遇和更大的成功。

我要控制情绪笑遍世界

常言道：“小不忍则乱大谋。”这个“忍”就是忍耐、克制的意思。做人必须首先自制，也就是懂得管理自己。一个人的言行受到多方面的制约，如果自己管理不好自己，就必然会受制于人，失去自主的权力。

一、控制情绪是一种能力

怎样才能控制情绪，以使每天卓有成效呢？除非你心平气和地面对一切，否则迎来的又将是失败的一天。花草树木，随着气候的变化而生长，但是你只能为自己创造宜人的天气。你要学会用自己的心态弥补气候的不足。如果你为顾客带来风雨、冰霜、黑暗和不快，那么他们也会报之以风雨、冰霜、黑暗和不快，最终他们什么也不会买。相反地，如果你为顾客献上阳光、温暖、光明和欢乐，他们也会报之以阳光、温暖、光明和欢乐，你就能获得销售上的成功，赚取无数的金币。

李明大学毕业后，应聘到一家公司做助理。刚开始，他很难受，特别是老张、小李之类的人动不动就唤他去打杂时，他就会发无名火，觉得很没尊严。他觉得他们在把他当奴才使唤。不过，事后他冷静一想，又觉得他们并没有错，他的工作就是这些。刚进来时，王经理也这么事先对他说过，但一旦涉及具体事情，他的情绪就有点失控。有时咬牙切齿地干完某事，又要笑容可掬地向有关人员汇报说："已经做好了!"如此违心的两面派角色，他自己都感到恶心。有几次，他还与同事争吵起来。从此以后，他的日子更不好过了，同事们都不理他，李明在公司感到空前的孤独。

有一天，女秘书小吴不在，王经理便点名叫李明到他办公室去整理一下办公桌，并为他煮一杯咖啡，他硬着头皮去了。王经理是很厉害的，他一眼就看出了李明的不满，便一针见血地指出："你觉得委屈是不是？你有才华，这点我信，但你必须从这个做起。"

他叫李明先坐下来，聊聊近况。可李明身旁没有椅子，他不知道自己该坐在哪里，总不能与王经理并排在双人沙发上坐下吧！这时，王经理意有所指地说："心怀不满的人，永远找不到一个舒适的椅子。"难得见到他如此亲切和慈祥的面孔，李明放松了很多。

手脚忙乱地弄好一杯咖啡后，李明开始整理王经理的桌子。其中有一盆黄沙，细细的、柔柔的，泛着一种阳光般的色泽。李明觉得奇怪，不知道这是干什么用的。

王经理似乎看出他的心思，伸手抓了一把沙，握拳，黄沙从指缝间滑落，很美！王经理神秘地一笑："小伙子，你以为只有你心情不好、有脾气，其实，我跟你一样，但我已学会控制情绪……"

原来，那一盆沙子是用来"消气"的。那是王经理的一位研究心理学的朋友送的。一旦他想发火时，可以抓抓沙子，它会舒缓一个人紧张激动的情绪。朋友的这盆礼物，已伴他从青年走向中年，也教他从一个鲁莽少年打工仔成长为一名稳重、老练、理性的管理者。王经理说："先学会管理自己的情绪，才会管理好其他。"

情绪是人对事物的一种最浮浅、最直观、最不用脑筋的情感反应。它往往只从维护情感主体的自尊和利益出发，不对事物做复杂、深远和智谋的考虑，这样的结果，常使自己处在很不利的位置上，或为他人所利用。本来，情感离智谋就已距离很远了（人常常以情害事，为情役使，情令智昏），情绪更是情感的最表面、最浮躁的部分，以情绪做事，焉有理智？不理智，能有胜算吗？

但是我们在工作、学习、待人接物中，却常常依从情绪的摆布，头脑一发热（情绪上来了），什么蠢事都做得出来。比如，因一句无甚利害的话，我们便可能与人打斗，甚至拼命（诗人莱蒙托夫、普希金与人决斗死亡，便是此类情绪所致）；又如，我们因别人给我们的一点假仁假义而心肠顿软，大犯根本性的错误（西楚霸王项羽在鸿门宴上耳软、心软，以致放走死敌刘邦，最终痛失天下，便是这种柔弱心肠的情绪所致）；还有很多因情绪的浮躁、简单、不理智等而犯的过错，大则失国、失天下，小则误人、误已、误事。事后冷静下来，自己也会发现其实可以不必那样。这都是因为情绪的躁动和亢奋，蒙蔽了人的心智。

除了日常生活中的这种习惯和潜意识，敌战之中，人们有时故意使用这种“激将法”来诱使对方中计。所谓“激将”，就是刺激对方的情绪，让对方在情绪躁动中失去理智，从而犯错。因为人在心智冷静的时候大都不容易犯错。楚汉之争时，项羽将刘邦的父亲五花大绑陈于阵前，并扬言要将刘公剁成肉泥，煮成肉羹而食。项羽意在以亲情刺激刘邦，让刘邦在父情、天伦压力下自缚投降。刘邦很理智，没有为情所蒙蔽，他的大感情战胜了父子之情，他的理智战胜了一时心绪。他反而以“项羽曾和自已结为兄弟”之由，认定已父就是项父，如果项羽愿杀其父，剁成肉羹，他愿分享一杯。刘邦的超然心境和不凡举动令项羽无策回应，只能潦草收回此招。三国时，诸葛亮和司马懿交战祁山，诸葛亮千里劳师欲速战速决。司马懿以逸待劳，坚壁不出，欲空耗诸葛亮士气，然后伺机求胜。诸葛亮面对司马懿的闭门不战，无计可施，最后想出一招，送一套女装给司马懿，如果不战，小女子是也。如果是常人，肯定会受不了此种侮辱。司马懿却接受了女儿装，还是坚壁不出。连老谋深算的诸葛亮也对他无计可施了。这都是战胜了自己情绪的例子。生活中，更多是成为情绪俘虏的。诸葛亮七擒七纵孟获之战中，孟获便是一个深为情绪役使的人，他之所以不能伐胜诸葛亮，并不是命中注定的，而实在是人力和心智不及。诸葛亮大军压境，孟获弹丸之王，他不思智谋应对，反以帝王自居，轻视外敌，结果一战即败，完全不是诸葛亮的对手。

孟获一战即败，不坐下慎思，再出制敌招数，却自认一时晦气，再战必胜。再战，当然又是一败涂地。如此几番，把孟获气得浑身颤抖。又一次对阵，只见诸葛亮远远地坐着，摇着羽毛扇，身边并无军士战将，只有些文臣谋士之类。孟获不及深想，便纵马飞身上前，欲直取诸葛亮首级。结果，诸葛亮的首级并非轻易可取，身前有个陷马坑，孟获眼看将及诸葛亮时，却连人带马坠入陷阱之中，又被诸葛亮生擒。孟获败给诸葛亮，除去其他各种原因，其生性爽直、为情绪左右，是重要的因素之一。

二、戒掉烦恼的习惯

我们许多人一生都背负着两个包袱：一个包袱装的是“昨天的烦恼”，一个包袱装的是“明天的忧虑”。人只要活着就永远有昨天和明天。所以，人只要活着就永远背着这两个包袱。不管多沉多累，依然故我。

其实，你完全可以选择另外一种生活，你完全可以去掉两个包袱，把它扔进大海里，扔进垃圾堆里。没有人要求你要背负着这两个包袱。

《圣经》有言：“不要为明天忧虑，明天自有明天的忧虑，一生的难处一天就够了。”

在犹太人中间流传这样一句名言：“会伤人的东西有3个：烦恼、争吵、空的钱包。其中烦恼摆在其他两者之前。”

烦恼能伤人，从生理学的观点来看，似乎理所当然。尔士·梅耶医生说：“烦恼会影响血液循环，以及整个神经系统。很少有人因为工作过度而累死，可是真有人是烦死的。”

心理学家们认为，在我们的烦恼中，有40%都是杞人忧天，那些事根本不会发生；另外30%则是既成的事实，烦恼也没有用；另有20%是事实上并不存在的幻想；此外，还有10%是日常生活中的一些鸡毛蒜皮的小事。也就是说，我们有90%的烦恼都是自寻烦恼。

素珊第一次去见她的心理医生，一开口就说：“医生，我想你是帮不了我的，我实在是个很糟糕的人，老是把工作搞得一塌糊涂，肯定会被辞掉。就在昨天，老板跟我说我要调职了，他说是升职。要是我的工作表现真的好，干吗要把我调职呢?”

可是，慢慢地，在那些泄气话背后，素珊说出了她的真实情况，原来她在两年前拿了个MBA学位，有一份薪水优厚的工作。这哪能算是一事无成呢?

针对素珊的情况，心理医生要她以后把想到的话记下来，尤其在晚上失眠时想到的话。在第二次见面时，素珊列下了这样的话：“我其实并不怎么出色。我之所以能够冒出头来全是侥幸。”“明天定会大祸临头，我从没主持过会议。”“今天早上老板满脸怒容，我做错了什么呢?”

她承认说：“单在一天里，我列下了26个消极思想，难怪我经常觉得疲倦，意志消沉。”

素珊听到自己把忧虑和烦恼的事念出来，才发觉到自己为了一些假想的灾祸浪费了太多的精力。

现实生活中，有很多自寻烦恼和忧虑的人，对他们来说，忧烦似乎已成了一种习惯。有的人对名利过于苛求，得不到便烦躁不安；有的人性情多疑，老是无端地觉得别人在背后说他们的坏话；有的人嫉妒心重，看到别人超过自己，心里就怒火中烧；有的人把别人的问题揽到自己身上自怨自艾，这无异于引火烧身。

忧虑情绪的真正病源，应当从忧烦者的内心去寻找。大凡终日忧烦的人，实际上并不是遭到了多大的不幸，而是在自己的内心素质和对生活的认识上，存在着片面性。聪明的人即使处在忧烦的环境中，也往往能够自己寻找快乐。因此，当受到忧烦情绪袭扰的时候，就应当自问为什么会忧烦，从主观方面寻找原因，学会从心理上去适应你周围的环境。

所以，要在忧烦毁了你以前，先改掉忧烦的习惯。

不要去烦恼那些你无法改变的事情，你的精神气力可以用在更积极、更有建设性的事情上面。如果你不喜欢自己目前的生活，别坐在那儿烦恼，起来做点事吧，设法去改善它。多做点事，少烦恼一点，因为烦恼就像摇椅一样，无论怎么摇，最后还是留在原地。

三、保持乐观精神

人生是一种选择，人生是选择的结果，不一样的选择会有不一样的人生。

你选择心情愉快，你得到的也是愉快。你选择心情不愉快，你得到的也是不愉快。我们都愿意快乐，不愿意不快乐。既然这样，我们为什么不选择愉快的心情呢？毕竟，我们无法控制每一件事情，但我们可以选择我们的心情。

每个人的观念及价值观不同，所以看待同一件事情所得到的反应也不同。你觉得是件快乐的事情，在别人看来却有点伤感。每个人都有每个人不同的快乐标准，每个人也都有每个人不一样的忧愁。

吃葡萄时，悲观者从大粒的开始吃，心里充满了失望，因为他所吃的每一粒都比上一粒小。而乐观者则从小粒的开始吃，心里充满了快乐，因为他所吃的每一粒都比上一粒大。悲观者决定学着乐观者的吃法吃葡萄，但还是快乐不起来，因为在他看来，他吃到的都是最小的一粒。乐观者也想换种吃法，他从大粒的开始吃，依旧感觉良好，在他看来，他吃到的都是最大的。

悲观者的眼光与乐观者的眼光截然不同，悲观者看到的都令他失望，而乐观者看到的都令他快乐。如果你是那个悲观者的话，你不需要换种吃法，你只需要换一种看待事情的眼光。

有一天，养老院新来了一个体面的老绅士。当天中午，老妇人就幸运地与他同桌共餐。但是她在餐桌另一头柔情蜜意地看着老绅士，令老先生浑身不自在，问她为什么一直盯着他看？老妇人回答：因为他太像她的第三任丈夫了，不论是身材、相貌、微笑和讲话的手势。老先生很讶异：“第三任丈夫，你曾经结过几次婚?”老妇人回答：“两次。”原来，她已把他当作第三任丈夫了，她算得上是世界上最乐观的人了。

· 第二章 ·

原一平给推销员的忠告

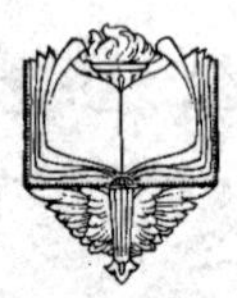

培养自身，做一个有魅力的人

认识自己、改正自身缺点、使自己不断完善，让自己做一个有魅力的人。原一平因此走上成功之路，这也是他给我们的第一个忠告。

一、推销之神原一平

1904年，原一平出生于日本长野县。从小，他就像个标准的小太保，叛逆顽劣的个性使他恶名昭彰而无法立足于家乡。23岁时，他离开长野来到东京。1930年，原一平进入明治保险公司成为一名“见习业务员”。

原一平刚刚涉足保险时，为了节省开支，他过的是苦行僧式的生活。为了省钱，可以不吃中午饭，可以不搭公共汽车，可以租小得不能再小的房间容身。当然，这一切并没有打垮原一平，他内心有一把“永不服输”的火，鼓励他越挫越勇。

1936年，原一平的业绩成为全公司之冠，遥遥领先公司其他同事，并且夺取了全日本的第二名。36岁时，原一平成为美国百万圆桌协会成员，协助设立全日本寿险推销员协会，并担任会长至1967年。因对日本寿险的卓越贡献，原一平荣获日本政府最高殊荣奖，并且成为百万圆桌协会的终身会员。

原一平 50 年的推销生涯可以说是一连串的成功与挫折所组成的。他成功的背后，是用泪水和汗水写成的辛酸史。

二、认识自己

有一次，原一平去拜访一家名叫“村云别院”的寺庙。

原一平被带进庙内，与寺庙的住持吉田和尚相对而坐。

老和尚一言不发，很有耐心地听原一平把话说完。

然后，他以平静的语气说：“听完你的介绍之后，丝毫引不起我投保的意愿。”

停顿了一下，他用慈祥的目光注视着原一平，很久很久。

他接着说：“人与人之间，像这样相对而坐的时候，一定要具备一种强烈吸引对方的魅力，如果你做不到这点，将来就没什么前途可言了。”原一平刚开始并不明白这话中的含义，后来逐渐体会出那句话的意思，只觉傲气全失、冷汗直流。

吉田和尚又说：“年轻人，先努力去改造自己吧！”

“改造自己？”

“是的，你知不知道自己是一个什么样的人？要改造自己首先必须认清自己。”

“认识自己？”

“只有赤裸裸地注视自己，毫无保留地彻底反省，最后才能认识自己。”

“请问我要怎么去做呢？”

“就从你的投保户开始，你诚恳地去请教他们，请他们帮助你认识自己。我看你有慧根，倘若照我的话去做，他日必有所成。”

吉田和尚的一席话就像当头一棒，把原一平点醒了。

只有首先认识了自己才能去说服他人，要做就从改造自己开始做起，把自己改造成一个有魅力的人。

三、自己才是自己最大的敌人

一般推销员失败的最主要的原因在于不能改造自己、认识自己。原一平听了吉田和尚的提点后，决定彻底地反省自己。

他举办“原一平批评会”，每月举行一次，每次邀请 5 个客户，向他提出意见。

第一次批评会就使原一平原形毕露：

你的脾气太暴躁，常常沉不住气。

你经常粗心大意。

你太固执，常自以为是，这样容易失败，应该多听别人的意见。

你太容易答应别人的托付，因为“轻诺者必寡信”。

你的生活常识不够丰富，所以必须加强进修。

人们都表达了自己真实的想法。原一平记下别人的批评，随时都在改进、在蜕变。

从 1931 年到 1937 年，“原一平批评会”连续举办了 6 年。

原一平觉得最大的收获是：把暴烈的脾气与永不服输的好胜心理，引导到了一个正确的方向。

他开始发挥自己的长处，并开始改正自己的缺点。

原一平曾为自己矮小的身材懊恼不已，但身材矮小是无法改变的事实。后来他想通了，克服矮小最好的方法就是坦然地面对它，让它自然地显现出来，后来，身材矮小反而变成了他的特色。

原一平意识到他自己最大的敌人正是他自己，所以，原一平不会与别人比，而是与自己比。今日的原一平胜过昨日的原一平了吗？明日的原一平能胜过今日的原一平吗？

要不断地努力，不断改正自身的缺点，不断完善自己，让自己做一个有魅力的人。

处处留心，客户无处不在

作为推销员，客户要我们自己去开发，而找到自己的客户则是搞好开发的第一步，只要稍微留心，客户便无处不在。这是原一平给我们的第二个忠告。

一、做个有心的推销员

有一次，原一平下班后到一家百货公司买东西，他看中了一件商品，但觉得太贵，拿不定主意要还是不要。正在这时，旁边有人问售货员：

“这个多少钱？”问话的人要的东西跟他要的东西一模一样。

“这个要 3 万元。”女售货员说。

“好的，我要了，麻烦你给我包起来。”那人爽快地说。原一平觉得这人一定是有钱人，出手如此阔绰。

于是他心生一计：何不跟踪这位顾客，以便寻找机会为他服务？

他跟在那位顾客的背后，发现那个人走进了一幢办公大楼，大楼门卫对他甚为恭敬。原一平更坚定了信心，这个人一定是位有钱人。

于是，他去向门卫打听。

“你好，请问刚刚进去的那位先生是……”

“你是什么人？”门卫问。

“是这样的，刚才在百货公司时我掉了东西，他好心地捡起来给我，却不肯告诉我大名，我想写封信感谢他。所以，请你告诉我他的姓名和公司详细地址。”

“哦，原来如此，他是某某公司的总经理……”

原一平就这样又得到了一位顾客。

生活中，顾客无处不在。如果你觉得客户少，那是因为你缺少一双发现客户的眼睛而已。随时留意、关注你身边的人，或许他们就是你要寻找的准客户。

二、生活中处处都有机会

有一天，原一平工作极不顺利，到了黄昏时刻依然一无所获，他像一只斗败的公鸡。在回家途中要经过一个坟场，坟场的入口处，原一平看到几位穿着丧服的人走出来。他突然心血来潮，想到坟场里去走走，看看有什么收获。

这时正是夕阳西下，原一平走到一座新坟前，墓碑前还燃烧着几支香，插着几束鲜花。显然，就是刚才在门口遇到的那批人祭拜时用的。

原一平朝墓碑行礼致敬，然后很自然地望着墓碑上的字：××之墓。

一瞬间，他像发现新大陆似的，所有沮丧一扫而光，取而代之的是跃跃欲试的工作热忱。

他赶在天黑之前，往管理这片墓地的寺庙走去。

“请问有人在吗？”

“来啦，来啦！有何贵干？”

“有一座××的坟墓，你知道吗？”

“当然知道，他生前可是一位名人呀！”

“你说得对极了，在他生前，我们有来往，只是不知道他的家眷目前住在哪里呢？”

“你稍等一下，我帮你查。”

“谢谢你，麻烦你了。”

“有了，有了，就在这里。”

原一平记下了那一家的地址。

走出寺庙，原一平又恢复了旺盛的斗志。第二天，他就踏上了开发新客户的征程。

原一平能及时把握生活中的细节，绝不会让客户溜走，这也是他成为“推销之神”的原因。

三、教你寻找潜在客户

在寻找推销对象的过程中，推销员必须具备敏锐的观察力与正确的判断力。细致观察是挖掘潜在客户的基础，学会敏锐地观察别人，就要求推销员多看多听，多用脑袋和眼睛，多请教别人，然后利用有的人喜欢自我表现的特点，正确分析对方的内心活动，吸引对方的注意力，以便激发对方的购买需求与购买动机。一般来看，推销人员寻找的潜在客户可分为甲、乙、丙 3 个等级，甲级潜在客户是最有希望的购买者；乙级潜在客户是有可能的购买者；丙级潜在客户则是希望不大的购买者。面对错综复杂的市场，推销员应当培养自己敏锐的洞察力和正确的判断力，及时发现和挖掘潜在的客户并加以分级归类、区别情况，不同对待，针对不同的潜在客户施以不同的推销策略。

推销员应当做到手勤腿快，随身准备一本记事笔记本，只要听到、看到或经人介绍一个可能的潜在客户时，就应当及时记录下来，从单位名称、产品供应、联系地址到已有信誉、信用等级，然后加以整理分析，建立“客户档案库”，做到心中有数、有的放矢。只要推销员都能使自己成为一名“有心人”，多跑、多问、多想、多记，那么客户是随时可以发现的。

推销员应当养成随时发现潜在客户的习惯，因为在市场经济社会里，任何一个企业、一家公司、一个单位和一个人，都有可能是某种商品的购买者或某项劳务的享受者。对于每一个推销员来说，他所推销的商品及其消费散布于千家万户，遍及各行各业，这些个人、企业、组织或公司不仅出现在推销员的市场调查、推销宣传、上门走访等工作时间内，更多的机会则是出现在推销员的8小时工作时间之外，如上街购物、周末郊游、出门做客等。因此，一名优秀的推销员应当随时随地优化自身的形象，注意自己的言行举止，牢记自身的工作职责，客户无时不在、无处不有，只要自己努力不懈地与各界朋友沟通合作，习惯成自然，那么你的客户不仅不会减少，而且会愈来愈多。

这是原一平告诉我们的第二个忠告，也是他成为“推销之神”的第二个原因。

关心客户，重视每一个人

关心你的客户，重视你身边的每一个人，不要以貌取人，平等地对待你的客户，是成功推销员的选择。这是原一平给我们的第三个忠告。

一、关心你的客户

著名心理学家弗洛姆说：“为了世界上许多伤天害理的事，我们每一个人的心灵都包扎了绷带。所有的问题都能用关心来解决。”这句话给关心下了一个最好的注解。原一平对此深有体会，在一次讲学时，他讲了下面一个故事。

有一个杀人犯，被判无期徒刑，关在监狱里。因为他被判无期，而且无父母、妻子、儿女，既无人探监也无任何希望，在狱中独来独往，不与任何人打招呼。再加上他健壮又凶恶，也没有人敢惹他。

有一天，一个神父带了糖果与香烟来狱中慰问犯人。神父碰见那位无期徒刑犯，递给他一根香烟，犯人毫不理睬。神父每周来慰问，每次都给他香烟，杀人犯毫无反应，如此延续了半年之后，犯人才接下香烟，不过还是面无表情。

一年后，有一次神父除了带糖果与香烟，另外带了一箱可乐。抵达监狱后，神父才发现忘了带开瓶器，正在一筹莫展时，那个犯人出现了。他知道神父的困难后，笑着对神父说："一切看我的。"接着，就用他锐利的牙齿把一箱的可乐都打开了。

从那一次之后，犯人不但跟神父有说有笑，而且神父在慰问犯人时，他自动随侍于左右，以保护神父。

这个故事告诉我们：真诚的关心可感化一切，就是一个毫无希望的无期徒刑犯，照样会被它所感动。一个不幸的人，一旦发觉有人关心他，往往能以加倍的关心回报对方。

戴尔·卡耐基说："时时真诚地去关心别人，你在两个月内所交到的朋友，远比只想别人来关心他的人在两年内所交的朋友还多。"那些不关心别人，只盼望别人来关心自己的人，应时刻拿这句话告诫自己。

某汽车公司的推销员听完原一平的讲座以后，每次在成交之后、客户取货之前，通常都要花上3～5个小时详尽地演示汽车的操作。这个推销员这样说："我曾看见有些推销员只是递给新客户一本用户手册说：'拿去自己看看。'在我所遇见的人中，很少有人能够仅靠一本手册就能搞懂如何操作一辆这样的游艺车。我们希望客户能最大限度地感受到我们的关心，因为我们不仅期望他们自己回头再买，而且期望他们介绍一些朋友来买车。一位优秀的推销员会对客户说："我的电话全天24小时都欢迎您拨打，如果有什么问题，请给我的办公室或家里打电话，我随时恭候。"我们都精通我们的产品知识，一旦客户有问题，他们一般通过电话就能解决，实在不行，还可以联系别人帮忙。"

原一平说："你应当记住：关心、关心、再关心。你要做到的是：为你的客户提供最多的优质的关心，以至于他们对想一想与别人合作都会感到内疚不已！成功的推销生涯正是建立在这类关心的基础上。"

二、不要歧视客户，切莫以貌取人

原一平说，永远不要歧视任何人。推销员推销的不仅是产品，还包括服务，你拒绝一个人就拒绝了一群人，你的客户群会变得越来越窄。老练的销售人员已经用无数的故事证明了这句箴言再正确不过了。

原一平在他的讲座中，提到过这样一个案例。

一天，房地产推销大师汤姆·霍普金斯正在房间里等待顾客上门时，杰尔从旁边经过，并进来跟他打声招呼。没有多久，一辆破旧的车子驶进了屋前的车道上，一对年老邋遢的夫妇走向前门。在汤姆热诚地对他们表示欢迎后，汤姆·霍普金斯的眼角余光瞥见了杰尔，他正摇着头，做出明显的表情对汤姆说："别在他们身上浪费时间。"

汤姆说，对人不礼貌不是我的本性，我依旧热情地招待他们，以我对待其他潜在买主的热情态度对待他们。已经认定我在浪费时间的杰尔则在恼怒之中离去。由于房子中别无他人，建筑商也已离开，我认为我不可能会冒犯其他人，为什么不领着他们参观房子！

当他带着两位老人参观时，他们以一种敬畏的神态看着这栋房屋内部气派典雅的格局。4 米高的天花板令他们眩晕得喘不过气来，很明显，他们从未走进过这样豪华的宅邸内，而汤姆也很高兴有这个权力，向这对满心赞赏的夫妇展示了这座房屋。

在看完第四间浴室之后，这位先生叹着气对他的妻子说："想想看，一间有 4 个浴室的房子！"他接着转过身对汤姆说："多年以来，我们一直梦想着拥有一栋有好多间浴室的房子。"

那位妻子注视着丈夫，眼眶中溢满了泪水，汤姆注意到她温柔地紧握着丈夫的手。

在他们参观过了这栋房子的每一个角落之后，回到了客厅，"我们夫妇俩是否可以私下谈一下？"那位先生礼貌地向汤姆询问道。

"当然。"汤姆说，然后走进了厨房，好让他们俩独处讨论一下。

5 分钟之后，那位女士走向汤姆："好了，你现在可以进来了。"

这时，一副苍白的笑容浮现在那位先生脸上，他把手伸进了外套口袋中，从里面取出了一个破损的纸袋。然后他在楼梯上坐下来，开始从纸袋里拿出一沓沓的钞票，在梯级上堆出了一叠整齐的现钞。请记住：这件事是发生在那个没有现金交易的年代里！

"后来我才知道，这位先生在达拉斯一家一流的旅馆餐厅担任服务生领班，多年以来，他们省吃俭用，硬是将小费积攒了下来。"汤姆说。

在他们离开后不久，杰尔先生回来了。汤姆向他展示了那张签好的合同，并交给他那个纸袋。他向里面瞧了一眼便昏倒了。

最后，原一平总结：不要对任何人先下判断，老练的推销员应该懂得这一点，不要以貌取人，在推销领域中，这点尤为重要。

杰出推销员对待非客户的态度总是和对待客户 样的。他们对每一个人都很有礼貌，他们将每个人都看成有影响力的人士，因为他们知道，订单常从出其不意的地方来。他们知道，10年前做的事情，可能变成现在的生意。

对杰出推销员而言，没有所谓的"小人物"。他们不会因为厨房耽误上菜的速度而斥责侍者，不会因飞机误点或航班取消而痛斥前台人员，他们对每个人都待之以礼。杰出推销员对推着割草机割草的工人和制造割草机公司的总裁都是一样的尊敬及礼貌。

原一平的一个客户是电线电缆的推销员，他和一家客户公司高层主管关系很好。他每一次到该公司进行商业拜访时，遇到的第一个人就是该公司的前台小姐，她是一位很有条理和讲效率的年轻女性。她的工作之一就是使每一个预约都能准时进行，虽然她并不是买主，更不是决策者，但是这位推销员对她一直彬彬有礼。即使因故约会延迟，他也不会像一般推销员一样抱怨不休，只是耐心等待；也不会搬出他要去拜见的执行副总裁的名字来，以示重要。他总是对前台小姐道谢，感谢她的协助，离开时不忘和她道别。

18年后，这位前台小姐成为该公司的执行副总裁。在她的影响下，她的公司成为这位电线电缆公司推销员最大的客户。

三、重视每一个客户

在原一平最初外出推销的时候，就下定决心每年都要拜访一下他的每一位客户。因此，当原一平向他家乡大学的一名地质系学生推销价值10000日元的生命保险时，他便与原一平签订了终身服务合同。

其实，无论是大客户还是小客户，都应一视同仁。每一位客户都值得你去尽心地服务。在保险这一行里，你必须这样做。这也正是保险公司代理不同于其他行业代理的特点之一。但是，就销售产品这一点而言，各行业都一样。

这名地质系的学生毕业之后，进入了地质行业工作，原一平又向他售出了价值10000日元的保险。后来，他又转到别的地方工作，他到哪里都是一样的。原一平每年至少跟他联系一次，即使他不再从原一平这里买保险，仍然是原一平毕生的一位客户。只要他还可能购买保险，原一平就必须不辞辛劳地为他提供服务。

有一次，他参加一个鸡尾酒会。有一位客人突然痉挛起来了，而这个小伙子，由于学过一点护理常识，因而自告奋勇，救了这位客人一命。而这位客人恰恰是一位千万富翁，于是便请这位小伙子到他的公司工作。

几年之后，这位千万富翁准备贷一大笔钱用于房地产投资。他问这位小伙子："你认识一些与大保险公司有关系的人吗？我想贷点钱。"

这位小伙子一下子就想起了原一平，便打电话问他："我知道你的保险生意很大，能否帮我老板一下。"

"有什么麻烦吗？"原一平问。

"他想贷2000万日元的款用于房地产投资，你能帮他吗？"

“可以。”

“顺便说一下，”他补充说，“我的老板不希望任何本地人知道他的这一行动，这也正是他中意你的原因，记住，保守秘密。”

“我懂，这是我工作的一贯原则。”原一平解释说。

在他们挂断电话之后，原一平给保险公司打了几个电话，安排其中一位与这位商人进行一次会面，不久以后，这人便邀请原一平去他的一艘游艇参观，那天下午，原一平向他卖出了价值2000万日元的保险。至此，这是当时原一平做过的最大一笔生意。

注意要重视你的小客户，向他们提供与大客户平等的服务，一视同仁。

每位客户，无论是大是小，都是你的上帝，应享受相同的服务。

小客户慢慢发展，有朝一日也会成功，也会成为潜在的大客户。

小客户会向你介绍一些有钱人，从而带来大客户。

美国学识最渊博的哲学家约翰·杜威说：“人类心中最深远的驱策力就是希望具有重要性。”每一个人来到世界上都有被重视、被关怀、被肯定的渴望，当你满足了他的要求后，他被你重视的那一方面就会焕发出巨大的热情，并成为你的朋友。

定期沟通，紧密客户关系

要想把潜在客户变成真正的客户，就要打消顾客的顾虑，而经常拜访客户，和客户保持联系是最好的方法，这是原一平给我们的第四个忠告。

一、与客户取得交流和沟通

原一平说过，商业活动最重要的是人与人之间的关系，如果没有交流和沟通，人家就不会认为你是个“诚实的、可信赖的人”，那么许多生意是无法做成的。

上门推销第一件事是要能进门。

门都不让你进，怎么能推销商品呢？要进门，就不能正面进攻，得使用技巧，转转弯。一般地，被推销者心理上有一道“防卫屏障”，如果将你的目的直接地说出来，相信你只会吃“闭门羹”。

要推销商品，进门以后就要进行“交流和沟通”，即进行对话。

交流和沟通能使顾客觉得你是一位“诚实的、可以信赖的人”，这时，推销就水到渠成了。

原一平有一次去拜访一家酒店的老板。

“先生，您好！”

“你是谁呀？”

“我是明治保险公司的原一平，今天我刚到贵地，有几件事想请教您这位远近出名的老板。”

“什么？远近出名的老板？”

“是啊，根据我调查的结果，大家都说这个问题最好请教您。”

“哦！大家都在说我啊！真不敢当，到底什么问题呢？”

“实不相瞒，是……”

“站着谈不方便，请进来吧！”

……

就这样轻而易举地过了第一关，也取得了准客户的信任和好感。

赞美几乎是“百试不爽”，没有人会因此而拒绝你。

原一平认为：这种以赞美对方开始访谈的方法尤其适用于商店铺面。那么，究竟要请教什么问题呢？

一般可以请教商品的优劣、市场现状、制造方法等。

对于酒店老板而言，有人诚恳求教，大都会热心接待，会乐意告诉你他的生意经和成长史。而这些宝贵的经验，也正是推销员需要学习的。

既可以拉近彼此的关系，又可以提升自己，何乐而不为呢？

推销被拒绝对推销人员来说，就像是家常便饭，关键在于你如何对待。推销成功的推销人员，把拒绝视为正常，极不在乎，心平气和，不管遭到怎样不客气地拒绝，都能保持彬彬有礼的姿态，感觉轻松。可事实上，许多推销人员都有一个通病，就是刚开始的时候，尽往好处想，满怀热望。可事实却南辕北辙，一遭拒绝，心理的打击就难以承受。因此推销前要仔细研究客户的拒绝方式，人家不买，你依然要推销，拒绝没什么。如果抱着观察研究的态度，一旦遭到拒绝，你就会想到：嗯，还有这种拒绝方式？好吧，下次我就这么应付。这样，你就能坦然地面对拒绝，成功率会越来越高。没遭到拒绝的推销只能在梦中，只有那些渴望坐享其成的人，才能够编织出这样的美梦来。而在这个世界上能够坐享其成的恐怕只有母鸡了。推销人员就是要应付拒绝，全心全意去应付拒绝才是长久不败的生财之道。干任何事都不会没有困难，生活就是这样，在你得到收益之前，总要给你一些考验。英明的大自然虽给我们提供了鱼，但你也得先去织渔网。

对于新推销人员来说，就是要咬紧牙关，忍受奚落、言语不合拍、不理睬、对方盛气凌人等痛苦，要学会忍受，就把它当作磨炼自己意志的机会吧。原一平的成功之路也是从这里走过来的。

二、再访客户的技巧

推销员必须以不同的方式接近不同类型的顾客。也就是说，推销员在决定接近顾客之前，必须充分考虑顾客的特定性质，依据事前所获得的信息，评估各种接近方法的适用性，避免千篇一律地使用一种或几种方法。

顾客是千差万别的，每一个顾客都有其特定的购买方式、购买动机和人格特征。因而，他们对不同的接近方式会有不同的感受。在某一顾客看来，有些方法是可以接受的，而对另一顾客，这些方法可能是难以接受的；同样，对某一顾客非常有效的接近方法，对另一顾客则可能毫无效果。即使是对同一顾客，也不能总是使用同一种方法。

再访时，推销员必须尽快减轻顾客的心理压力。在接近过程中，有一种独特的心理现象，即当推销员接近时，顾客会产生一种无形的压力，似乎一旦接近推销员就承担了购买的义务。正是由于这种压力，使一般顾客害怕接近推销员，冷淡或拒绝推销员的接近。这种心理压力实际上是推销员与顾客的接近阻力。

原一平通过分别与推销员和顾客进行交谈发现：在绝大多数情况下，顾客方面存在一种明显的压力。换句话说，购买者感到推销员总是企图推销什么东西，于是购买者本能地设置一些障碍，下意识或干扰和破坏交谈过程的顺利进行。只要能够减轻或消除顾客的心理压力，就可以减少接近的困难，促进面谈的顺利进行。具体的减压方法很多，推销员应该加以灵活运用。

再访顾客时，还可以利用信函资料。许多推销人员只将有关产品的宣传资料或广告信函留给客户就万事大吉了，而忽视了更为重要的下一步，即“跟进推销”，因此往往如同大海捞针，收效甚微。许多客户在收到推销人员的信函资料之后，可能会把它冷落一旁，或者干脆扔进废纸堆里。这时，如果推销人员及时拜访客户，就可以起到应有的推销作用。比如，有这样一个推销人员：“您好！上星期我给您一份美菱电冰箱的广告宣传资料，您看了以后，对这一产品有什么意见?”一般来说，对方听到推销人员的这样问话，或多或少会有一番自己的建议与看法。若客户有意购买，自然会有所表露，推销目标也告实现。

推销员还可以利用名片再访客户，原一平也经常采用这种办法。

可以作为下次拜访的借口，初访时不留名片。一般的推销人员总是流于形式，在见面时马上递出名片给客户，这是比较正统的销售方式，偶尔也可以试试反其道而行的方法，不给名片，反而有令人意想不到的结果。

推销员还可以故意忘记向客户索取名片，因为客户通常不想把名片给不认识的推销人员，尤其是新进的推销员，所以客户会借名片已经用完了或是还没有印好为理由而不给名片。此时不需强求，反而可以顺水推舟故意忘记这档事，并将客户这种排斥现象当作是客户给你一次再访的理由。

原一平说，印制两种以上不同式样或不同职称的名片也是一种好方法。如果有不同的名片，就可以借更换名片或升职再度登门造访。但是要特别注意的是，避免拿同一种名片给客户以免穿帮，最好在管理客户资料中注明使用过哪一种名片，或利用拜访的日期来分辨。

另外，推销员必须善于控制接近时间，不失时机地转入正式面谈。如前所述，接近只是整个推销过程的一个环节。接近的目的不仅在于引起顾客的注意和兴趣，更重要的是要转入进一步的推销面谈。因此，在接近过程中，推销员一方面要设法引起和保持顾客的注意力，诱发顾客的兴趣；另一方面要看准时机，及时转入正式面谈。为了提高推销效率，推销员必须控制接近时间，沟通时必须注重良性沟通。

现代推销学的研究表明：推销员的认识和情感有时并不完全一致。因此，在推销中有些话虽然完全正确，但对方往往却因为碍于情感而觉得难以接受，这时，直言不讳的话就不能取得较好的效果。但如果你把话语磨去“棱角”，变得软化一些，也许客户就能既从理智上又在情感上愉快地接受你的意见，这就是委婉的妙用。

总之，在与客户交往时要注重沟通。运用恰当的方法、技巧就能达到很好的效果。原一平的成功也正是践行这些技巧的结果。

·第三章·

乔·吉拉德能将商品卖给任何人的秘密

让产品成为你的爱人

乔·吉拉德说，我们推销的产品就像武器，如果武器不好使，还没开始我们就已经输了一部分了。努力提高产品的质量，认真塑造产品的形象，培养自己和产品的感情，爱上推销的产品，我们的推销之路一定会顺利很多。

一、精通你的产品，为完美推销做准备

客户最希望销售人员能够提供有关产品的全套知识与信息，让客户完全了解产品的特征与效用。倘若销售人员一问三不知，就很难在客户中建立信任感。因此吉拉德在出门前，总先充实自己，多阅读资料，并参考相关信息。做一位产品专家，才能赢得顾客的信任。假设你所销售的是汽车，你不能只说这个型号的汽车可真是好货，你最好还能在顾客问起时说出：这种汽车发动机的优势在哪里，这种汽车的油耗情况和这种汽车的维修、保养费用，以及和同类车比它的优势是什么，等等。

多了解产品知识很有必要，产品知识是建立热忱的两大因素之一。若想成为杰出的销售高手，工作热忱是不可或缺的条件。吉拉德告诉我们：一定要熟知你所销售的产品的知识，才能对你自己的销售工作

产生真切的工作热忱。能用一大堆事实证明做后盾，是一名销售人员成功的信号。要激发高度的销售热情，你一定要变成自己产品忠诚的拥护者。如果你用过产品并满意的话，自然会有高度的销售热情，不相信自己的产品而销售的人，只会给人一种隔靴搔痒的感受，想打动客户的心就很难了。

我们需要产品知识来增加勇气。许多刚出道不久的销售人员，甚至已有多年经验的业务代表，都会担心顾客提出他们不能回答的问题。对产品知识知道得越多，工作时底气越足。

产品知识会使我们更专业。

产品知识会使我们在与专家对谈的时候能更有信心。尤其在我们与采购人员、工程师、会计师及其他专业人员谈生意的时候，更能证明充分了解产品知识的必要。可口可乐公司曾询问过几个较大的客户，请他们列出优秀销售人员最杰出的素质，得到的最多回答是："具有完备的产品知识。"

你对产品懂得越多，就越会明白产品对使用者来说有什么好处，也就越能用有效的方式为顾客作说明。

此外，产品知识可以增加你的竞争力。假如你不把产品的种种好处陈述给顾客听，你如何能激发起顾客的购买欲望呢？了解产品越多，就越能无所惧怕。产品知识能让你更容易赢得顾客的信任。

二、对产品充满信心

推销人员给顾客推销的是本公司的产品或服务，那么你应该明白产品或服务就是把你与顾客联系在一起的纽带。你要让顾客购买你所推销的产品，首先你应该对自己的产品充满信心，否则就不能发现产品的优点，在推销时就不能理直气壮；而当顾客对这些产品提出意见时，就不能找出充分的理由说服顾客，也就很难打动顾客的心。这样一来，整个推销活动难免就成为一句空话了。

如何对你的产品有信心？吉拉德告诉我们以下几种有效的方法：

首先，要熟悉和喜欢你所推销的产品。

如果你对所推销的产品并不十分熟悉，只了解一些表面的浅显的情况，缺乏深入的、广泛的了解，就会影响到你对推销本企业产品的信心。在推销活动中，顾客多提几个问题，就把你“问”住了，许多顾客往往因为得不到满意的回答而打消了购买的念头，结果因对产品解释不清或宣传不力而影响了推销业绩。更严重的问题是，时间一长，不少推销人员会有意无意地把影响业绩的原因归罪于产品本身，从而对所推销的产品渐渐失去信心。心理学认为：人在自我知觉时，有一种无意识的自我防御机制，会处处为自己辩解。因此，为消除自我意识在日常推销中的负面影响，对本企业产品建立起充分的信心，推销人员应充分了解产品的情况，掌握关于产品的丰富知识。只有当你全面地掌握了所推销产品的情况和知识，才能对说服顾客更有把握，增强自信心。

在熟知产品情况的基础上，你还需喜爱自己所推销的产品。喜爱是一种积极的心理倾向和态度倾向，能够激发人的热情，产生积极的行动，有利于增强人们对所喜爱事物的信心。推销人员要喜爱本企业的产品，就应逐步培养对本企业产品的兴趣。推销人员不可能一下子对企业的产品感兴趣，因为兴趣不是与生俱来的，是后天培养起来的，但作为一种职业要求和实现推销目标的需要，推销人员应当自觉地、有意识地逐步培养自己对本企业产品的兴趣，力求对所推销的产品做到喜爱和相信。

其次，要关注客户需求，推动产品的改进。

任何企业的产品都处在一个需要不断改进和更新的过程之中。因此，推销人员所相信的产品也应该是一种不断完善和发展的产品。产品改进的动力来自于市场和客户，推销人员是距离市场和客户最近的人，他们可以把客户意见以及市场竞争的形势及时反馈给生产部门，还可将客户要求进行综合归纳后形成产品改进的建设性方案提交给企业领导。这样，改进后或新推出的产品不仅更加优良、先进和适应市场需要，而且凝结着推销人员的劳动和智慧，他们就能更加充满信心地去推销这些产品。

最后，还要相信自己所推销的产品的价格具有竞争力。

由于顾客在心理上总认为推销人员会故意要高价，因而总会说价格太高，希望推销人员降价出售。这时，推销人员必须坚信自己的产品价格的合理性。虽然自己的要价中包含着准备在讨价还价中让给顾客的部分，但也绝不能轻易让价；否则，会给人留下随意定价的印象。尤其当顾客用其他同类产品的较低的价格作比较来要求降价时，推销人员必须坚定信念，坚持一分钱一分货，只有这样，才有说服顾客购买的信心和勇气。当然，相信自己推销的产品，前提是对该产品有充分的了解，既要了解产品的质量，又要了解产品的成本。对于那些质量值得怀疑，或者那些自己也认为对方不需要的产品，不要向顾客推销。

三、产品至上，认真塑造产品形象

塑造形象的意识是整个现代推销意识的核心。良好的形象和信誉是企业的一笔无形资产和无价之宝，对于推销员来说，在客户面前最重要的是珍惜信誉、重视形象的经营思想。

国内外许多推销界的权威人士提出：推销工作蕴含的另一个重要目的，除了“买我”之外，还要“爱我”，即塑造良好的公众形象。在这里有一点需要说明，那就是树立的形象必须是真实的，公众形象要求以优质的产品、优良的服务以及推销员的言行举止为基础，虚假编造出来的形象也许可能会存在于一时，但不可能长久存在。

具有强烈的塑造形象意识的推销员，清醒地懂得用户的评价和反馈对于自身工作的极端重要性，他们会时时刻刻像保护眼睛一样维护自己的声誉。

有人曾经说过，如果可口可乐公司遍及世界各地的工厂在一夜之间被大火烧光，那么第二天的头条新闻将是“各国银行巨头争先恐后地向这家公司贷款”，这是因为，人们相信可口可乐不会轻易放弃“世界第一饮料”的形象和声誉。这家公司在红色背景前简简单单写上 8 个英文字母“CocaCola”的鲜明生动的标记，通过公司宣传推销工作的长期努力已经得到了全世界消费者的认可，它的形象早已深入各界人士的脑海里，一旦具备了相应的购买条件，他们寻找的饮料必是可口可乐无疑。

对于任何工商企业的推销员而言，确立塑造形象的意识是筹划一切推销活动的前提与基础。只有明确认识良好的形象是一种无形的财富和取用不尽的资源，是企业和产品跻身市场的“护身符”，才能卓有成效地开展各种类型的宣传推广活动。

在我们身边就有活生生的例子：

有位儿童用品推销员介绍了他采用产品接近法推销一种新型铝制轻便婴儿车的前后经过，非常有趣。

我走进一家商场的营业部，发现这是在我所见过百货商店里最大的一个营业部，经营规模可观，各类童车一应俱全。我在一本工商业名录里找到商场负责人的名字，当我向女店员打听负责人的工作地点时，进一步核实了他的尊姓大名，女店员说他在后面办公室里，于是我来到那间小小的办公室，刚进去，他就问：“喂，有何贵干?”我不动声色地把轻便婴儿车递给他。他又说：“什么价钱?”我就把一份内容详细的价目表放在他的面前，他说：“送 60 辆来，全要蓝色的。”我问他：“您不想听听产品介绍吗?”他回答说：“这件产品和价目表已经告诉我所需要了解的全部情况，这正是我所喜欢的购买方式。请随时再来，和您做生意，实在痛快!”

乔·吉拉德说，只有让产品先接近顾客，让产品作无声的介绍，让产品默默地推销自己，这是产品接近法的最大优点。例如，服装和珠宝饰物推销员可以一言不发地把产品送到顾客的手中，顾客自然会看看货物，一旦顾客产生兴趣，开口讲话，接近的目的便达到了。

精心地准备销售工具

乔·吉拉德说过，如果让我说出我发展生意的最好办法，那么，我这个工具箱里的东西可能不会让你吃惊，我会随时为销售做好各种准备工作。

一、善用名片，把自己介绍给周围的每一个人

金牌推销员吉拉德喜欢去运动场上观看比赛，当万众欢腾时，他就大把大把地抛出自己的名片。在观看橄榄球比赛时，当人们手舞足蹈、摇旗呐喊、欢呼雀跃、忘乎所以的时候，吉拉德同样兴奋不已，只不过他同时还要抛出一沓沓的名片。

吉拉德认为:“我把名片放在一个纸袋里，随时准备抛出去。也许有人以为我是在体育场上乱扔纸屑，制造名片垃圾。但是，只要这几百张名片中有一张到了一个需要汽车的人的手中，或者他认识一个需要汽车的人，那么我就可以做成一单生意，赚到足够的现金，抛出些名片我也算划得来了。和打电话一样，扔名片也可以制造推销机会。你应该知道，我的这种做法是一种有效的方法，我撒出自己的名片，也撒下了丰收的种子，我制造了纸屑垃圾，也制造了未来的生意。”

也许你会认为吉拉德的这种做法很奇怪，但是这种做法确实帮他做成了一些交易。很多买汽车的人对这种行为感兴趣，因为扔名片并不是一件平常的事，他们不会忘记这种与众不同的举动。

吉拉德能做出撒名片的惊人之举，到处递名片就更不用说了，他总是设法让所有与他有过接触的人都知道他是干什么的、推销什么东西的，即使是那些卖东西给他的人。甚至在餐馆付账时，他也把名片附在账款中。假如一餐饭的账单是 20 美元，一般人支付 15%的小费是 3 美元，吉拉德常会留下 4 美元，并且附上他的名片，对所有的侍者，吉拉德都采用这种方式。

让与你接触的人知道你是干什么的、你卖的是什么东西，名片就成了最好的工具，好好利用名片会为你创造许多推销的机会。

二、在推销之前准备好道具很有必要

下面是“CFB”公司总裁柯林顿·比洛普的一段创业经历。

在柯林顿事业的初创期，也就是他 20 来岁的时候，便拥有了一家小型的广告与公关公司。为了多赚一点钱，他同时也为康涅狄格州西哈福市的商会推销会员证。

在一次特别的拜会中，他会晤了一家小布店的老板。这位工作勤奋的小老板是土耳其的第一代移民，他的店铺离那条分隔哈福市与西哈福市的街道只有几步路的距离。

“你听着，年轻人。”他以浓厚的口音对柯林顿说道，“西哈福市商会甚至不知道有我这个人。我的店在商业区的边缘地带，没有人会在乎我。”

“不，先生，”柯林顿继续说服他，“你是相当重要的企业人士，我们当然在乎你。”

“我不相信，”他坚持己见，“如果你能够提出一丁点儿证据反驳我对西哈福商会所下的结论，那么我就加入你们的商会。”

柯林顿注视着他说：“先生，我非常乐意为你做这件事。”然后他拿出了准备好的一个大信封。

柯林顿将这个大信封放在小布店老板的展台上，开始重复一遍先前与小老板讨论过的话题。在这期间，小布店老板的目光始终注视着那个信封袋，满腹狐疑地不知道里面到底是什么。

最后，小布店老板终于无法再忍受下去了，便开口问道："年轻人，那个信封里到底装了什么？"

柯林顿将手伸进信封，取出了一块大型的金属牌。商会早已做好了这块牌子，用于挂在每一个重要的十字路口上，以标示西哈福商业区的范围。柯林顿带领他来到窗口说："这块牌子将挂在这个十字路口上，这样一来客人就会知道他们是在这个一流的西哈福区内购物。这便是商会让人们知道你在西哈福区内的方法。"

一抹苍白的笑容浮现在小布店老板的脸上。柯林顿说："好了，现在我已经结束了我的讨价还价了，你也可以将支票簿拿出来结束我们这场交易了。"小布店老板便在支票上写下了商会会员的入会费。

通过这次经历，柯林顿了解到，做推销拜访时带着道具是一种吸引潜在主顾目光的有效方式。你可以想象：当某人带着一个包装精美的东西走进你的办公室时，受访人会如何反应呢？

许多时候，前来办事处访问的推销员，许多忘了带打火机，好在有的会客室中经常备有打火机，使场面不至于尴尬，假定这些人跑到没有预备打火机的公司去拜访，将会留给客户一个什么样的印象呢？经常会出现这样一些笑话：那是一位在大热天来访的推销员，因为忘了携带手帕，脸上出了大把汗也无法擦拭，有一个女职员看不过去，就递了手巾给他，使得这个推销员惭愧得半天说不出话来。另外有一个推销员，当要告辞时嘴里面像蚊子叫似的不好意思地说："对不起，是不是可以借我一点钱搭车回去？"一边说着，一边难为情地面红耳赤。

这些推销员好像头脑的构造有点儿问题，让人为雇用他们的老板叫屈。

甚至于有一些不见棺材不落泪的推销员，连最重要的东西都忘了，譬如价格表、契约书、订货单、公司或自己的名片、货品的说明书……

有些为商讨图样而来的推销员，甚至把图样都忘在公司里；某些推销员在成交的阶段粗心大意地忘了带订货单；又有的推销员在前去说明并示范机器时，忘记携带样本或说明书。这样无疑是不持武器而去跟一个装备齐全的老兵交手，怎么会有胜利的希望呢？如果你是初次去访问，也是同样的道理，切不可以为是头一次去，两袖清风亦无妨，反而必须充分准备、确切检视才好。

初次见面的人，不知道对方人品、谈话习惯、要求是什么，最好预先打一通电话沟通一下意见，约好了时间地点再去访问。倘若在客户向你征求什么事或什么物件时，你如此回答："啊！对不起，今天没带来，这样好了，我立刻给你送来好不好？"那么客户也许就因为你准备不充分，以此作为拒绝的理由。或许你辩称："对于普通的客户，初次会面时，不至于谈得这么详细。"那你就错了。这句话的前提是"到昨天为止，我所碰到的客户，都是……"但今天以及今后的客户，你能担保他们的情形和从前一样吗？

三、拜访客户前做好一切准备

推销前要先做好物质准备。

物质准备工作做得好，可以让顾客感到推销人员的诚意，可以帮助推销人员树立良好的洽谈形象，形成友好、和谐、宽松的洽谈气氛。

物质方面的准备，首先是推销人员自己的仪表准备，应当以整洁大方、干净利落、庄重优雅的仪表给顾客留下其道德品质、工作作风、生活情调等方面良好的第一印象。其次，推销人员应根据访问目的的不同准备随身必备的物品，通常有客户的资料、样品、价目表、示范器材、发票、印鉴、合同纸、笔记本、笔等。

物质准备应当认真仔细，不能丢三落四，以防访问中因此而误事或给顾客留下不好的印象。行装不要过于累赘，风尘仆仆的模样会给人留下“过路人”的印象，这也会影响洽谈的效果。

除做好物质准备外，还要做好情报准备。

一位杰出的寿险业务员不但是一位好的调查员，还必须是一个优秀的社会工作者。在这个世界上，每一个人都渴望他人的关怀，当你带上评估客户的资料去关怀他时，对方肯定会欢迎你的，这样你做业务就容易多了。

乔·吉拉德说：“不论你推销的是什么东西，最有效的办法就是让顾客相信，真心相信，喜欢他、关心他。”如果顾客对你抱有好感，你成交的希望就增加了。要使顾客相信你喜欢他、关心他，那你就必须了解顾客，搜集顾客的各种有关资料。

最后，吉拉德中肯地指出：“如果你想要把东西卖给某人，你就应该尽自己的力量去收集他与你生意有关的情报……不论你推销的是什么东西。”

如果你每天肯花一点时间来了解自己的顾客，做好准备，铺平道路，那么你就不愁没有自己的顾客。

推销如战斗，推销的积极备战不仅需要物质准备，还需要信息情报的准备。在正式推销之前，推销人员必须尽可能多地搜集有关推销对象的各种信息情报，做到心中有数，包括关于顾客个人的信息，如顾客的家庭状况、爱好以及在企业中的位置等；关于顾客所在企业的信息，如企业规模、经营范围、销售对象、购买量、追求的利润率、企业声誉、购买决策方式以及选择供应商的要求等，做好准备再出发，受益最多的一定是你。

记录与客户交流的信息

乔·吉拉德告诉我们，推销人员应该将当天的访问工作进行记录，这对以后的工作会有很大的帮助。

一、做好客户访问记录十分重要

1952年，后来有着“世界首席推销员”之称的齐藤竹之助进入日本朝日生命保险公司从事寿险工作。1965年，他创下了签订保险合同的世界最高纪录。他一生完成了近5000份保险合同，成为日本首席推销员。他推销的金额高达12.26亿日元，作为亚洲代表，连续4年出席美国百万圆桌会议，并被该会认定为百万圆桌俱乐部终身会员。

那么，齐藤竹之助是如何做到这一切的呢?

他说:“无论在什么时候，我都在口袋里装有记录用纸和笔。在打电话、商谈、听讲或是读书时，身边备有记录用纸，使用起来是很方便的。一边打电话，一边可以把对方重要的话记录下来;商谈时可以在纸上写出具体事例和数字转交给客户看。”

齐藤竹之助在自己家中到处放置了记录用纸，包括电视机前、床头、厕所等地方，使自己无论在何时何处，只要脑海里浮现出好主意、好计划，就能立刻把它记下来。

乔·吉拉德也指出:当推销人员访问了一个客户后，应记下他的姓名、地址、电话号码，等等，并整理成档案，予以保存。同时对于自己工作中的优点与不足，也应该详细地进行整理。这样每天坚持下去，在以后的推销过程中会避免许多令人难堪的场面。拿记住别人的姓名这一点来说，一般人对自己的名字比对其他人的名字要感兴趣，但是推销人员如果能记住客户的名字，并且很轻易就叫出来，等于给予别人一个巧妙而有效的赞美。

这种记录还能将你的思想集中起来，专一应用在商品交易上。这样一来，那些不必要的烦恼就会从你大脑中消失。另外，这种记录工作还可以帮助你提高推销方面的专业知识水平。乔·吉拉德在一次讲座中讲过下面这个案例。

杰克一直在向一位顾客推销一台压板机，并希望对方订货，然而顾客却无动于衷。他接二连三地向顾客介绍了机器的各种优点，同时，他还向顾客提出：到目前为止，交货期一直定为 6 个月；从明年一月份起，交货期将设为 12 个月。顾客告诉杰克，他自己不能马上作决定；并告诉杰克，下月再来见他。到了一月份，杰克又去拜访他的客户，杰克把过去曾提过的交货期忘得一干二净。当顾客再次向他询问交货期时，他仍说是 6 个月，杰克在交货期问题上颠三倒四。忽然，杰克想起他在一本有关推销的书上看到的一条妙计，在背水一战的情况下，应在推销的最后阶段向顾客提供最优惠的价格条件，因为只有这样才能促成交易。于是他向顾客建议，只要马上订货，可以降价 10%。而上次磋商时，他说过削价的最大限度为 5%，顾客听他现在又这么一说，一气之下终止了洽谈，杰克无可奈何，只好扫兴而归。

从这个事例里，我们能得出一个什么样的结论呢？如果杰克在第一次拜访后有很好的访问记录；如果他不是因为交货期和削价等问题的颠三倒四；又如果他能在第二次拜访之前想一下上次拜访的经过，做好准备，那么第二次的洽谈也许会有成功的机会，因为这样可以减少一些不必要的麻烦。

乔·吉拉德告诉我们：客户访问记录应该包括顾客特别感兴趣的问题及顾客提出的反对意见。有了这些记录，才能让你的谈话前后一致，更好地进行以后的拜访工作。

推销人员在推销过程中一定要做好每天的客户访问记录，特别是对那些已经有购买意向的客户，更要有详细的记录，这样当你再次拜访客户的时候，就不会发生与杰克同样的情况了。

二、仔细研究顾客购买记录

通过顾客购买记录能为顾客提供更全面的服务，同时，还可以加大顾客的购买力度，提高推销数量。在这一方面，华登书店做得非常好，他们充分利用顾客购买记录来进行多种合作性推销，取得了显著效果。最简单的方法是按照顾客兴趣，寄发最新的相关书籍的书目。华登书店把书目按类别寄给曾经购买相关书籍的顾客，这类寄给个别读者的书讯，实际上也相当于折价券。

这项推销活动是否旨在鼓励顾客大量购买以获得折扣呢？只对了一半。除了鼓励购买之外，这也是一项目标明确、精心设计的合作性推销活动，引导顾客利用本身提供给书店的资讯，满足其个人需要，找到自己感兴趣的书。活动成功的关键在于邀请个别顾客积极参与，告诉书店自己感兴趣和最近开始感兴趣的图书类别。

华登书店还向会员收取小额的年费，并提供更多的服务，大部分顾客也都认为花这点钱成为会员是十分有利的。顾客为什么愿意加入呢？基本上，缴费加入“爱书人俱乐部”，就表示同意书店帮助卖更多的书给自己，但顾客并不会将之视为敌对性的推销，而是合作性的推销。

无论如何，这里要说明的是，任何推销员如果要以明确的方式与个别顾客合作，最重要的就是取得顾客的回馈，以及有关顾客个人需求的一切资料。

拥有越多顾客的购买记录，也就越容易创造和顾客合作的机会，进而为顾客提供满意的服务。

推销员要养成记录的习惯，把有用数据和灵光一现的想法及时记录下来，经过长期积累，就会发现这些记录是一笔宝贵的财富。

使用气味来吸引顾客

乔·吉拉德说，推销牛排时最好让顾客听到刺啦声，卖蛋糕时要让蛋糕的香味四溢。销售中只有发现最能吸引顾客的卖点，你的推销才能成功。如果你要出售汽车，就要让他去车上坐一坐，试开一下。

一、从满足顾客需求出发介绍商品

乔·吉拉德在《将任何东西卖给任何人》一书中有下面一段表述：

说这句话的人连自己的感觉都不明白。我绝不会忘记我一生中许多让我激动的第一次。我还记得我第一次拿起新电钻的情景。那电钻不是我的，而是邻居的一个小伙伴得到的圣诞礼物。他打开礼物包装时我在旁边，那是一把崭新的电钻。我接过电钻插上电源，不停地到处钻眼。我还记得自己第一次坐进新车的感觉。那时我已经长大了，但以前坐的都是旧车，座位套都有酸臭味了。后来一个邻居在战后买了辆新车，他买回来的第一天我就坐了进去。我绝不会忘记那辆新车的气味。

如果你卖其他的东西，情况就完全不一样了。如果你卖人寿保险，你就无法让顾客闻闻或试试，但只要是能动能摸的东西，你就应该让顾客试一下。在向男士们销售羊毛外套时，有哪位销售员不让顾客先摸摸呢？

所以一定要让顾客坐上车试一下，我一向这么做，这会使他产生拥有该车的欲望。即使没成交，以后当他又想买这辆车时，我还可以试着说服他。当我让男顾客试车时，我一句话都不说，我让他们试驾一圈。有专家说过，这时候就应该向他介绍汽车的各种特点，但我不信。我发现自己说的话越少，他就对车闻和摸得越多，并会开口说话。

我就希望他开口说话，因为我想知道他喜欢什么、不喜欢什么。我希望他通过介绍自己的工作单位、家庭及住址等帮助我了解他的经济状况。当你坐在副座上时，顾客通常会把一切有关情况都讲给你听，这样你向他销售和为他申请贷款所需的情况就都有了。因此，让他驾车是一件必须做的事。

人们爱试试新东西的功能，摸摸它及把玩把玩。还记得厂家在加油站搞的减震器演示（你先拉旧减震器的把手，然后再拉新减震器的把手）吗？我相信我们大都体验过，我们都有好奇心。不论你卖什么，你都要想办法演示你的产品，重要的是要确保潜在顾客参加产品的演示。如果你能将产品的功能诉诸人们的感官，那你也在将其诉诸人们的情感。我认为，人们购买大部分商品是由于情感而不是逻辑的原因。

一旦顾客坐上驾驶台，他十有八九要问往哪儿开，我总是告诉他可以随便开。如果他家在附近，我可能建议从他家门口绕一圈，这样他可以让他妻子和孩子看到这辆车，如果有几位邻居正站在门廊上，他们也能看到这辆车，我希望他让大家看到他开着新车，因为我希望他感觉好像已经买了这辆车而正在展示给大家看，这会有助于他下定买车的决心，因为他可能不希望回家后告诉家人自己没有买这辆便宜车。我不想引顾客过分上钩——仅仅一点点。

我不想让顾客试车时开得太远，因为我的时间很宝贵。试车人一般都自认为已开得太远了，虽然事实上并不太远，所以我会让顾客随意开，如果他认为自己开得有点远了，这也会使他感激我。

每一样产品都有它的独特之处，以及和其他同类产品不同的地方，这便是它的特征。产品特征包括一些明显的内容，如尺码和颜色；或一些不太明显的，如原料。从顾客最感兴趣的方面出发来介绍产品，才能吸引顾客的注意力。

产品的特征可以让顾客把你推荐的产品从竞争对手的产品或制造

商的其他型号中分辨出来。一位器具生产商可能会提供几个不同款式的冰箱，而每个款式都有些不同的特征。

推销家具时，鼓励顾客亲身体验，请他们用手触摸家具表面的纤维或木料，坐到椅子上或到床上躺一会儿。用餐桌布、食具和玻璃器皿布置桌面；整理床铺后，旋转两个有特色的睡枕；安乐椅旁的桌子上摆放一座台灯和一些读物。给顾客展示如何从沙发床拖拉出床褥，也可请顾客坐到卧椅上，尝试调整它的斜度。

推销化妆品和浴室用品时，提供一些小巧的样品给顾客拿回家用；开启并注明哪些是可试用的产品样本；建议顾客试用你的产品；把沐浴露或沐浴泡沫放进一盆温水中，让顾客触摸它的质感或嗅嗅它的香气。

推销有关食物的东西时，向顾客展示怎样使用某种材料或烹调一种食品。派发食谱、陈列几款建议的菜肴，并让顾客现场品尝。建议如何把某种食品搭配其他菜式，例如，做一顿与众不同的假日大餐，又或将它制成适合野餐或其他户外活动享用的食物。

二、找到顾客购买的诱因

曾经有一位房地产推销员带一对夫妻进入一座房子的院子时，太太发现这房子的后院有一棵非常漂亮的木棉树，而推销员注意到这位太太很兴奋地告诉她的丈夫：“你看，院子里的这棵木棉树真漂亮。”当这对夫妻进入房子的客厅时，他们显然对这间客厅陈旧的地板有些不太满意，这时，推销员就对他们说：“是啊，这间客厅的地板是有些陈旧，但你知道吗？这幢房子的最大优点就是当你从这间客厅向窗外望去时，可以看到那棵非常漂亮的木棉树。”

当这对夫妻走到厨房时，太太抱怨这间厨房的设备陈旧，而这个推销员接着又说：“是啊，但是当你在做晚餐的时候，从厨房向窗外望去，就可以看到那棵木棉树。”当这对夫妻走到其他房间，不论他们如何指出这幢房子的任何缺点，这个推销员都一直重复地说："是啊，这幢房子是有许多缺点。但您二位知道吗？这房子有一个特点是其他房子所没有的，那就是您从任何一间房间的窗户向外望去，都可以看到那棵非常美丽的木棉树。"这个推销员在整个推销过程中一直不断地强调院子里那棵美丽的木棉树，他把这对夫妻所有的注意力都集中在那棵木棉树上了，当然，这对夫妻最后花了50万元买了那棵"木棉树"。

在推销过程中，我们所推销的每种产品以及所遇到的每一个客户，心中都有一棵"木棉树"。而我们最重要的工作就是在最短的时间内找出那棵"木棉树"，然后将我们所有的注意力放在推销那棵"木棉树"上，那么客户就自然而然地会减少许多抗拒。

在你接触一个新客户时，应该尽快地找出那些不同的购买诱因当中这位客户最关心的那一点。最简单有效地找出客户主要购买诱因的方法是通过敏锐地观察以及提出有效的问题。另外一种方法也能有效地帮助我们找出客户的主要购买诱因。这个方法就是询问曾经购买过我们产品的老客户，很诚恳地请问他们："先生/小姐，请问当初是什么原因使您愿意购买我们的产品?"当你将所有老客户的主要的一两项购买诱因找出来后，再加以分析，就能够很容易地发现他们当初购买产品的那些最重要的利益点是哪些了。

如果你是一个推销电脑财务软件的推销员，必须非常清楚地了解客户为什么会购买财务软件，当客户购买一套财务软件时，他可能最在乎的并不是这套财务软件能做出多么漂亮的图表，而最主要的目的可能是希望能够用最有效率和最简单的方式得到最精确的财务报告，进而节省更多的开支。所以，当推销员向客户介绍软件时，如果只把注意力放在解说这套财务软件如何使用、介绍这套财务软件能够做出多么漂亮的图表，可能对客户的影响并不大。如果你告诉客户，只要花 1000 元钱买这套财务软件，可以让他的公司每个月节省 2000 元钱的开支，或者增加 2000 元的利润，他就会对这套财务软件产生兴趣。

三、帮助顾客迈出第一步

一家特殊化学制造厂的超级推销员在与一位潜在顾客开始第一次会议时，她是这样进行的："先生，我们在这种情况的应用方面有许多成功的经验，而且在计算出实际金额后，总能带给顾客很好的投资报酬回收。要不，我们先参观一下工厂，可以让你们看看如何组装产品。第二，我们取得你们产品的样本，把它们拆开，并且重新组装，看看有什么方法可以降低组装的成本。接下来，我们一起进行一个投资报酬分析。然后，一起来计算我们所推荐的解决方案会替您的公司省多少钱；接着，再反过来算一下，如果不用我们所推荐的解决之道，会花您多少钱。

"接下来，我们在您的工厂来测试一下我们的产品。如果这个产品成功，我们可以试做一批限量产品。

"如果这个测试很成功，而且限量产品也达到了您要求的标准，我们再决定第一批全量生产的产品数量及交货日期。"

当顾客同意"参观工厂"后，就表示顾客心理上已经开始接受你了。迈出关键的第一步，然后用良好的服务和优质的产品来吸引顾客直到最后成交，就很简单了。

抓住顾客心理促成交易

推销是一种针对客户心理进行说服的艺术，不同的人有不同的购买心理，揣摸顾客的购买心理，运用适当的对策，自然向推销成功迈进了一大步，这也是乔·吉拉德成功的关键之处。

一、善于抓住顾客的心理

有一天，一位中年妇女从对面的福特汽车销售商行走进了吉拉德的汽车展销室。

她说自己很想买一辆白色的福特车，就像她表姐开的那辆，但是福特车行的经销商让她过一个小时之后再去，所以先到这儿来瞧一瞧。

“夫人，欢迎您来看我的车。”吉拉德微笑着说。

妇女兴奋地告诉他：“今天是我 55 岁的生日，想买一辆白色的福特车送给自己作为生日的礼物。”

“夫人，祝您生日快乐！”吉拉德热情地祝贺道。随后，他轻声地向身边的助手交代了几句。

吉拉德领着夫人从一辆辆新车面前慢慢走过，边看边介绍。在来到一辆雪佛莱车前时，他说：“夫人，您对白色情有独钟，瞧这辆双门式轿车，也是白色的。”

就在这时，助手走了进来，把一束玫瑰花交给了吉拉德。他把这束漂亮的花送给夫人，再次对她的生日表示祝贺。那位夫人感动得热泪盈眶，非常激动地说：“先生，太感谢您了，已经很久没有人给我送过礼物。刚才那位福特车的推销商看到我开着一辆旧车，一定以为我买不起新车，所以在我提出要看一看车时，他就推辞说需要出去收一笔钱，我只好上您这儿来等他，现在想一想也不一定非要买福特车不可。”

后来，这位妇女就在吉拉德那儿买了一辆白色的雪佛莱轿车。

不同的人有不同的心理，针对不同的心理要采用相应的不同方法。

在与推销员打交道的过程中，顾客的心理活动要经历 3 个阶段：初见推销员，充满陌生、戒备和不安，生怕上当；在推销员的说服下，可能对商品有所了解，但仍半信半疑；在最后决定购买时，又对即将交出的钞票藕断丝连。

利用顾客心理进行推销是一项高超的技术。但是，这绝不意味着利用小聪明耍弄顾客。如果缺乏为顾客服务的诚意，很容易被顾客识破，到头来“机关算尽太聪明，反误了卿卿性命”。推销员的信用等级就可能降为零。

有一个中国商人在叙利亚的阿勒颇办完事，到一家钟表店想为朋友买几块手表，恰逢店主不在，店员赔笑道歉：“本人受雇只管修理推销，店主片刻即回，请稍等。”说完走进柜台，在录音机里放入一卷录音带，店里立即响起一支优雅的中国乐曲。中国商人本想告辞，忽然听到这异国他乡的店铺传出的乡音，不觉驻足细听。半小时后，主人归来，生意自然做成了。

这是店员很好地抓住了顾客的思乡之情才促使生意顺利成交。

还有一个利用顾客的惧怕心理进行有效推销的例子。这位高明的推销员是这样说的：“太太，现在鸡蛋都是经过自动选蛋机选出的，大小一样，非常漂亮，可常常会出现坏蛋。附近有一个小孩，他妈妈不在家，想吃鸡蛋，就自己煮了吃，没想到吃了坏蛋因此中毒，差一点丢了小命……你瞧，这些都是今天刚下的新鲜鸡蛋……”

惧怕之余，这位太太买下了这些鸡蛋，等推销员走后，她才想到：我怎么知道这些鸡蛋是新鲜的呢？

客户心理虽然有机可循，但是推销员也要认真观察、仔细把握，才能找出推销的捷径。

运用心理战术的一个误区就是不仔细识别顾客的心理特点，对牛弹琴，乱点鸳鸯谱。当顾客一进入你的视线，你就应当迅速判定：他在想什么？你可以从他的年龄、衣着、行为举止、职业等方面来揣摩他的心理。譬如：老年顾客往往处于心理上的孤独期，而中年客户相对比较理智，年轻人则易冲动、充满热情。从职业方面看，企业家多比较自负；经济管理人士头脑精明，喜欢摆出一副自信而且内行的样子；知识分子大多个性强，千万不要伤害他的自尊心或虚荣心……这些经验，都要靠推销员的细心观察才能得来。

二、从人性出发引诱顾客

利用人们的心理引诱客户，只要招数得当，距离成功就很近了。

英国作家威廉姆斯创作出版了一本名为《化装舞会》的儿童读物，要小读者根据书中的启示猜出一件“宝物”的埋藏地点。“宝物”是一只制作极为精美、价格高昂的金质野兔。该书出版后，仿佛一阵旋风，不但数以万计的青少年儿童，而且各阶层的成年人也怀着浓厚的兴趣，按自己从书中得到的启示到英国各地寻宝。这次寻宝历时两年多，在英国的土地上留下了无数被挖掘的洞穴。最后，一位 48 岁的工程师在伦敦西北的浅德福希尔村发现了这只金兔，一场群众性探宝的运动才告结束。这时，《化装舞会》已销售了 200 多万册。

过了几年，经过精心策划和构思，威廉姆斯再出新招，写了一本仅 30 页的小册子，描写的是一个养蜂者和一年 4 个季节的变化，并附有 16 幅精制的彩色图画，书中的文字和幻想式的图画包含着一个深奥的谜语，那就是该书的书名，此书同时在 7 个国家发行。这是一本独特的没有书名的书，要求不同国籍的读者猜出该书的名字，猜中者可以得到一个镶着各色宝石的金质蜂王饰物，乃无价之宝。

猜书名的办法与众不同，不是用文字写出来，而是要将自己的意思，通过绘画、雕塑、歌曲、编织物和烘烤物的形状，甚至编入电脑程式的方式暗示书名，威廉姆斯则从读者寄来的各种实物中悟出所要传递的信息，再将其转译成文字。虽然，谜底并不偏涩，细心读过该小册子，十之八九可以猜到，但只有最富有想象力的猜谜者才能获奖。开奖日期定为该书发行一周年之日。届时，他将从一个密封的匣子里取出那唯一写有书名的书，书中就藏着那只价值连城的金蜂饰物。

不到一年，该书已发行数百万册，获奖者是谁还无从知晓，但威廉姆斯本人却早已成为知名人物了。

威廉姆斯成功的关键在于他巧妙地设置了价值连城的“金饵”，既勾起了人们的好奇心，又刺激了人们的发财梦，人为地制造了一场“寻宝热”，是一个典型引诱推销的成功例子。然而，这并不是说引诱推销法只能用于短期促销，也不是说“诱饵”一定要是“宝物”。事实上，如果方法得当，几分真诚、几分关怀，再加上几分“巧心思”，就能够引诱顾客成为长期的“忠实追随者”。

适时抛出“诱饵”，吊吊消费者的胃口，让他们自愿成交，这是推销的一个很高的境界。

三、攻心为上促成交

一位学者访问香港时，香港中文大学的一位教授请他到酒店用餐。落座不久，菜和酒就送上来了。“哎——”学者惊奇地发现送上来的这瓶装饰精美的洋酒已开封过并且只有半瓶，就问教授，教授笑而不答，只示意他看瓶颈上吊着的一张十分讲究的小卡片，上书：××教授惠存。教授见学者仍不解，遂起身拉他来到酒店入口处的精巧的玻璃橱窗前，只见里面陈列着各式的高级名酒，有大半瓶的，也有小半瓶的，瓶颈上挂着标有顾客姓名的小卡片。

“这里保管的都是顾客上次喝剩的酒。”教授解释道。

酒店怎么还替顾客保管剩酒？

回到座位上，教授道出了“保管剩酒”的奥秘。原来这是香港酒店业新近推出的一个服务项目，它一面世就受到广大酒店经营者的青睐，纷纷推出这项新业务。它的成功有很多原因。

（1）它有助于不断开拓经营业务。酒店为顾客保管剩酒后，这些顾客再用餐时，就多半会选择存有剩酒的酒店，而顾客喝完了剩酒之后，又会要新酒，于是又可能有剩酒需要酒店代为保管，下次用餐就又会优先选择该店……如此循环往复，不断开拓酒店的生意，吸引顾客成为酒店的固定客户。

(2) 有助于激发顾客的高级消费欲望。试想：稍有身份的顾客，肯定不愿让写有自己名字的卡片吊在价廉质次的酒瓶上，曝光于众目睽睽之下。于是，顾客挑选的酒越来越高级，有效地刺激了顾客的消费水平。

(3) 有助于提高酒店声誉。试问，连顾客喝剩的酒都精心保管的酒店，服务水平会低吗？经营作风难道还不诚实可靠吗？

保存剩酒使顾客感受到宾至如归的亲切感，顾客光顾酒店的次数自然越来越多。

抓住人性引诱顾客的销售方式数不胜数，各有其妙。有奖销售、附赠礼品、发送赠券、优惠券等，都是引诱推销法的具体运用，唯一不变的是以“利”、以“情”引诱顾客成为其忠实客户。

一次，百货公司的一个推销经理向一订货商推销一批货物。

在最后摊牌时，订货商说：“你开的价太高，这次就算了吧。”

推销经理转身要走时，忽然发现订货商脚上的靴子非常漂亮。

推销经理由衷赞美道：“您穿的这双靴子真漂亮。”

订货商一愣，随口说了声“谢谢”，然后把自己的靴子夸耀了一番。

这时，那个推销经理反问道：“您为什么买双漂亮的靴子，却不去买处理鞋呢?!”

订货商大笑，最后双方握手成交。

没有卖不出去的商品，关键是看推销员推销技巧的高低。分享客户的得意之事，往往让客户有成就感，这样更容易拉近彼此的距离，从而达成交易。

全方位获取销售信息

有备而发，一定攻无不胜。多收集销售信息，有百利而无一害。

一、接近顾客前务必多收集信息

乔·吉拉德曾指出："如果你想要把东西卖给某人，你就应该尽自己的力量去收集他与你生意有关的情报……不论你推销的是什么东西。"

如果你每天肯花一点时间来了解自己的顾客，做好准备，铺平道路，那么你就不愁没有自己的顾客。

刚开始工作时，吉拉德把搜集到的顾客资料写在纸上，塞进抽屉里。后来，有几次因为缺乏整理而忘记追踪某一位准顾客，他开始意识到自己动手建立顾客档案的重要性。他去文具店买了日记本和一个小小的卡片档案夹，把原来写在纸片上的资料全部做成记录，建立起了他的顾客档案。

吉拉德认为：推销人员应该像一台机器，具有录音机和电脑的功能，在和顾客交往过程中，将顾客所说的有用信息都记录下来，从中把握一些有用的材料。

吉拉德说："在建立自己的卡片档案时，你要记下有关顾客和潜在顾客的所有资料——他们的孩子、嗜好、学历、职务、成就、旅行过的地方、年龄、文化背景及其他任何与他们有关的事情，这些都是有用的推销情报。

"所有这些资料都可以帮助你接近顾客，使你能够有效地跟顾客讨论问题，谈论他们感兴趣的话题，有了这些材料，你就会知道他们喜欢什么、不喜欢什么，你可以让他们高谈阔论、兴高采烈、手舞足蹈……只要你有办法使顾客心情舒畅，他们就不会让你大失所望。”

增强自信，这对于推销人员取得成功至关重要。推销人员在毫无准备的情况下贸然访问准顾客，往往因为情况不明、底数不清，总担心出差错而触怒顾客，因而行动举棋不定、言词模棱两可。顾客看到对自己推销的商品信心不足的推销人员，只会感到担心和失望，进而不能信任推销人员所推销的产品，当然也难以接受。

由此可以看到，接近顾客的准备工作非常重要，尤其是当商品具有贵重、高档、无形、结构复杂、数量较多或顾客所不熟悉等特点时更是如此。

多收集销售信息有助于进一步认定准顾客的资格。

在初步认定准顾客资格的基础上，推销人员已基本确定某些个人和团体是自己的准顾客，但这种认定有时可能不会成为事实，因为真正的准顾客要受其购买能力、购买决策权、是否有已经成为竞争者的顾客和其他种种因素的制约。对于这些制约因素，都要求推销人员必须对准顾客的资格进行进一步的认定，而这项任务务必在接近顾客之前的准备工作中完成，以避免接近顾客时的盲目行为。

收集尽可能多的信息便于制定接近目标顾客的策略。

目标顾客的具体情况和性格特点存在着个体差异，推销人员不能毫无区别地用一种方法去接近所有的顾客。有的人工作忙碌，很难获准见面，有的人却成天待在办公室或家里，很容易见面；有的人比较随和，容易接近，有的人却很严肃，难以接近；有的人时间观念较强，喜欢开门见山地开始推销洽谈，有的人却比较适宜采取迂回战术；有的人喜欢接受恭维，有的人却对此持厌恶的态度，等等。推销人员必须进行充分的前期准备，把握目标顾客诸如上述多方面因素的特点，才能制定出恰当的接近顾客的各种策略。

多收集信息还有利于制订具有针对性的面谈计划。

推销人员在推荐商品时，总是要采取多种多样的形式，在对自己的产品进行游说时，或突出产品制作材料的新颖、先进的生产工艺，或突出产品良好的售后服务和保证，或突出优惠的价格，等等。关键在于推销人员介绍商品的侧重点要切合顾客的关注点，否则，面谈介绍商品的工作就失去针对性，推销的效果会因此而大打折扣，甚至使推销工作无功而返。例如，准顾客最关心的是产品的先进性和可靠的质量，而推销人员只突出产品完善的售后服务，这就有可能使顾客担心产品的返修率高、质量不可靠。推销人员做好前期准备工作，深入挖掘准顾客产生购买行为的源头——购买动机，就能找到准顾客对产品的关注点，制订出最符合准顾客特点的面谈计划。

多收集信息还可以有效地减少或避免推销工作中的失误。

推销人员的工作是与人打交道，要面对众多潜在顾客，每一位潜在顾客都具有稳定的心理特质，有各自的个性特点，推销人员不可能在短暂的推销谈话中予以改变，而只能加以适应，迎合准顾客的这些个性特点。因此，推销人员必须注意顺从顾客的要求，投其所好、避其所恶，做好接近准备，充分了解准顾客的个性、习惯、爱好、厌恶、生理缺陷等，就可尽量避免因触及顾客的隐痛或忌讳而导致推销失败。

二、询问顾客获得准确信息

通过询问，推销员可以引导客户的谈话，同时取得更确切的信息，支持其产品的销售。

绝大多数的人都喜欢“说”而不喜欢“听”，他们往往认为只有“说”才能够说服客户购买，但是事实是，客户的需求期望都只能由“听”来获得。试问：如果推销员不了解客户的期望，他又怎么能够达成推销员所签订单的期望?

对于推销员来说，倾听是必需的，但是倾听并不是无原则的。倾听的同时还必须辅之以一定的询问，这种询问的目的就是为了使交易迅速达成。询问时必须使听者有这样一种强烈的印象：该推销员是信心百倍而且认真诚恳的。

推销是可以提一些只能用“是”或“不是”回答的问题，这样的回答是明确的、不容置疑的。

“您会说英语吗?”

“你参观花展了吗?”

“贵公司是否有工会?”

这种提问一般都充当对话过程中一系列问题的一部分，虽并不能引发对方详尽地回答，但却对分辨和排除那些次要的内容很有帮助。这样就可进一步询问了。

卖方:“你们是否出口美国?”

买方:“没有。”

卖方:“贵公司对出口美国是否感兴趣?”

买方:“是。”

卖方:“我们可以……”

有时候，我们也可以使用一些别有用心的肯定式提问。

这种提问能对回答起引导作用。提问的人一开始就先把对方恭维、吹捧一番，然后在此基础上再提问，对方如果不小心，意志不坚定，就很难摆脱这种事先设计的圈套。

“董事长先生，您有多年从事这种工作的经验，一定同意这是最妥善的安排，是吧?”

“李先生，您是这些人当中最上镜的，一定愿意出镜，对吗?”

下功夫掌握和运用这些提问技巧，会令你受益无穷。运用这种技巧可以使电话交谈按照你所设计的方案顺利进行。以下我们用一家针织品公司推销员与顾客的对话来说明这一点。

推销员："王先生，您好，我是天诗针织品有限公司的孙明，您要购买针织服装吗？"

买方："要。"

推销员："您要买男士针织服装吗？"

买方："要。"

推销员："您要针织外衣和运动装吗？"

买方："要。但现在我们还有些存货……"

如果你用下面这个问题，就少了很多小步骤。

推销员："王先生，您好，我是天诗针织品有限公司的孙明，您需要购买哪类针织服装呢？"

除了要注意提问的方式，还要注意提问时的语气等。

首先，要注意音高与语调。低沉的声音庄重严肃，一般会让客户认真地对待。尖利的或粗暴刺耳的声音给人的印象是反应过火、行为失控。推销员的声音是不宜尖利或粗暴的。

其次，要注意语速。急缓适度的语速能吸引住客户的注意力，使人易于吸收信息。如果语速过慢，声音听起来就会阴郁悲哀，客户就会转而做其他的事情；如果语速过快，客户就会无暇吸收说话的内容，同样影响接收效果。推销员在和客户的沟通过程中，最忌讳的是说话吞吞吐吐、犹豫不决，听者往往会不由自主地变得十分担忧和坐立不安。

最后，还要善于运用强调。推销员在交谈过程中应该适当地改变重音，以便能够强调某些重要词语。如果一段介绍没有平仄、没有重音，客户往往就无法把握推销员说话的内容，同时强调也不宜过多，太多的强调会让人变得晕头转向、不知所云。

积极为成交做好准备

乔·吉拉德说，成交是推销的目的，要想顺利成交，就要及时领会客户的想法，积极为成交做好准备。

一、及时领会客户的每一句话

华莱士是A公司的推销员，A公司专门为高级公寓小区清洁游泳池，还包办景观工程。B公司的产业包括12幢豪华公寓大厦，华莱士已经向他们的资深董事华威先生说明了A公司的服务项目。开始的介绍说明还算顺利，紧接着，华威先生有意见了。

场景一：

华威："我在其他地方看过你们的服务，花园很漂亮，维护得也很好，游泳池尤其干净；但是一年收费10万元？太贵了吧！我付不起。"

华莱士："是吗？您所谓'太贵了'是什么意思呢？"

华威："说真的，我们很希望从年中，也就是6月1号起，你们负责清洁管理，但是公司下半年的费用通常比较拮据，半年的游泳池清洁预算只有3万8千元。"

华莱士："嗯，原来如此，没关系，这点我倒能帮上忙，如果您愿意由我们服务，今年下半年的费用就3万8千元，另外6万2千元明年上半年再付，这样就不会有问题了，您觉得呢？"

场景二：

华威："我对你们的服务质量非常满意，也很想由你们来承包；但是，10万元太贵了，我实在没办法。"

华莱士："谢谢您对我们的赏识。我想，我们的服务对你们公司的确很适用，您真的很想让我们接手，对吧？"

华威："不错。但是，我被授权的上限不能超过 9 万元。"

华莱士："要不我们把服务分为两个项目，游泳池的清洁费用 4 万 5 千元，花园管理费用 5 万 5 千元，怎样？这可以接受吗？"

华威："嗯，可以。"

华莱士："很好，我们可以开始讨论管理的内容……"

场景三：

华威："我在其他地方看过你们的服务，花园侍弄得还算漂亮，维护修整上做得也很不错，游泳池尤其干净；但是一年收费 10 万元？太贵了吧！"

华莱士："是吗？您所谓'太贵了'是什么意思？"

华威："现在为我们服务的 C 公司一年只收 8 万元，我找不出要多付 2 万元的理由。"

华莱士："原来如此，但您满意现在的服务吗？"

华威："不太满意，以氯处理消毒，还勉强可以接受，花园就整理得不尽理想；我们的住户老是抱怨游泳池里有落叶；住户花费了那么多，他们可不喜欢住的地方被弄得乱七八糟！虽然给 C 公司提了很多遍了，可是仍然没有改进，住户还是三天两头打电话投诉。"

华莱士："那您不担心住户会搬走吗？"

华威："当然担心。"

华莱士："你们一个月的租金大约是多少？"

华威："一个月 3 千元。"

华莱士："好，这么说吧！住户每年付您 3 万 6 千元，您也知道好住户不容易找。所以，只要能多留住一个好住户，您多付两万元不是很值得吗？"

华威："没错，我懂你的意思。"

华莱士："很好，这下，我们可以开始草拟合约了吧。什么时候开始好呢？月中？还是下个月初？”

销售过程中及时领会客户的意思非常重要。只有及时领会了客户的意思，推销员才能及时做好准备，才能为下一步的顺利进行创造条件。

二、提问能使销售更顺畅

有一天，金克拉预定在南卡罗莱纳州格林贝尔市进行演讲，他先向那里的一家旅馆写了预订客房的信。

他以为房间已经预订好了，可是，在踏入那个高级旅馆大厅的一瞬间，就觉察到情况不太妙。这是因为在大厅后方的告示板上有一段文字，大意是：“敬致旅客，10 月 11～15 日请不要在南卡罗莱纳州格林贝尔市逗留，因为这里正举行纺织品周活动。在一周内以格林贝尔为中心 80 公里以内的旅馆全都满员，房间都是一年前预订的。”

金克拉走近服务台，大胆地对分配房间的服务小姐说：“我叫齐格·金克拉，能不能让我查一下我的订房信呢？”

那位服务小姐问：“您有过预约吗？”

“有啊，我是用信预约的。”

“什么时候写的信？”那位小姐又问道。

“那是很早以前的事了。”

“大概有多长时间了？”

“大概在 3 周以前吧。而且还打过电话，请看一下记录。”

“金克拉先生，我不得不说……”

“不，请等一下。”金克拉打断了那位服务小姐的话。

恰在这时，又一位服务小姐出现了，原先那位小姐像遇到了救星似的，把金克拉介绍给这位名叫凯瑞的小姐。凯瑞小姐说：“金克拉先生，今天晚上……”

金克拉打断了她：“请等一下，不要再多说了，能否先回答我两个问题？”

“行啊。”

“第一个问题：你是否认为自己是个正直的人？”

“嗯，那是自然的。”

“好吧，那我就提第二个问题：如果美国总统从那个门进来，站在你的正前方说‘给我找一套房间’的话，请你讲出真实的情况，你是不是会给他准备一套房间呢？”

“嘿，金克拉先生，如果是美国总统来到这里，我肯定要为他准备一套房间，这样做恐怕你我都能理解吧？”

“我们两人都是正直的人，都能讲真话。你明白我的意思，今天总统并没有来，所以，请你让我使用他的房间吧！”

那天晚上，金克拉先生如愿以偿地住进了旅馆。而在这之前，主办演讲的单位本想为他订一间客房，但失败了，尽管旅馆老板的秘书是这个单位某职员的夫人。金克拉之所以能住进旅馆，不是因为别的，只是因为他提出的问句。通过对这两个问句的回答，凯瑞小姐已经把自己“塑造”成了一个“正直”的人，一个不讲假话的人，若再说实在是没有房间的话，就会前后矛盾。为了维护自身的形象，唯一的办法就是给金克拉一个房间。

开动脑筋，积极思考应对策略，你就一定能像金克拉先生那样在不可能的情况下达到自己的目的。只要你肯开动脑筋，一切不可能都会变成可能。

三、善于使用虚拟手法

彼尔去市场购买一件救生衣。市场上的新救生衣价格都在 40 元以下，就是那种最善于讨价还价的购物者，最低也只能压到 36 元。他看到一个购物者把价格压到 28 元时，遭到衣贩的斥责。彼尔把这些放在心里仔细琢磨后，顿生一计。

他若无其事地走到衣贩妻子跟前问道："请问这位太太，我想买一件新的救生衣，该付多少钱?"他不等对方回答，接着问道，"记得前些时候，我只花了25元就买了一件新的，您是否记得这个摊位在什么地方?"他说完后，像是现在才注意到这个摊位上的救生衣似的，有礼貌地问衣贩，可否以25元一件卖给他，他说他欠了一大笔债，妻儿处于饥寒之中。

他的诉苦引得衣贩夫妇大笑起来，衣贩更是唠唠叨叨地抱怨说："如果这样便宜地卖给你，岂不是把我的衬衣都赔进去了?"可是，说归说，终归还是以25元一件的价格卖给他了。彼尔用虚拟的情景便以最低的价格买到了救生衣，他的聪明就在于虚拟手法的恰当使用。

詹姆斯先生想买几条好烟，在一家商店里看中了一个品牌的香烟，便开始与店主讨价还价。

"这种香烟最低价是多少?"

"8元一包。"

"我要是搞批发呢?"

"如果买得多的话，就7元8角一包。"

"我在别的商店里看到零售价才7元8角一包。"

"不会的，所有商店里的香烟价钱都一样，如果你认为那边价低，可以去那边买。"

"让我看看你的烟。"詹姆斯先生拿过一条香烟，装着研究的模样，过了一会儿说："你这烟好像是假的。"

"怎么可能呢?这是真烟。"店主像是被揭了自己的短处，迷惑地眨着眼睛。

詹姆斯察觉店主不识烟，道："请你打开一包看看。"

詹姆斯接过烟，抽出一支，指着烟丝说："你看这烟丝，黄中带黑。这个牌子的真的烟丝是金黄金黄的。"

詹姆斯点着烟吸了一口说："你抽抽这烟是什么滋味，真正的烟应该有一种清凉感。"

店主在他的再三攻击下，真以为自己进了假烟，詹姆斯乘机以 50 元一条的价格买了 5 条香烟。

詹姆斯掌握了店主不识烟丝的信息后，虚拟"你这烟是假烟"，同样令店主同意了他的说法。

成功结束推销的艺术

推销过程总要结束，不管客户买不买你的产品，都要审时度势，成功结束推销。

一、把握成功推销

吉拉德认为，订约签字的那一刹那，是人生中最有魅力的时刻。

他说："缔结的过程应该是比较轻松的、顺畅的，甚至有时候应该充满一些幽默感。每当我们将产品说明的过程进行到缔结步骤的时候，不论是推销员还是客户，彼此都会开始觉得紧张，抗拒也开始增强了，而我们的工作就是要解除这种尴尬的局面，让整个过程能够在非常自然的情况之下发生。"

你在要求成交的时候应该先运用假设成交的方法。当你观察到最佳的缔结时机已经来临时，你就可以直接问客户："你觉得哪一样产品比较适合你?"或者问："你觉得你想要购买一个还是两个?""你觉得我们什么时候把货送到你家里最方便呢?"或者直接拿出你的购买合同，开始询问客户的某些个人资料的细节。

缔结的过程之所以让人紧张，主要的原因在于推销员和客户双方都有所恐惧。推销员恐惧在这个时候遭受客户的拒绝；而客户也有所恐惧，因为每当他们做出购买决定的时候，他们会有一种害怕做错决定的恐惧。

没有一个人喜欢错误的决定，任何人在购买产品时总是冒了或多或少的风险，万一他们买错了、买贵了、买了不合适的产品，他们的家人是否会怪他们，他们的老板或他们的合伙人是不是会对他们的购买决定不满意，这些都会造成客户在做出购买决定的时候犹豫不决或因此退缩。

缔结是成交阶段的象征，也是推销过程中很重要的一环，有了缔结的动作才有成交的机会，但推销员有时却羞于提出缔结的要求，而白白地让成交的机会流失。

有位挨家挨户推销清洁用品的推销员好不容易才说服公寓的主妇，帮他开了铁门，让他上楼推销他的产品。当这位辛苦的推销员在主妇面前完全展示他的商品的特色后，见她没有购买的意识，黯然带着推销品下楼离开。

主妇的丈夫下班回家，她不厌其烦地将今天推销员向她展示的产品的优良性能重述一遍后，她丈夫说："既然你认为那项产品如此实用，为何没有购买？"

"是相当不错，性能也很令我满意，可是那个推销员并没有开口叫我买。"

这是推销员百密一疏、功亏一篑之处，很多推销员，尤其是刚入行的推销员在面对客户时，不敢说出请求成交的话，他们害怕遭到客户的拒绝，生怕只因为这一举动葬送了整笔交易。

其实，推销员所做的一切工作，从了解顾客、接近顾客到后来的磋商等一系列行为，最终的目的就是为了成交，遗憾的是，就是这临门一脚也是最关键的一环却是推销员最需要努力学习的。

成交的速度当然是越快越好，任何人都知道成交的时间用得越少，成交的件数就越多。有一句话在推销技巧中被喻为金科玉律："成交并不稀奇，快速成交才积极。"这句口号直接说明了速度对于销售的重要性。

但是，到底要如何才能达到快速成交的目的？首先必须掌握一个原则：不要做太多说明，商品的特性解说对于客户接受商品的程度是有正面影响的，但是如果解释得太详细反而会形成画蛇添足的窘境。

推销员若感觉到客户购买的意愿出现，可以适当地提出销售建议，这是很重要的一环。大多数人在决定买与不买之间都会有犹豫的心态，这时只要敢大胆地提出积极而肯定的要求，营造出半强迫性的购买环境，客户的订单就可以手到擒来。千万不要感到不好意思，以为谈钱很现实，反而要了解"会吵的孩子有糖吃"的道理。

适时地尝试可以达到快速成交的理念，倘若提出要求却遭受无情的拒绝，而未能如愿以偿也无妨，只要再回到商品的解说上，接续前面的话题继续进行说明就可以了，直到再一次发现客户的购买意愿出现，再一次提出要求并成交为止。多一份缔结要求就等于多一分成交的机会，推销员必须打破刻板的旧观念，大胆勇于尝试提出缔结的要求。

二、任何时候都要留有余地

乔·吉拉德说，保留一定的成交余地，也就是要保留一定的退让余地。任何交易的达成都必须经历一番讨价还价，很少有一项交易是按卖主的最初报价成交的。尤其是在买方市场的情况下，几乎所有的交易都是在卖方做出适当让步之后拍板成交的。因此，推销员在成交之前如果把所有的优惠条件都一股脑地端给顾客，当顾客要你再做些让步才同意成交时，你就没有退让的余地了。所以，为了有效地促成交易，推销员一定要保留适当的退让余地。

有时进行到了这一步，当电话销售人员要求客户下订单的时候，客户可能还会有另外没有解决的问题提出来，也可能他有顾虑。想一想：我们前面更多地探讨的是如何满足客户的需求，但现在，需要客户真正作决定了，他会面临决策的压力，他会更好地询问与企业有关的其他顾虑。如果客户最后没作决定，在销售人员结束电话前，千万不要忘了向客户表达真诚的感谢：

“马经理，十分感谢您对我工作的支持，我会与您随时保持联系，以确保您愉快地使用我们的产品。如果您有什么问题，请随时与我联系，谢谢！”

同时，推销员可以通过说这样的话来促进成交：

“为了使您尽快拿到货，我今天就帮您下订单可以吗？”

“您在报价单上签字、盖章后，传真给我就可以了。”

“马经理，您希望我们的工程师什么时候为您上门安装？”

“马经理，还有什么问题需要我再为您解释呢？如果这样，您希望这批货什么时候到您公司呢？”

“马经理，假如您想进一步商谈的话，您希望我们在什么时候可以确定？”

“当货到了您公司以后，您需要上门安装及培训吗？”

“为了今天能将这件事确定下来，您认为我还需要为您做什么事情？”

“所有事情都已经解决，剩下来的，就是得到您的同意了（保持沉默）。”

“从公司来讲，今天就是下订单的最佳时机，您看怎么样（保持沉默）？”

一旦销售人员在电话中与客户达成了协议，需要进一步确认报价单、送货地址和送货时间是否准备无误，以免出现不必要的误会。

推销时留有余地很容易诱导顾客主动成交。

诱导顾客主动成交，即设法使顾客主动采取购买行动。这是成交的一项基本策略。一般而言，如果顾客主动提出购买，说明推销员的说服工作十分奏效，也意味着顾客对产品及交易条件十分满意，以致顾客认为没有必要再讨价还价，因而成交非常顺利。所以，在推销过程中，推销员应尽可能诱导顾客主动购买产品，这样可以减少成交的阻力。

推销员要努力使顾客觉得成交是他自己的主意，而非别人强迫。通常，人们都喜欢按照自己的意愿行事。由于自我意识的作用，对于别人的意见总会下意识地产生一种“排斥”心理，尽管别人的意见很对，也不乐意接受，即使接受了，心里也会感到不畅快。因此，推销员在说服顾客采取购买行动时，一定要让顾客觉得这个决定是他自己的主意。这样，在成交的时候，他的心情就会十分舒畅而又轻松，甚至为自己做了一笔合算的买卖而自豪。

不要为了让你的客户一时做出购买的决定而对他们做出你根本无法达到的承诺。因为这种做法最后只会让你丧失你的客户，让客户对你失去信心，那是绝对得不偿失的。

许多推销员在成交的最后过程中，为了能使客户尽快地签单或购买产品，而无论客户提出什么样的要求，他们都先答应下来，而到最后当这些承诺无法被满足的时候，却发现绝大多数的情况下会造成客户的抱怨和不满，甚至会让客户取消他们当初的订单。而且当这种事情发生时，我们所损失的不是只有这个客户，而是这个客户以及他周边所有的潜在客户资源。

三、成交以后尽量避免客户反悔

有位大厦清洁公司的推销员刘先生，当一栋新盖的大厦完成时，马上跑去见该大厦的业务主任，想承揽所有的清洁工作，例如，各个房间地板的清扫、玻璃窗的清洁、公共设施、大厅、走廊、厕所等所有的清理工作。当刘先生承揽到生意，办好手续，从侧门兴奋地走出来时，一不小心，把消防用的水桶给踢翻，水泼了一地，有位事务员赶紧拿着拖把将地板上的水拖干。这一幕正巧被业务主任看到，他心里很不舒服，就打通电话，将这次合同取消，他的理由是："像你这种年纪的人，还会做出这么不小心的事，将来实际担任本大厦清扫工作的人员，更不知会做出什么样的事来，既然你们的人员无法让人放心，所以我认为还是解约的好。"

推销员不要因为生意谈成，高兴得昏了头，而做出把水桶踢翻之类的事，使得谈成的生意又变泡影，煮熟的鸭子又飞了。

这种失败的例子也可能发生在保险业的推销员身上，例如，当保险推销员向一位妇人推销她丈夫的养老保险，只要说话稍不留神，就会使成功愉快的交易，变成怒目相视的拒绝往来户。

"现在你跟我们订了契约，相信你心里也比较安心点了吧？"

"什么！你这句话是什么意思，你好像以为我是在等我丈夫的死期，好拿你们的保险金似的，你这句话太不礼貌了！"

于是洽谈决裂，生意也做不成了。

乔·吉拉德提醒大家，当生意快谈拢或成交时，千万要小心应付。所谓小心应付，并不是过分逼迫对方，只是在双方谈好生意，客户心里放松时，推销员最好少说几句话，以免搅乱客户的情绪。此刻最好先将摊在桌上的文件慢慢地收拾起来，不必再花时间与客户闲聊，因为与客户聊天时，有时也会使客户改变心意，如果客户说："嗯！刚才我是同意了，现在我想再考虑一下。"那你所花费的时间和精力就白费了。

成交之后，推销工作仍要继续进行。

专业推销员的工作始于他们听到异议或"不"之后，但他真正的工作则开始于他们听到"可以"之后。

永远也不要让客户感到专业推销员只是为了佣金而工作。不要让客户感到专业推销员一旦达到了自己的目的，就突然对客户失去了兴趣，转头忙其他的事去了。如果这样，客户就会有失落感，那么他很可能会取消刚才的购买决定。

对有经验的客户来说，他对一件产品产生兴趣，但他往往不是当时就买。专业推销员的任务就是要创造一种需求或渴望，让客户参与进来，让他感到兴奋，在客户情绪到达最高点时与他成交。但当客户的情绪低落下来时，当他重新冷静时，他往往会产生后悔之意。

很多客户在付款时都会产生后悔之意。不管是一次付清还是分期付款，总要犹豫一阵才肯掏钱。一个好办法就是：寄给客户一张便条、一封信或一张卡片，再次称赞和感谢他们。

作为一名真正的专业推销员，他不会卖完东西就将客户忘掉，而是定期与客户保持联系，客户会定期得到他提供的服务的。而老客户也会为他介绍更多的新客户。

“猎犬计划”是著名推销员乔·吉拉德在他的工作中总结出来的。主要观点是：作为一名优秀的推销员，在完成一笔交易后，要想方设法让顾客帮助你寻找下一位顾客。

吉拉德认为，干推销这一行，需要别人的帮助。吉拉德的很多生意都是由“猎犬”（那些会让别人到他那里买东西的顾客）帮助的结果。吉拉德的一句名言就是：“买过我汽车的顾客都会帮我推销。”

在生意成交之后，吉拉德总是把一叠名片和“猎犬计划”的说明书交给顾客。说明书告诉顾客：如果他介绍别人来买车，成交之后，每辆车他会得到25美元的酬劳。

几天之后，吉拉德会寄给顾客感谢卡和一叠名片，以后至少每年他会收到吉拉德的一封附有“猎犬计划”的信件，提醒他吉拉德的承诺仍然有效。如果吉拉德发现顾客是一位领导人物，其他人会听他的话，那么，吉拉德会更加努力促成交易并设法让其成为“猎犬”。

实施“猎犬计划”的关键是守信用——一定要付给顾客 25 美元。吉拉德的原则是：宁可错付 50 个人，也不要漏掉一个该付的人。

1976 年，“猎犬计划”为吉拉德带来了 150 笔生意，约占总交易额的 1/3。吉拉德付出了 1400 美元的“猎犬”费用，收获了 7.5 万美元的佣金。

·第四章·

贝特格无敌推销术

听到“不”时要振作

贝特格说：“成功不是用你一生所取得的地位来衡量的，而是用你克服的障碍来衡量的。”任何一次推销，推销员都要做好被拒绝的心理准备，面对拒绝要坚持不懈，把坚忍不拔当成一种习惯。

一、做好被拒绝的准备

推销员可以说是与“拒绝”打交道的人，战胜拒绝的人，才称得上是推销高手。在战场上，有两种人是必败无疑的：一种是幼稚的乐观主义者，他们满怀豪情，奔赴战场，硬冲蛮打，全然不知敌人的强大，结果不是深陷敌人的圈套，便是惨遭敌人的毒手；另一种是胆小怕死的懦夫，一听到枪炮声便捂起耳朵，一看见敌人就闭上眼睛，东躲西藏、畏缩不前，甚至后退，一旦被敌人发现也是死路一条。这是战场上的原则和规律，但也同样适用于商场和商战。

一个朋友告诉贝特格说，纽约一个制造商正寻找合适的保险公司，想为自己买一份金额是 25 万美元的财产保险。听到这个消息，贝特格立即请这位朋友帮他安排一次会面的机会。

两天后，会面的时间已经安排好，次日上午 10 点 45 分。贝特格为第二天的会面积极地准备着。

第二天早晨，他踏上了前往纽约的火车。

为给自己多一些压力，他一下火车就给纽约最大的一家体检中心打了一个电话，预约好了体检时间。

贝特格很顺利地走进总裁的办公室。

“你好，贝特格先生，请坐。”他说，“贝特格先生，真不好意思，我想你这一次又白跑一趟了。”

“为什么这么说呢？”听到这儿，贝特格有些意外，但并不感到沮丧。

“我已经把我想投保财产保险的计划送交给了一些保险公司，它们都是纽约比较大而且很有名气的公司，其中 3 个保险公司是我朋友开的，并且有一个公司的老总还是我最好的朋友，我们经常会在周末一起打高尔夫球，他们的公司无论规模还是形象都是一流的。”博恩先生指着他面前办公桌上的一摞文件说。

“没错，这几家公司的确很优秀，像这样的公司在世界上都是不多见的。”贝特格说。

“情况大致就是如此，贝特格先生。我今年是 46 岁，假如你仍要坚持向我提供人寿保险的方案，你可以按我的年龄，做一个 25 万美元的方案并把它寄给我，我想我会和那些已有的方案做一个比较加以考虑的。如果你的方案能让我满意，而且价格又低的话，那么就是你了。不过我想，你如果这样做很可能是在浪费我的时间，同时也是在浪费你的时间。希望你慎重考虑。”博恩先生说。

一般情况下，推销员听到这些会就此放弃，但贝特格却没有。他说：“博恩先生，如果您相信我，那么我就对您说真话。”

“我是做保险这一行的，如果您是我的亲兄弟，我会让您赶快把那些所谓的方案扔进废纸篓里去。”贝特格冷静而坚定地说道。

“只有真正的保险统计员才能明白无误地了解那些投保方案，而一个合格的保险统计员大概要学习 7 年左右的时间，假如您现在选择的保险公司价格低廉，那么，5 年后，价格最高的公司就可能是它，这是历史发展的规律，也是经济发展的必然趋势。没错，这些公司都是世界上最好的保险公司，可您现在还没有做出决定，博恩先生，如果您能给我一次机会，我将帮助您在这些最好的公司里做出满意的选择，我可以问您一些问题吗?”

“你将了解到你想知道的所有信息。”

“在您的事业蒸蒸日上的时候，您可以信任那些公司，可假如有一天您离开了这个世界，您的公司就不一定像您这样信任他们，难道不是吗?”

“对，可能性还是有的。”

“那么我是不是可以这样想，当您申请的这个保险生效时，您的生命财产安全也就转移到了保险公司一方？可以想象一下，如果有一天，您半夜醒来，突然想到您的保险昨天就到期了，那么，您第二天早晨的第一件事，是不是会立即打电话给您的保险经纪人，要求继续交纳保险费?”

“当然了!”

“可是，您只打算购买财产保险而没有购买人寿保险，难道您不觉得人的生命是第一位的，应该把它的风险降到最低吗?”

博恩先生说：“这个我还没有认真考虑过，但是我想我会很快考虑的。”

“如果您没有购买这样的人寿保险，我觉得您的经济损失是无可估量的，同时也影响了您的很多生意。”

“今天早上我已和纽约著名的卡克雷勒医生约好了，他所做的体检结果是所有保险公司都认可的。只有他的检验结果才能适用于 25 万美元的保险单。”

“其他保险代理不能做这些吗?”

“当然,但我想今天早晨他们是不可以了。博恩先生,您应该很清楚地认识到这次体检的重要性,虽然其他保险代理也可以做,但那样会耽搁您很多时间,您想一下,当医院知道检查的结果要冒 25 万美元的风险时,他们就会作第二次具有权威性的检查,这意味着时间在一天天拖延,您干吗要这样拖延一周,哪怕是一天呢?”

“我想我还是再考虑一下吧!”博恩先生开始犹豫了。

贝特格继续说道:“博恩先生,假如您明天觉得身体不舒服,比如说喉咙痛或者感冒的话,那么,就得休息至少一个星期,等到完全康复再去检查,保险公司就会因为您的这个小小的病史而附加一个条件,即观察三四个月,以便证明您的病症是急性还是慢性,这样一来您还得等下去,直到进行最后的检查,博恩先生,您说我的话有道理吗?”

“博恩先生,现在是 11 点 10 分,如果我们现在出发去检查身体,您和卡克雷勒先生 11 点 30 分的约会还不至于耽误。您今天的状态非常不错,如果体检也没什么问题,您所购买的保险将在 48 小时后生效。我相信您现在的感觉一定很好。”

就这样,贝特格做成了这笔生意,他又发掘了一个大客户。

被拒绝是很正常的事,一次、两次、三次,但是 30 次以上还有耐心拜访的人恐怕没有几个,对顾客的拒绝做好心理准备,把被拒绝的客户都当作没有拜访过的客户,订单自然会源源不断。

愚勇和怯懦都将导致失败。怎样才能在推销中获胜呢?孙子曰:“知己知彼,百战不殆。”所谓知己,对推销员来说便是知道商品的优劣特点及自己的体力、智力、口才等,并在推销中加以适当发挥。所谓知彼,就是要了解顾客的需要和困难是什么,掌握了这些推销规律和技巧才不怕被顾客拒绝。

有些推销新手缺少被顾客拒绝的经验教训,盲目地认为:“我的产品物美价廉，推销一定会一帆风顺。”“这家不会让我吃闭门羹！”净往顺利的方面想，根本没有接受拒绝的心理准备，这样推销时一旦交锋，便会被顾客的“拒绝”打个措手不及、仓皇而逃。

推销员必须具备顽强的奋斗精神，不能因顾客的拒绝一蹶不振、垂头丧气，而应该有被拒绝的心理准备，心理上要能做到坦然接受拒绝，并视每一次拒绝为一个新的开始，最后达到推销成功。

贝特格说，推销员与其逃避拒绝，不如抱着被拒绝的心理准备去争取一下。推销前好好研究应对策略，如：顾客可能怎样拒绝、为什么要拒绝、如何对付拒绝等问题。那么你就能反败为胜，获得成功。

二、顺着拒绝者的观点开始推销

一个五六岁的孩子因为父母吵架，就撑着一把雨伞蹲在墙角，父母又求又哄，但孩子不理不睬。两天过去了，孩子的体力极度衰竭，最后，他们请来著名的心理治疗大师狄克森先生。狄克森也要了一把雨伞在孩子的跟前蹲下，他面对孩子，注视着孩子的双眼，向孩子投去关切的目光。终于，孩子从恍惚中震了一下，像沉睡中被闪电惊醒的人，狄克森继续与孩子对视。

孩子突然问：“你是什么？”

狄克森反问：“你是什么？”

孩子：“蘑菇好，刮风下雨听不到。”

狄克森：“是的，蘑菇好，蘑菇听不到爸爸、妈妈的吵闹声。”这时，孩子流泪了。

狄克森：“做蘑菇好是好，但是蹲久了又饿又累，我要吃巧克力。”他掏出块巧克力，送到孩子鼻子前让他闻一闻，然后放进自己嘴里大嚼起来。

孩子：“我也要吃巧克力。”狄克森给了孩子一块巧克力，孩子吃了一半。

狄克森："吃了巧克力太渴，我要去喝水。"说着，他丢掉了雨伞，站了起来，孩子也跟着站起来。

这是一个从学步入手取得信任，然后起步治疗心理障碍的经典案例。其实，克服推销障碍与克服心理障碍的原理是一样的。

每个推销员都会遇到推销被质疑的困扰。

有位做了4年的保险推销顾问经常面对"保险是欺骗，你是骗子"的责难，他怎么办呢？他难道与客户辩论吗？显然不行，他说："您认为我是骗子吗？"

对方答："是啊。你难道不是骗子吗？"

他说："我也经常疑惑，尤其在像您这样的人指责我的时候，我有时真不想干保险了，可就是一直下不了决心。"

对方说："不想干就别干，怎么还下不了决心呢？"

他说："因为我在4年时间里已经同500多个投保户结成了好朋友，他们一听说我不想继续干下去了，就都不同意，要我为他们提供续保服务。尤其是13位理赔的客户，听说我动摇了，都打电话不让我走。"

对方惊讶地问："还有这事？你们真的给投保户赔偿？"

他说："是的，这是我经手的第一桩理赔案……"就这样，他一次又一次战胜了对保险推销的偏见和拒绝，当场改变了对立者的观点，做成了一笔又一笔的业务。

要想推销成功，面对顾客拒绝时首先要接受顾客的观点，然后从顾客的观点出发与顾客沟通，最后沿着共同认可的方向努力，以促成成交。

想成为一名成功的推销人员，你就得学会如何应对客户的拒绝。但这并不保证你学会以后就能一帆风顺，有时碰到难缠的客户，你也只好放弃。总而言之，不妨把挫折当成是磨炼自己的机会，从中学习克服拒绝的技巧，找到被拒绝的症结所在，你就能应对自如了。

三、不因拒绝止步不前

有位很认真的保险推销员，当客户拒绝他时，他站起来，拎着公文包向门口走去，突然，他转过身来，向客户深深地鞠了一躬，说："谢谢您，您让我向成功又迈进了一步。"

客户觉得很意外，心想：我把他拒绝得那么干脆，他怎么还要谢我呢？好奇心驱使他追出门去，叫住那位小伙子，问他，为什么被拒绝了还要说谢谢？

那位推销员一本正经地说："我的主管告诉我，当我遭到 40 个人的拒绝时，下一个就会签单了。您是拒绝我的第 39 个人，再多一个，我就成功了。所以，我当然要谢谢您。您给了我一次机会，帮我加快了迈向成功的步伐。"

那位客户很欣赏小伙子积极乐观的心态，马上决定向他投保，还给他介绍了好几位客户。

作为一个推销员，被客户拒绝是难免的，对新手来说也是比较难以接受的。但是再成功的推销员也会遭到客户的拒绝。问题在于优秀的推销员认为被拒绝是常事，并养成了习惯吃闭门羹的气度，他们经常抱着被拒绝的心理准备，并且怀着征服客户拒绝的自信，以极短的时间完成推销。即使失败了，他们也会冷静地分析客户的拒绝方式，找出应付这种拒绝的方法，当下次再遇到这类拒绝时，就会胸有成竹了。这样长此下去，所遇到的真正拒绝就会越来越少，成功率也会越来越高。其实，要想真正取得推销的成功，就得有在客户拒绝面前从容不迫的气魄和勇气，不管遭到怎样不客气的拒绝，推销员都应该保持彬彬有礼的服务态度，不管在什么样的拒绝下都应毫不气馁。

面对客户的拒绝，我们可以选择执着，也可以选择以退为进。

首先，把打开的资料合起来，将工具一一收拾好。这时候动作一定要缓慢，除了极特殊的一些人之外，大多数人不会催你，你已经顺从他或她的意志了。一边收拾，一边轻声叹息："太遗憾了，这么好的东西（方案），您不要……"显示你对商品（方案）的强烈信心，对对方未能拥有商品（方案）表示惋惜。

其次，再把收拾好的资料、工具一一放进包（箱）中，继续说："现在不要，以后还不一定能要呢！现在不马上决定，真是太可惜了……"这时候的语速稍微加快，声音也稍稍提高，又一次表达你对商品的信心的同时制造一种紧迫感，强调此时不要，以后不一定能要成，进行一次强力促成。

如果对方仍无动于衷，就把包（箱）放到左手边，摆出一副立即要中止商谈的架势，趁对方略微放松的一瞬间，突然换一个角度，说："我给您讲一个故事吧……"讲述一个简短而感人的故事，再进行一次情感触动。

若是还不见效，就要真的中止商谈了。把笔插进口袋，站起身，向对方伸出右手（如果你在别人的地盘上，这时候左手拎起包或箱），微笑着说："跟您交谈，真是一件愉快的事情。下次再好好谈一谈，弥补这次的遗憾。"充分显示你并没有把商谈的成败得失放在心上，而是喜欢和对方这个"人"打交道。同时，又争取到了下次面谈的机会。有些高手甚至能做到当场敲定下次面谈的时间。

握手告别后，如果你在别人的地盘上，需要离开商谈场所，转身的动作要干脆利落，与前面的慢声细语形成鲜明的对照，给人留下深刻的印象。转身后别忘记挺胸抬头，使脊背直起来，给对方留下一个美丽的背影，垂头丧气是万万不可取的。

四、教你避免被拒绝

顾客回绝的理由是你必须克服的障碍。在各类交谈中，都会遇到对方的回绝。只要有可能，就要设法将对方的回绝变成对你有利的因素。但是一定要摸准对方的心理。贝特格教你战胜别人拒绝的方法。

步骤1：重复对方回绝的话。

这样做具有双重意义。首先，可以有时间考虑；其次，让顾客自己听到他回绝你的话，而且是在完全脱离顾客自己的态度及所讲的话的上下文的情况下听到的。

步骤2：设法排除其他回绝的理由。

用一种干脆的提问方式十分有效。“您只有这一个顾虑吗？”或是用一种较为含蓄的方式：“恐怕我还没完全听明白您的话，您能再详细解释一下吗？”

步骤3：就对方提出的回绝理由向对方进行说服。

完成这项工作有多种方式。

回敬法：将顾客回绝的理由作为你对产品宣传的着眼点，以此为基础提出你的新观点。

如果客户说：“我不太喜欢这种后开门的车型。”

你可以说：“根据全国的统计数字来看，这种车今年最为畅销。”

通过这种方式，你不仅反驳了对方的理由，而且还给对方吃了定心丸。

同有竞争力的产品进行比较：将产品的优点与其他有竞争力的产品进行比较，用实例说明自己的产品优于其他同类产品。

还有一种是紧逼法：说明对方回绝的理由是不成立的，以获取对方肯定的回答。

顾客：“这种壶的颜色似乎不太好，我喜欢红色的。”

供应商：“我敢肯定可以给您提供红色的壶。假如我能做到的话，您是否要？”

顾客：“这种我不太喜欢，我希望有皮垫子的。”

家具商：“如果我能为您提供带皮垫的安乐椅，您是否会买？”

这种方法极其有效。如果将所有回绝理由都摸清并排除的话，最后一个问题一解决就使对方失去了退路。如果这种方法仍行不通，说明你没能完全把握对方的心理，没能弄清对方的真正用意。

总之，面对顾客的拒绝，你不要后退，再艰难你也要勇敢地闯过去。面对顾客的拒绝，开动脑筋，化不利为有利。任何一个推销员只要做好这个方面的工作，就是一个优秀的推销员。

最重要的销售秘诀

任何事情要想成功，都有捷径，销售也不例外。从顾客的喜好入手，适时制造紧张气氛，找到对手最软弱的地方给予一击，将问题化整为零，等等，这就是贝特格的销售秘诀。知道了销售中的秘诀，你离成功还会远吗?

一、顾客的喜好是你的出发点

顾客一般都喜欢和别人谈他的得意之处，推销员一定要找好出发点，从顾客的喜好入手。

顾客见到推销员时一般都有紧张和戒备心理，如果直奔主题将很难成功，只有从顾客的喜好出发，调动顾客的积极性才是制胜之道。

美国心理学家弗里德曼和他的助手曾做过这样一项经典实验：让两位大学生访问郊区的一些家庭主妇。其中一位首先请求家庭主妇将一个小标签贴在窗户或在一份关于美化加州或安全驾驶的请愿书上签名，这是一个小的、无害的要求。两周后，另一位大学生再次访问家庭主妇，要求她们在今后的两周时间内，在院中竖立一块呼吁安全驾驶的大招牌，该招牌立在院中很不美观，这是一个大要求。结果答应了第一项请求的人中有55%的人接受了这项要求，而那些第一次没被访问的家庭主妇中只有17%的人接受了该要求。

这种现象被心理学上称之为“登门槛效应”。

一下子向别人提出一个较大的要求，人们一般很难接受，而如果逐步提出要求，不断缩小差距，人们就比较容易接受，这主要是由于人们在不断满足小要求的过程中已经逐渐适应，意识不到逐渐提高的要求已经大大偏离了自己的初衷；并且人们都有保持自己形象一致的愿望，都希望给别人留下前后一致的好印象，不希望别人把自己看作“喜怒无常”的人，因而，在接受了别人的第一个小要求之后，再面对第二个要求时，就此较难以拒绝了，如果这种要求给自己造成的损失并不大的话，人们往往会有一种“反正都已经帮了，再帮一次又何妨”的心理。于是“登门槛效应”就产生作用了，一只脚都进去了，又何必在乎整个身子都要进去呢？

所以，当顾客选购衣服时，精明的售货员为打消顾客的顾虑，会“慷慨”地让顾客试一试，当顾客将衣服穿在身上时，他称赞该衣服很合适，并周到地为你服务，在这种情况下，当他劝你买下时，很多顾客难以拒绝。

做父母的望子成龙，但人才的培养只能循序渐进而不能拔苗助长。尤其是对于年龄较小的孩子，可先提出较低的要求，待他按要求做了，予以肯定、表扬乃至奖励，然后逐渐提高要求，逐渐实现他的人生目标。

二、把问题大而化小

问题不过是一个“结果”，在它发生之前，必有潜在原因，只要能找出原因，想出正确的对策，然后付诸行动，那么问题就不可怕了。找出原因并消除它，问题必能获得解决，同时也可避免日后再度发生同样的问题。

从推销业绩的好坏来看，我们不难发现：普通的推销员与顶级的推销员，在对问题的看法上显然有所不同。不用说，前者属于“逃避问题型”，后者则属于“改善问题型”。而所谓的“顶级推销员”，通常都是先逐一解决影响销售成绩的问题，然后才能取得优良的销售业绩，其间的艰辛也是可想而知的。

优秀的销售员发现问题的能力较强，除了平日上司考核的绩效数字，或是最近发生的问题之外，他们还会进一步地发掘问题，并向问题挑战，这样，才会觉得有成就感。优秀的推销员会把“问题”看成宝藏，因此会采取积极的行动，努力去挖掘它。但是，一般的推销员却并非如此，他们碰到问题时，常常会畏缩不前，一味地逃避，刻意“绕道而行”，但最后却被问题绊住了脚，屈服于问题之下。他们的销售业绩为何无法提升，原因就在这里。

总而言之，想要使业绩不断提高，当务之急是改变对问题的看法或想法，积极地面对问题，逐步改善问题，这便是推销员或营业部门的首要工作。

大多数的人只看问题的表面，因而容易感到困惑，这样一来，当问题变得复杂时，便很难找到解决的方法。正确的做法是，当问题发生时，将大问题分解为小问题。因为大问题是由小问题累积而成的，如果能让小问题逐一解决，便可有效地改善大问题。小问题的构成分子是引起大问题的因素；大问题是“结果”，小问题是“原因”，两者的因果关系十分明显。

只有将问题层层剖析，寻找出最初的根源，运用“化整为零”的思考方法，才能透视问题的本质。而且，这种“化整为零”的方法不仅可以分析问题，而且在解决问题时也是不可或缺的。

当我们发现某一问题时，谁都会提醒自己：“绝不能再如此下去！”可是，如果问题接二连三地出现，许多人的反应便是束手无策。

在任何情况下，当务之急就是采用重点管理的方法，换句话说，问题固然繁杂，对策也有很多，只要将它们分出轻、重、缓、急，从优先顺序中找出最重要的问题先下手，逐项解决，一切问题便可迎刃而解。

三、引起对方的好奇心

英国的十大推销高手之一约翰·凡顿的名片与众不同，每一张上面都印着一个大大的25％，下面写的是约翰·凡顿，英国××公司。当他把名片递给客户的时候，几乎所有人的第一反应都是相同的："25％，什么意思?"约翰·凡顿就告诉他们："如果使用我们的机器设备，您的成本就将会降低25％。"这一下子就引起了客户的兴趣。约翰·凡顿还在名片的背面写了这么一句话："如果您有兴趣，请拨打电话××××××"，然后将这些名片装在信封里，寄给全国各地的客户。结果把许多人的好奇心都激发出来了，客户纷纷打电话过来咨询。

人人都有好奇心，推销员如果能够巧妙地激发客户的好奇心，就迈出了成功推销的第一步。

推销中引起顾客的好奇心，让他愿意和你交往下去是第一步，找到顾客最软弱的地方给予"致命一击"，则是你接下来要做的工作。

这是一个发生在巴黎一家夜总会的真实故事：为招徕顾客，这家夜总会找了一位身壮如牛的大汉，顾客可随便击打他的肚子。不少人都一试身手，可那个身壮如牛的家伙竟然毫发无损。一天晚上，夜总会来了一位美国人，他一句法语也不懂。人们怂恿他去试试，主持人最终用打手势的办法让那个美国人明白了他该做什么。美国人走了过去，脱下外套，挽起袖子。挨打的大个子挺起胸脯深吸一口气，准备接受那一拳。可那个美国人并没往他肚子上打，而是照着他下巴狠揍了一拳，挨打的大汉当时就倒在了地上。

那个美国人显然是由于误解而打倒了对手，但他的举动恰好符合推销中的一条重要原则——找到对手最软弱的地方给予致命一击。

几年前，在匹兹堡举行过一个全国性的推销员大会，会议期间，雪弗兰汽车公司的公关经理威廉先生讲了一个故事。威廉说，一次他想买幢房子，找了一位房地产商。这个地产商可谓聪明绝顶，他先和威廉闲聊，不久他就摸清了威廉想付的佣金，还知道了威廉想买一幢带树林的房子。然后，他开车带着威廉来到一所房子的后院。这幢房子很漂亮，紧挨着一片树林。他对威廉说："看看院子里这些树吧，一共有18棵呢!"威廉夸了几句那些树，开始问房子的价格，地产商回答道："价格是个未知数。"威廉一再问价格，可那个商人总是含糊其辞。威廉先生一问到价格，那个商人就开始数那些树"一棵、两棵、三棵"。最后威廉和那个房地产商成交了，价格自然不菲，因为有那18棵树。

讲完这个故事，威廉说："这就是推销！他听我说，找到了我到底想要什么，然后很漂亮地向我做了推销。"

只有知道了顾客真正想要的是什么，你就找到了让对手购买的"致命点"。

好好把握，成功推销很快就能实现了。

在极短时间内达成销售

贝特格说，每个人都是你的客户，尊重每一个客户，对不同的客户要具体问题具体分析，适时制造紧张气氛，如果有人情在，你的销售就更容易成功了。

一、重视你的每一位顾客

一个炎热的下午，有位穿着汗衫、满身汗味的老农伸手推开厚重的汽车展示中心的玻璃门，他一进入，迎面立刻走来一位笑容可掬的汽车推销员，很客气地询问老农："大爷，我能为您做些什么吗?"

老农夫有点不好意思地说："不，只是外面天气热，我刚好路过这里，想进来吹吹冷气，马上就走了。"

推销员听完后亲切地说："就是啊，今天实在很热，气象局说有34℃呢，您一定热坏了，让我帮您倒杯冰水吧。"接着便请老农坐在柔软豪华的沙发上休息。

"可是，我们种田人衣服不太干净，怕会弄脏你们的沙发。"

推销员边倒水边笑着说："有什么关系，沙发就是给客人坐的，否则，买它干什么?"

喝完冰凉的茶水，老农闲着没事便走向展示中心内的新货车东瞧瞧、西看看。

这时，推销员又走了过来："大爷，这款车很有力哦，要不要我帮您介绍一下?"

"不要！不要!"老农连忙说，"不要误会了，我可没有钱买，种田人也用不到这种车。"

"不买没关系，以后有机会您还是可以帮我们介绍啊。"然后推销员便详细耐心地将货车的性能逐一解说给老农听。

听完后，老农突然从口袋中拿出一张皱巴巴的白纸，交给这位汽车推销员，并说："这些是我要订的车型和数量，请你帮我处理一下。"

推销员有点诧异地接过来一看，这位老农一次要订12台货车，连忙紧张地说："大爷，您一下订这么多车，我们经理不在，我必须找他回来和您谈，同时也要安排您先试车……"

老农这时语气平稳地说："不用找你们经理了，我本来是种田的，后来和人投资了货运生意，需要进一批货车，但我对车子外行，买车简单，最担心的是车子的售后服务及维修，因此我儿子教我用这个笨方法来试探每一家汽车公司。这几天我走了好几家，每当我穿着旧汗衫，进到汽车销售行，同时表明我没有钱买车时，常常会受到冷落，让我有点难过……而只有你们公司知道我不是你们的客户，还那么热心地接待我，为我服务，对于一个不是你们客户的人尚且如此，更何况是成为你们的客户……”

重视每一位客户说起来很容易，可是做起来却很难。推销员每天面对那么多人，况且人的情绪也有阴晴不定的时候。抓住每一位顾客的心很难，可是，只有尊重每一位顾客，你才会有机会抓住尽可能多的顾客。

二、善于制造紧张气氛

玛丽·柯蒂奇是美国“21世纪米尔第一公司”的房地产经纪人，1993年，玛丽的销售额是2000万美元，在全美国排名第四。下面是玛丽的一个经典案例，她在30分钟之内卖出了价值55万美元的房子。

玛丽的公司在佛罗里达州海滨，这里位于美国的最南部，每年冬天，都有许多北方人来这里度假。

1993年12月13日，玛丽正在一处新转到她名下的房屋里参观。当时，他们公司有几个业务员与她在一起，参观完这间房屋之后，他们还将去参观别的房子。

当他们在房屋里进进出出的时候，看见一对夫妇也在参观房子。这时，房主对玛丽说：“玛丽，你看看他们，去和他们聊聊。”

“他们是谁?”

“我也不知道。起初我还以为他们是你们公司的人呢，因为你们进来的时候，他们也跟着进来了。后来我才看出，他们并不是。”

“好。”玛丽走到那一对夫妇面前，露出微笑，伸出手说：

“嗨，我是玛丽·柯蒂奇。”

“我是彼特，这是我太太陶丝。”那名男子回答，“我们在海边散步，看见有房子参观，就进来看看，我们不知道是否冒昧了?”

“非常欢迎。”玛丽说，“我是这房子的经纪人。”

“我们的车子就放在门口。我们从西弗吉尼亚来度假，过一会儿我们就要回家去了。”

“没关系，你们一样可以参观这房子。”玛丽说着，顺手把一份资料递给了彼特。

陶丝望着大海，对玛丽说：“这儿真美！这儿真好！”

彼特说：“可是我们必须回去了，要回到冰天雪地里去，真是一件令人难受的事情。”

他们在一起交谈了几分钟，彼特掏出自己的名片递给了玛丽，说：“这是我的名片，我会给你打电话的。”

玛丽正要掏出自己的名片给彼特时，忽然停下了手：“听着，我有一个好主意，我们为什么不到我的办公室谈谈呢？非常近，只要几分钟就能到。你们出门往右，过第一个红绿灯，左转……”

玛丽不等他们回答好还是不好，就抄近路走到自己的车前，并对那一对夫妇喊：“办公室见！”

车上坐了玛丽的两名同事，他们正等着玛丽呢。玛丽给他们讲了刚才的事情，没有人相信他们将在办公室看见那对夫妇。

等车子停稳，他们发现停车场上有一辆卡迪拉克轿车，车上装满了行李，车牌明明白白显示出：这辆车来自西弗吉尼亚！

在办公室，彼特开始提出一系列的问题。

“这间房子上市有多久了？”

“在别的经纪人名下 6 个月，但今天刚刚转到我的名下，房主现在降价求售。我想应该很快就会成交。”玛丽回答。她看了看陶丝，然后盯着彼特说：“很快就会成交。”

这时候，陶丝说：“我们喜欢海边的房子。这样，我们就可以经常到海边散步了。

“所以，你们早就想要一个海边的家了!”

“嗯，彼特是股票经纪人，他的工作非常辛苦，我希望他能够多休息休息，这就是我们每年都来佛罗里达的原因。”

“如果你们在这里有一间自己的房子，就更会经常来这里，并且还会更舒服一些。我认为，这样一来，不但对你们的身体有利，你们的生活质量也将会大大提高。”

“我完全同意。”

说完了这话，彼特就沉默了，他陷入了思考。玛丽也不说话，她等着彼特开口。

“房主是否坚持他的要价?”

“这房了会很快就卖掉的。”

“你为什么这么肯定?”

“因为这所房子能够眺望海景，并且，它刚刚降价。”

“可是，市场上的房子很多。”

“是很多。我相信你也看了很多。我想你也注意到了，这所房子是很少拥有车库的房子之一。你只要把车开进车库，就等于回到了家。你只要登上楼梯，就可以喝上热腾腾的咖啡。并且，这所房子离几个很好的餐馆很近，走路几分钟就到。”

彼特考虑了一会儿，拿了一支铅笔在纸上写了一个数字，递给玛丽：“这是我愿意支付的价钱，一分钱都不能再多了。不用担心付款的问题，我可以付现金。如果房主愿意接受，我感到很高兴。”

玛丽一看，只比房主的要价少一万美元。

玛丽说：“我需要你拿一万美元作为定金。”

“没问题。我马上给你写一张支票。”

“请你在这里签名。”玛丽把合同递给彼特。

从玛丽见到这对夫妇到签好合约，整个交易的完成时间还不到 30

分钟。

适时地制造紧张气氛，让顾客觉得他的选择绝对是十分正确的，如果现在不买，以后也就没有机会了。你只要能调动客户，让他产生这样的心情，不怕他不与你签约。

三、利用人情这把利器

日本推销专家甘道夫曾对378名推销员做了如下调查：“推销员访问客户时，是如何被拒绝的?”70%的人都没有什么明确的拒绝理由，只是单纯地反感推销员的打扰，随便找个借口就把推销员打发走，可以说拒绝推销的人之中有2/3以上的人在说谎。

作为一个推销员，你可以仔细回顾一下你受到的拒绝，根据以往的经验把顾客的拒绝理由加以分析和归类，结果会在很大程度上与上述统计数字接近。

一般人说了谎都会有一些良心的不安，这是人之常情，也是问题的要害，抓住这个要害，就为你以后的推销成功奠定了基础。

顾客没有明确的拒绝理由，便是“自欺欺人”，这就好比在其心上扎了一针，使良心不得安宁。假如推销员能抓住这个要害，抱着“不卖商品卖人情”的信念，那么，只要顾客接受你这份人情，就会买下你的商品，回报你的人情。

“人情”是推销员推销的利器，也是所有工商企业人士的利器，要想做成生意，少不了人情。

一位推销员说起他的一次利用人情推销成功的经验：“我下决心黏住他不放，连续两次静静地在他家门口等待，而且等了很长时间，第三天，他让我进门了。这个顾客买下了我的人情。生意成交后，他的太太不无感慨地说：‘你来了，我说我先生不在，你却说没关系，你等他，而且就在门口等，我们在家里看着实在不好意思。’”这种人情推销，谁好意思拒绝呢?

利用好人情这把利器，推销时使用它，你一定能快刀斩乱麻，顺利走向成交。

必须学会的销售技巧

贝特格告诉我们：销售中也要学会欲擒故纵、出其不意等招数，利用各种资源为推销铺路，尽量从满意的顾客处发展新的业务，不失时机地亮出你的底牌也是很关键的制胜之道。

一、欲擒故纵

在推销生涯早期，推销大师威尔克斯先生平时衣衫不整，就连领带也是皱皱巴巴的。他当时的工资很少，佣金不多，除了供给家人衣食外，所剩无几。但他却告诉了后来成为推销大师的库尔曼一个神奇的推销技巧。

威尔克斯当时面临的最大困难就是推销失败。与客户第一次接触后，他常常得到这样的答复："你所说的我会考虑，请你下周再来。"到了下周，他准时去见客户，得到的回答是："我已仔细地考虑过你的建议，我想还是明年再谈吧。"

他感到十分沮丧。第一次见面时他已把话说尽，第二次会谈时实在想不出还要说些什么。有一天，他突发奇想，想到一个办法，第二次会谈竟然旗开得胜。

他把这个神奇的办法告诉库尔曼，库尔曼将信将疑，但还是决定试一试。次日早晨，库尔曼给一位建筑商打电话，约了第二次会谈的时间。此前一周，库尔曼与他会谈过，结果是两周以后再说。

库尔曼严格按照威尔克斯先生所讲的去做。会谈之前，他把本该由客户填的表格填好，包括姓名、住址、职业等。他还填好了客户认可的保险金额，然后在客户签名栏做上重重的标记。

库尔曼按时来到建筑商的办公室，秘书不在，门开着，可以看到建筑商坐在桌前，他认出库尔曼，说：“再见吧，我不想考虑你的建议。”

库尔曼装作没听见，大步走了过去，建筑商坚定地说：“我现在不会买你的保险，你先放放这事儿，过半年再来吧。”

在他说话的时候，库尔曼一边走近他，一边拿出早已准备好的表格，把表格不由分说地放在他面前。按照威尔克斯先生的指导，库尔曼说：“这样可以吧，先生？”

他不由自主地瞥了一眼表格，库尔曼趁机拿出钢笔，平静地等着。

“这是一份申请表吗？”他抬头问道。

“不是。”

“明明是，为什么说不是？”

“在您签名之前算不上一份申请表。”说着库尔曼把钢笔递给他，用手指着做出标记的地方。

真如威尔克斯先生所说，他下意识地接过笔，更加认真地看着表格，后来慢慢地起身，一边看一边踱到窗前，一连 5 分钟，室内悄无声息。最后，他回到桌前，一边拿笔签名，一边说：“我最好还是签个名吧，如果以后真有麻烦呢。”

“您愿意交半年呢还是交一年？”库尔曼抑制着内心的激动。

“一年多少钱？”

“只有 500 美元。”

“那就交一年吧。”

当他把支票和钢笔同时递过来时，库尔曼激动得差点跳起来。

欲擒故纵还有一种表现形式，就是在和顾客谈生意的时候不要太心急，如果太心急，只会引起顾客的不信任，把握好结束推销的方法也是促成成交的一种手法。

有一天，一个推销员在兜售一种炊具，他敲了公园巡逻员凯特先生家的门，凯特的妻子开门请推销员进去。凯特太太说："我的先生和隔壁的华安先生正在后院，不过，我和华安太太愿意看看你的炊具。"推销员说："请你们的丈夫也到屋子里来吧！我保证，他们也会喜欢我对产品的介绍。"于是，两位太太"硬逼"着他们的丈夫也进来了。推销员做了一次极其认真的烹调表演。他用他所要推销的那一套炊具，用文火不加水煮苹果，然后又用凯特太太家的炊具煮。这给两对夫妇留下深刻的印象。但是男人们显然装出一副毫无兴趣的样子。

一般的推销员看到两位主妇有买的意思，一定会趁热打铁，鼓动她们买。如果那样，还真不一定能推销出去，因为越是容易得到的东西，人们往往觉得它没有什么珍贵的，而得不到的才是好东西。聪明的推销员深知人们的心理，他决定用"欲擒故纵"的推销术。他洗净炊具，包装起来，放回到样品盒里，然后对两对夫妇说："嗯，多谢你们让我做了这次表演。我很希望能够在今天向你们提供炊具，但今天我只带了样品，你们将来再买它吧。"说着，推销员起身准备离去。这时两位丈夫立刻对那套炊具表现出了极大的兴趣，他们都站了起来，想要知道什么时候能买得到。

凯特先生说："请问，现在能向你购买吗？我现在确实有点喜欢那套炊具了。"

华安先生也说道："是啊，你现在能提供货品吗？"

推销员真诚地说："两位先生，实在抱歉，我今天确实只带了样品，而且什么时候发货，我也无法知道确切的日期。不过请你们放心，等能发货时，我一定把你们的要求放在心里。凯特先生坚持说："唷，也许你会把我们忘了，谁知道啊？"

这时，推销员感到时机已到，就自然而然地提到了订货事宜。

于是，推销员说："噢，也许……为保险起见，你们最好还是付定金买一套吧。一旦公司能发货就给你们送来。这可能要等待一个月，甚至可能要两个月。"

适时吊吊客户的胃口，人们往往钟爱得不到的东西，聪明的推销员都会使用这一方法，但是在你没有把握的时候千万不要使用，否则就会弄巧成拙。

二、亮出自己的底牌

曾经有一位动物学家发现，狼攻击对手时，对手若是腹部朝天，表示投降，狼就停止攻击。为了证实这一点，这位科学家躺到狼面前，手脚伸展，袒露腹部。果然，狼只是闻了他几下就走开了。这位科学家没有被咬死，但"差点被吓死"。

秦朝末年，谋士陈平有一次坐船过河，船大见他白净高大，衣着光鲜，便不怀好意地瞄着他。陈平见状，就把上衣脱下，光着膀子去帮船夫摇橹。船夫看到他身上没什么财物，就打消了恶念。

袒露不易，之所以不易，一方面是因为需要极大的勇气和超绝的智慧，另一方面是因为要找准对象。如果对一条狗或一个傻船夫玩袒露的把戏，后果还用说吗？

日常推销工作中，常常可能遇到一些固执的客户，这些人脾气古怪而执拗，对什么都听不进去，始终坚持自己的主张。面对这种执迷不悟的情况，推销员千万不要丧失信心，草草收兵，只要仍存一丝希望，就要做出最后的努力。一般来说，这种最后的努力还是开诚布公的好，索性把牌摊开来打。这种以诚相待的推销手法能够修补已经破裂的成交气氛，当面摊牌则可能使客户重新产生兴趣。

有位推销员很善于揣摩客户的心理活动，一次上门访问，他碰到一位平日十分苛刻的商人，按照常规，对方会把自己拒之门外的。这位推销员灵机一动，仔细分析了双方的具体情况，想出一条推销妙计，然后登门求见那位客户。

双方一见面，还没等坐定，推销员便很有礼貌地说："我早知道您是个很有主见的人，对我今天上门拜访您肯定会提出不少异议，我很想听听您的高见。"他一边说着，一边把事先准备好的18张纸卡摊在客户的面前："请随便抽一张吧！"对方从推销员手中随意抽出一张纸片，见卡片上写的正是客户对推销产品所提的异议。

当客户把18张写有客户异议的卡片逐个读完之后，推销员接着说道："请您再把卡片纸反过来读一遍，原来每张纸片的背后都标明了推销员对每条异议的辩解理由。"客户一言未发，认真看完了纸片上的每行字，最后忍不住露出了平时少见的微笑。面对这位办事认真又经验老练的推销员，客户开口了："我认了，请开个价吧！"

摊开底牌是一种非常微妙的计谋，不像其他一些计谋那样可以经常使用，除非你决心一直以坦荡、诚实、胸无城府的形象出现，但这几乎是不可能的。因此，偶尔用一次就够了，可一而不可再。尤其注意不要在同一个人面前反复使用，对方会想：这家伙怎么老没什么长进啊？偶尔为之，下不为例。

如何确保顾客的信任

贝特格说："赢得客户的信任，你才能源源不断地得到客户，只有保证顾客对你的信任，你才能稳住你的老客户。"

一、首先要赢得顾客的信任

艾丽斯长得很漂亮，从事推销工作没多长时间。她知道电话推销是最快捷、最经济的推销方式之一，也知道打电话的技巧和方法。她几乎用60％的时间去打电话、约访顾客。她努力去做了，可遗憾的是业绩还是不够理想。

她自认为自己的声音柔美、态度诚恳、谈吐优雅，可就是约访不到顾客。

一天，她心生一计，她想到打电话最大的弊端是看不到对方的人，不知道对方长什么样子，缺乏信赖感。为什么不想方设法让对方看到自己呢？

于是，她从影集里找出一张最具美感和信赖感的照片，然后把照片扫描到电脑里去，以电子邮件的形式发给顾客，当然会加一些文字介绍。同时，她又把照片通过手机发到不方便接收电子邮件的顾客手机上去。

一般情况下，她打电话给顾客之前，先要告诉对方刚才收到的邮件或短信上的照片就是她。当顾客打开邮件或短信看到她美丽的照片时，感觉立即就不一样了，对她多了几分亲近，多了几分信赖，从此，她的业绩扶摇直上。

赢得顾客的信任，你才能成功地完成销售工作。如果你不能获得顾客的信任，怎么能让人和你成交呢？顾客买你的产品，同时买的也是对你的信任。

贝特格认识一位客户，她是一位高高兴兴的小老太太，她对任何陌生人都持有戒心，之所以同意与贝特格见面，纯粹是因为她的律师做了引荐。

她一个人住，对任何一个她不认识的人都不放心。贝特格在路上时，给她家里打了一个电话，然后抵达时又打了一个电话。她告诉贝特格，律师还未到，不过她可以先和他谈谈。这是因为之前贝特格和她说了几次话，让她放松了下来。当这位律师真正到来时，他的在场已经变得无关紧要了。

贝特格第二次见到这位准客户时，发现她因为什么事情而心神不宁。原来，她申请了一部“急救电话”，这样当她有病时，就可以寻求到帮助。社会保障部门已经批准了她的申请，但一直没有安装。贝特格马上给社会保障部门打电话，当天下午就装好了这部“急救电话”，贝特格一直在她家里守候到整个事情做完。

从那时起，这位客户对贝特格言听计从——给予了他彻底的信任，因为贝特格看到了困扰她的真正事情。现在，她相信贝特格有能力满足她的欲求和需要。这个“额外”的帮忙好像使得贝特格的投资建议几乎变得多余。这些投资建议是贝特格当初出现在她面前的主要原因，虽然那时她对此并无多大兴趣。贝特格说：“信任有许多源头。有时候，它赖以建立的物质基础和你的商业建议没有任何关系，而是因为你——作为一名推销员，做了一些额外的小事。恰恰是这点小事，可以为你带来意想不到的收获。”

得到别人如此的信任也是一份不小的荣耀。想必很多人都有这么一个体会：信任会因最奇怪的事情建立，也会被最无关紧要的事情摧毁。忠诚会带来明日的生意和高度的工作满足感。

人们购买的是对你的信任，而非产品或服务。一个推销员所拥有价值最高的东西是客户的信任。成功的推销是感情的交流，而不只是商品。

二、取得客户信任的方法

多年来，推销大师贝特格经手了很多保险合同，投保人在保险单上签字，他都复印一份，放在文件夹里。他相信，那些材料对新客户一定有很强的说服力。

与客户的会谈末尾，他会补充说：“先生，我很希望您能买这份保险。也许我的话有失偏颇，您可以与一位和我的推销完全无关的人谈一谈。能借用电话吗?”然后，他会接通一位“证人”的电话，让客户与“证人”交谈。“证人”是他从复印材料里挑出来的，可能是客户的朋友或邻居。有时两人相隔很远，就要打长途电话，但效果更好。

初次尝试时，他担心客户会拒绝，但这事从没发生过。相反，他们非常乐于同“证人”交谈。

无独有偶，一个朋友也讲了他的类似经历。他去买电烤炉，产品介绍像雪片一样飞来，他该选谁？

其中有一份因文字特别而吸引了他：“这里有一份我们的客户名单，您的邻居就用我们的烤炉，您可以打电话问问，他们非常喜欢我们的产品。”

朋友就打了电话，邻居都说好。自然，他买了那家公司的烤炉。

取得客户的信任有很多种方法，现代营销充满竞争，产品的价格、品质和服务的差异已经变得越来越小，推销人员也逐步意识到竞争核心正聚焦于自身，懂得“推销产品，首先要推销自我”的道理。要“推销自我”，首先必须赢得客户的信任，没有客户信任，就没有展示自身才华的机会，更无从谈起赢得销售成功的结果。要想取得客户的信任，可以从以下几个方面去努力：

1. 自信＋专业

但我们也应该认识到：在推销人员必须具备自信的同时，一味强调自信心显然又是不够的，因为自信的表现和发挥需要一定的基础——“专业”。也就是说，当你和客户交往时，你对交流内容的理解应该力求有“专家”的认识深度，这样让客户在和你沟通中每次都有所收获，进而拉近距离，提升信任度。另一方面，自身专业素养的不断提高，也将有助于自信心的进一步强化，形成良性循环。

2. 坦承细微不足

“金无足赤，人无完人”是至理名言，而现实中的推销人员往往有悖于此。他们面对客户经常造就“超人”形象，极力掩饰自身的不足，对客户提出的问题和建议几乎全部应承，很少说“不行”或“不能”的言语。从表象来看，似乎你的完美将给客户留下信任；但殊不知人毕竟还是现实的，都会有或大或小的毛病，不可能做到面面俱美，你的“完美”宣言恰恰在宣告你的“不真实”。

3. 帮客户买，让客户选

推销人员在详尽阐述自身优势后，不要急于单方面下结论，而是建议客户多方面了解其他信息，并申明：相信客户经过客观评价后会做出正确选择的。这样的沟通方式能让客户感觉到他是拥有主动选择权力的，和你的沟通是轻松的，体会我们所做的一切是帮助他更多地了解信息，并能自主做出购买决策，从而让我们和客户拥有更多的沟通机会，最终建立紧密和信任的关系。

4. 成功案例，强化信心保证

许多企业的销售资料中都有一定篇幅介绍本公司的典型客户，推销人员应该积极借助企业的成功案例消除客户的疑虑，赢得客户的信任。在借用成功案例向新客户做宣传时，不应只是介绍老客户名称，还应有尽量详细的其他客户的资料和信息，如公司背景、产品使用情况、联系部门、相关人员、联络电话及其他说明等，单纯告知案例名称而不能提供具体细节的情况，会给客户留下诸多疑问。比如，怀疑你所介绍的成功案例是虚假的，甚至根本就不存在。所以细致介绍成功案例，准确答复客户询问非常重要，用好成功案例能在你建立客户信任工作上发挥重要作用——“事实胜于雄辩”。

让人们愿意和你交流

贝特格认为，不同的人有不同的性格，对待不同的人要有不同的方法。交流是很重要的，推销员和客户如果没有交流，就不会有成交这一刻。

一、事先调查，了解对方性格

有一天，贝特格访问某公司总经理。

贝特格拜访客户有一条规则，就是一定会做周密的调查。根据调查显示，这位总经理是个“自高自大”型的人，脾气很怪，没有什么爱好。

这是一般推销员最难对付的人物，不过对这一类人物，贝特格倒是胸有成竹、自有妙计。

贝特格首先向前台小姐自报家门：“您好，我是贝特格，已经跟贵公司的总经理约好了，麻烦您通知一声。”

“好的，请等一下。”

接着，贝特格被带到总经理室，总经理正背着门坐在老板椅上看文件。过了好一会儿，他才转过身，看了贝特格一眼，又转身看他的文件。

就在眼光接触的那一瞬间，贝特格有种讲不出的难受。

忽然，贝特格大声地说：“总经理，您好，我是贝特格，今天打扰您了，我改天再来拜访。”

总经理转身愣住了。

“你说什么?”

“我告辞了，再见。”

总经理显得有点惊慌失措。贝特格站在门口，转身说：“是这样的，刚才我对前台小姐说给我一分钟的时间让我拜访总经理，如今已完成任务，所以向您告辞，谢谢您，改天再来拜访您。再见。”

走出总经理室，贝特格早已浑身是汗。

过了两天，贝特格又硬着头皮去做第二次拜访。

“嘿，你又来啦，前几天怎么一来就走了呢？你这个人蛮有趣的。”

“啊，那一天打扰您了，我早该来向您请教……”

“请坐，不要客气。”

由于贝特格采用“一来就走”的妙招，这位“不可一世”的准客户比上次乖多了。

事先了解你的客户，做了充分调查以后，根据客户的性格特点制订相应的销售策略，让人们愿意和你交流。如果鲁莽行事，后果会很糟糕。

二、推销员要练就好口才

推销员的武器是语言，工欲善其事，必先利其器。一个推销员如果没有良好的语言功底，是不可能取得推销的成绩的。

一句话，十样说，就看怎么去琢磨。向客户介绍自己的产品或在商务谈判时，遣词造句是很重要的，它关系着订单签还是不签。

缺乏经验的推销员们似乎并不明白遣词造句所能产生的力量。他们往往对自己的话随意发挥，不是很讲究语言的艺术。

推销员在措辞方面应该注意，他们有时所使用的词语确实没有太多的价值，甚至对于整个推销过程是十分有害的。

在实际推销中，很多平庸的推销员都是凭个人的直觉进行推销，对如何说话更能达到洽谈目的、更能说服顾客并不在意，也很少考虑。但恰恰在语言上，这些看似微不足道的细节却正是阻碍洽谈成功的重要因素。平庸的推销员在洽谈时经常出现错误的谈话方式。

平庸的推销员洽谈时常用以“我”为中心的词句，不利于与顾客发展正常关系，洽谈气氛冷淡，洽谈成功率低。

聪明的推销员应该多使用“您”字。总之，推销员应该仔细推敲自己的遣词造句，做到对自己的说话方式和技巧有独到的把握，这是成为优秀推销员的必备条件之一。

三、努力克服怯场心理

几乎所有的艺术表演者都怯过场，在出场前都有相同的心理恐惧：一切会正常无误吗？我会不会漏词、忘表情？我能让观众喜欢吗？

贝特格从事推销的头一年收入相当微薄，因此他只得兼职担任史瓦莫尔大学棒球队的教练。有一天，他突然收到一封邀请函，邀请他演讲有关“生活、人格、运动员精神”的题目，可是当时他面对一个人说话时都无法表达清楚，更别说面对100位听众说话了。

由此贝特格认识到，只有先克服和陌生人说话时的胆怯与恐惧才能有成就，第二天，他向一个社团组织求教，最后得到很大的进步。

这次演讲对贝特格而言是一项空前的成就，它使贝特格克服了懦弱的性格。

推销员的感觉基本上与他们完全一样。无论你称之为“怯场”、“放不开”还是“害怕”，不少推销员很难坦然、轻松地面对客户。很多推销员会在最后签合同的紧要关头突然紧张害怕起来，不少生意就这么被毁了。

从打电话约见面谈时开始，一直到令人满意地签下合同，这条路一直充满惊险。没有人喜欢被赶走，没有人愿意遭受打击，没有人喜欢当“不灵光”的失意人。

有一些推销员，在与客户协商过程中，目标明确、手段灵活，直至签约前都一帆风顺，结果在关键时刻失去了获得工作成果和引导客户签约的勇气。

你会突然产生这种恐惧吗？这其实是害怕自已犯错，害怕被客户发觉错误，害怕丢掉渴望已久的订单。恐惧感一占上风，所有致力于目标的专注心志就会溃散无踪。

在签约的决定性时刻，在整套推销魔法正该大展魅力的时刻，很多推销员却失去了勇气和掌控能力，忘了他们是推销员。

在这个时刻，他们却像等待发成绩单的小学生，心里只有听天由命似地期盼：也许我命好，不至于留级吧。

推销员的心情就此完全改观。前几分钟他还充满信心，情绪高昂，但现在却毫无把握，信心全无了。这种情况，通常都是以丢了生意收场。

客户会突然间感觉到推销员的不稳定心绪，并借机提出某种异议，或干脆拒绝这笔生意。推销员大失所望、身心疲惫，脑子里只有一个念头：快快离开客户，然后心里沮丧得要死。

如何避免这种状况发生呢？无疑只有完全靠内心的自我调节，这种自我调节要基于以下考虑：就好像推销员的商品能够解决客户的问题一样，优秀的推销员应该能帮助客户做出正确的决定。

推销员其实是个帮助人的好角色——那他有什么好害怕的呢？签订合同这个推销努力的辉煌结果，不能被视为（推销员的）胜利，或者（客户的）失败，反过来也是一样，无所谓胜或败，毋宁说是双方都希望达到的一个共同目标，而推销员和客户，本来就不是对立的南北两极。

请你暂且充当一下推销高手的角色吧，我们这样画一张图：

你牵着客户的手，和他一起走向签约之路，带他去签约，客户会觉得你亲切体贴，而他的感激正是对你最好的鼓舞！

在途中，客户几乎连路都不用看（他是被人引导的嘛），只顾着欣赏你带他走过的美妙风景，而你却以亲切动人的体贴心情一路为他指引解说。

“游园”之后，客户会自动与你签约并满怀感激地向你道别。因为，达到目的，也是他一心向往的，何况这趟“郊游之旅”又是如此美妙！

有没有发觉在这里为什么要为你描述这么一幅美好与和谐的图像？因为，你把它转化到内心深处，就一定能毫无畏惧地和客户周旋。

其实，你只要打定主意在整个事件中扮演向导的角色就对了。在推销商谈的一开始，你要抓住客户的手，一路引他走到目的地。

只有你知道带客户走哪一条路最好——而到达目的地时，你要适时说声："我们到了！"在途中，你有的是时间帮客户的忙，因此他会感激你。

正如你已经了解的道理：消极的暗示（如我不害怕）通常不会产生正面的影响力。相反，上面那样一幅正面的、无忧无惧的图像，才会被你的潜意识高高兴兴地接纳吸收，并且加以强化。

而你这位伸出援助之手的人，就当然不会害怕面对客户，一定是信心十足地请客户作决定——拿到你的合同。

推销员的推销成绩与推销次数成正比，持久推销的最好方法是"逐户推销"，推销的原则在于"每户必访"。但是，并不是每一个推销员都能做到这一点。

"我家的生活水平简直无法与此相比。"面对比自己更有能力、比自己更富有、比自己更有本领的人而表现出的自卑感，使某些推销员把"每户必访"的原则变为"视户而访"。他们甩过的都是什么样的门户呢？就是在心理上要躲开那些令人望而生畏的门户，而只去敲易于接近的客户的门。这种心理正是使"每户必访"的原则一下子彻底崩溃的元凶。

莎士比亚说："如此犹豫不决，前思后想的心理就是对自己的背叛，一个人如若惧怕'试试看'的话，他就把握不了自己的一生。"

因此，遇到难访门户不绕行、不逃避，挨家挨户地推销，战胜自己的畏惧心理，推销的前景才会一片光明。

不要害怕失败

失败离成功很近，不要害怕失败，要努力挖掘成功潜力。从失败中得到的教训，是最宝贵的资源。

一、用积极心态面对失败

美国推销员协会曾经做过一次调查研究，结果发现：80％销售成功的个案，是推销员连续5次以上的拜访达成的。这证明了推销员不断地挑战失败是推销成功的先决条件。48％的推销员经常在第一次拜访之后便放弃了继续推销的意志；25％的推销员拜访了两次之后，也打退堂鼓了；12％的推销员拜访了3次之后，也退却了；5％的推销员在拜访过4次之后放弃了；仅有1％的推销员锲而不舍，一而再、再而三地继续登门拜访，结果他们的业绩占了全部销售的80％。

推销员所要面对的拒绝是经常性的，这需要每一位从业人员拥有积极的心态和正确面对失败的观念。

一个人的心理会对他的行为产生微妙的作用，当你有负面的心态时，你所表现出来的行为多半也是负面与消极的。如果你真的想将推销工作当作你的事业，首先必须拥有正面的心态。因此，不要再用“我办不到”这句话来作为你的借口，而要开始付诸行动，告诉自己“我办得到”。

只要你在从事推销工作，无论时间长短、经验多少，失败都是不可避免的。但是，同样是经历风雨，有的人可以获得最后的成功，有的人却一事无成。因为，问题不在于失败，而在于对失败的态度。有些业务人员失败一次，就觉得是自己无能的象征，把失败记录看成是自己能力低下的证明。这种态度才是真正的失败。

如果害怕失败而不敢有所动作，那就是在一开始就放弃了任何成功的可能。当你面对失败的时候，记住：勇敢的战士是屡败屡战，只有注定一生无成的人，才会屡战屡败。

二、从失败中找到成功的希望

在沙漠里，有 5 只骆驼吃力地行走，它们与主人带领的 10 只骆驼走散了，前面除了黄沙还是黄沙，一片茫茫，它们只能凭着最有经验的那只老骆驼的感觉往前走。

不一会儿，从它们的右侧方向走出 1 只筋疲力尽的骆驼，原来它是一周前就走散的另一只骆驼。另外 4 只骆驼轻蔑地说："看样子它也不是很精明啊，还不如我们呢！"

"是啊，是啊，别理它！免得拖累咱们！"

"咱们就装着没看见，它对我们可没有什么帮助！"

"看那灰头土脸的样子……"

这 4 只骆驼你一言我一语，都想避开路遇的这只骆驼。老骆驼终于开腔了："它对我们会很有帮助的！"

老骆驼热情地招呼那只落魄的骆驼过来，对它说道："虽然你也迷路了，境遇比我们好不到哪里去，但是我相信你知道往哪个方向是错误的，这就足够了，和我们一起上路吧！有你的帮助，我们会成功的！"

我们当然可以嘲笑别人的失败，但如果我们能从别人的失败中学习经验，那最好不过了。把别人的失败当成对自己的大声忠告，这非常有利于自己的成长。

遭遇拒绝、遭遇失败是人之常情，世上并没有常胜不败的将军。遭遇拒绝、遭遇失败的原因无非是自己还有缺陷，谁不希望得到完美的东西，而会去企求有缺陷的东西呢？当然世上也不可能有毫无缺陷的东西，但是我们应尽量地完善自己，把自己完善到足以让人接受、使人认同的程度。这样，即使遇到困难也能克服，遇到关卡也能越过，也就不至于在遇到挫折时使自己陷入困境不能自拔了。

因此，要想让别人接受你、赞许你，要想成功，你就不能害怕困难和挫折，不能害怕别人的拒绝。相反，你要把拒绝当作你的励志之石，当成你不断完善、走向成功的动力。但是，在现实生活中并非所有的人都懂得这些道理。因此，他们在遇到困难挫折时就采取了完全不同的态度。

高尔文是个身强力壮的爱尔兰农家子弟，充满进取精神。13 岁时，他见到别的孩子在火车站月台上卖爆玉米花赚钱，也一头闯了进去。但是，他不懂得，早占住地盘的孩子们并不欢迎有人来竞争。为了帮他懂得这个道理，他们无情地抢走了他的爆玉米花，并把它们全部倒在街上。第一次世界大战以后，高尔文从部队复员回家，他又雄心勃勃地在威斯康星办起了一家公司。可是无论他怎么卖劲折腾，产品始终打不开销路。有一天，高尔文离开厂房去吃午餐，回来只见大门被上了锁，公司被查封，高尔文甚至不能够进去取出他挂在衣架上的大衣。高尔文并没有气馁，积极寻找着下一次机会。

1926 年他又跟人合伙做起收音机生意来。当时，全美国估计有 3000 台收音机，预计两年后将会扩大 100 倍。但这些收音机都是用电池作能源的，于是他们想发明一种灯丝电源整流器来代替电池。这个想法本身不错，但产品却仍打不开销路。眼看生意一天天走下坡路，他们似乎又要停业关门了。高尔文通过邮购销售的办法招徕了大批客户。他手里一有了钱，就办起专门制造整流器和交流电真空管收音机的公司。可是不到 3 年，高尔文又破了产，此时他已陷入绝境，只剩下最后一个挣扎的机会了。当时他一心想把收音机装到汽车上，但有许多技术上的困难有待克服。到 1930 年底，他的制造厂的账面上竟欠了 374 万美元。在一个周末的晚上，他回到家中，妻子正等着他拿钱来买食物、交房租，可他摸遍全身只有24美元，而且全是赊来的。

然而，经过多年的不懈奋斗，如今的高尔文早已腰缠万贯，他盖起的豪宅就是用他的第一部汽车收音机的牌子命名的。

可以说，在困难面前没有失败就没有成功，失败是成功之母！只遭遇一次失败就失去信念，就不去挑战困难，实际上就等于放弃了人生成功的机会，殊不知机会就隐藏在失败背后。你战胜的困难越多，你人生成功的机会也就越多。这就如同淘金一样，淘掉的沙子越多，得到的金子也就越多。沙子的多少与金子的多少是成正比的，失败与成功的关系就如同沙子与金子的关系。

贝特格指出：要成功，首先不要畏惧困难，不要让困难把你的心态摧垮。其次，要成功还得正视困难、研究困难，从战胜困难中总结经验教训，通过困难磨炼自己的意志品格，练就一身战胜困难的本领。

·第五章·

托德·邓肯告诉你如何成为销售冠军

排练法则——排练好销售这幕剧

托德·邓肯认为：决定销售成败的因素很多，在销售前充分考虑好各方面的情况，排练好销售这幕剧至关重要。

一、销售尽量让气氛融洽

在推销洽谈的时候，气氛是相当重要的，它关系到交易的成败。只有当推销员与顾客之间感情融洽时，才可以在和谐的洽谈气氛中推销商品。推销员把顾客的心与自己的心相通称为“沟通”。即使是初次见面的人，也可以由性格、感情的缘故而“沟通”。

那么怎样才能创造融洽的气氛呢？要注意的地方很多，比如时间、地点、场合、环境等。但最重要的一点是：推销员应当处处为顾客着想。

年轻气盛、没有经验的推销员在向顾客推销产品时，往往不愿倾听顾客的意见，自以为是、盛气凌人，不断地同顾客争论，这种争论又往往发展成为争吵，因而妨碍了推销的进展。要知道，在争吵中击败客户的推销员往往会失去达成交易的机会。推销员不是靠同顾客争论来赢得顾客的。同时，推销员也知道，顾客要是在争论中输给推销员，就没有兴趣购买推销员的产品了。

没有人喜欢那些自以为是的人，更不会喜欢那些自以为是的推销员。推销员对那些自作聪明者的不友好的建议很反感，就是那些友好的建议，只要它们不符合推销员的愿望，有时推销员也同样会感到很反感。所以，有些推销员总是愿意同顾客进行激烈的争论。可能他们忘记了这样一条规则：当某一个人不愿意被别人说服的时候，任何人也说服不了他，更何况是要他掏腰包。

托德·邓肯告诉我们：要改变顾客的某些看法，推销员首先必须使顾客意识到改变看法的必要性，让顾客知道你是在为他着想，为他的利益考虑。改变顾客的看法，要通过间接的方法，而不应该直接地影响顾客，要使顾客觉得是他们自己在改变自己的看法，而不是其他人或外部因素强迫他们改变看法。在推销洽谈开始的时候，要避免讨论那些有分歧意见的问题，着重强调双方看法一致的问题。要尽量缩小双方存在的意见分歧，让顾客意识到你同意他的看法，理解他提出的观点。这样，洽谈的双方才会有共同的话题，洽谈的气氛才会融洽。

应当尽量赞同顾客的看法。因为你越同意顾客的看法，他对你的印象就越深，推销洽谈的气氛就对你越有利。如果你为顾客着想，顾客也就能比较容易地接受你的建议。有时候必要的妥协有助于彼此互相迁就，有助于加强双方的联系。推销员不应过多地考虑个人的声誉问题，一个过分担心自己的声誉受到损害的推销员很快就不得不担心他的推销结果。

在推销洽谈中，即使在不利的情况下也应该努力保持镇静。当顾客说推销员准备向他兜售什么无用的笨货的时候，应当友好地对他笑一笑，并且说："无用的笨货？我怎么会推销那些东西呢？特别是我怎么能向您这样精明的顾客推销那些东西呢？我为什么要和您开那样的玩笑呢？您想一想，还有什么比我们之间的友谊更重要？"

有时候，推销洽谈会出现僵局，双方都坚持己见，相持不下。如果出现这种情况，明智的推销员会设法缓和洽谈的气氛，或者改变洽谈的话题，甚至把洽谈中断，待以后再进行。总之，绝不在气氛不佳的情况下进行洽谈。

托德·邓肯认为：在空间上和客户站在同一个高度是使气氛融洽的很好的一个方法。

回想一下你被上级叫去，面对面地站着讲话的情景，大概就可以体会到那种使人发窘的气氛。人是在无意识中受气氛支配的，最能说明问题的事例便是日本的 SF 经营方法。其方法是等顾客多起来后，运用独特的语言向人们发起进攻，让人觉得如果失去这次机会，就不可能在如此优越的条件下买到如此好的东西，抱有此种观点的顾客事后都发现“糊里糊涂地就买了”。这种人太多了。

再次推销时，常常要说：“对不起，能否借把椅子坐?”若不是过于笨拙是绝不会被拒绝的。如一边说着“科长前几天谈到的那件事……”一边靠近对方身体，从而进入了同等的“势力范围”，这样做既能从共同的方向一起看资料，又能形成亲密气氛。不久，顾客本人也较快地意识到并增添了双方的亲密感。

空间上的恰当位置是促进人与人之间关系密切的辅助手段，是非常重要的绝不可忽视的手段。

二、学会让顾客尽量说“是”

世界著名推销大师托德·邓肯在推销时，总爱向客户问一些主观答“是”的问题。他发现这种方法很管用，当他问过五六个问题，并且客户都答了“是”，再继续问其他关于购买方面的知识，客户仍然会点头，这个惯性一直保持到成交。

托德·邓肯开始搞不清里面的原因，当他读过心理学上的“惯性”后，终于明白了，原来是惯性化的心理使然。他急忙请了一个内行的心理学专家为自己设计了一连串的问题，而且每一个问题都让自己的准客户答“是”。利用这种方法，托德·邓肯缔结了很多大额保单。

优秀的推销员可以让顾客的疑虑统统消失，秘诀就是尽量避免谈论让对方说“不”的问题。而在谈话之初，就要让他说出“是”。销售时，刚开始的那几句话是很重要的，例如，“有人在家吗……我是××汽车公司派来的。是为了轿车的事情前来拜访的……”“轿车？对不起，现在手头紧得很，还不到买的时候。”

很显然，对方的答复是“不”。而一旦客户说出“不”后，要使他改为“是”就很困难了。因此，在拜访客户之前，首先就要准备好让对方说出“是”的话题。

关键是想办法得到对方的第一句“是”。这句本身虽然不具有太大意义，但却是整个销售过程的关键。

“那你一定知道，有车库比较容易保养车子喽？”除非对方存心和你过意不去。否则，他必须同意你的看法。这么一来，你不就得到第二句“是”了吗？

优秀的推销员一开始同客户会面，就留意向客户做些对商品的肯定暗示。

“夫人，您的家里如装饰上本公司的产品，那肯定会成为邻里当中最漂亮的房子！”

当他认为已经到了探询客户购买意愿的最好时机，就这样说：

“夫人，您刚搬入新建成的高档住宅区，难道不想买些本公司的商品，为您的新居增添几分现代情趣吗？”

优秀的推销员在交易一开始时，利用这个方法给客户一些暗示，客户的态度就会变得积极起来。等到进入交易过程中，客户虽对优秀的推销员的暗示仍有印象，但已不认真留意了。当优秀的推销员稍后再试探客户的购买意愿时，他可能会再度想起那个暗示，而且还会认为这是自己思考得来的呢！

客户经过商谈过程中长时间的讨价还价，办理成交又要经过一些琐碎的手续，所有这些都会使得客户在不知不觉中将优秀的推销员预留给他的暗示当作自己独创的想法，而忽略了它是来自于他人的巧妙暗示。因此，客户的情绪受到鼓励，定会更热情地进行商谈，直到与推销员成交。

“我还要考虑考虑!”这个借口也是可以避免的。一开始商谈，就立即提醒对方应当机立断就行了。

“您有目前的成就，我想，也是经历过不少大风大浪吧！要是在某一个关头稍微一疏忽，就可能没有今天的您了，是不是?”不论是谁，只要他或她有一丁点成绩，都不会否定上面的话。等对方同意甚至大发感慨后，优秀的推销员就接着说：

“我听很多成功人士说，有时候，事态逼得你根本没有时间仔细推敲，只能凭经验、直觉而一锤定音。当然，一开始也会犯些错误，但慢慢地判断时间越来越短，决策也越来越准确，这就显示出深厚的功力了。犹豫不决是最要不得的，很可能坏大事呢，是吧?”

即使对方并不是一个果断的人，他或她也会希望自己是那样的人，所以对上述说法点头者多，摇头者少。因此下面的话就顺理成章了：

“好，我也最痛恨那种优柔寡断、成不了大器的人。能够和您这样有决断力的人交谈，真是一件愉快的事情。”这样，你怎么还会听到“我还要考虑考虑”之类的话呢?

任何一种借口、理由，都有办法事先堵住，只要你好好动脑筋，勇敢地说出来。也许，一开始，你运用得不纯熟，会碰上一些小小的挫折。不过不要紧，总结经验教训后，完全可以充满信心地事先消除种种借口，直奔成交，并巩固签约成果。

三、抓住顾客心理促成交易

托德·邓肯讲过这样一个故事：

有两家卖粥的小店，左边小店和右边小店每天的顾客相差不多，都是川流不息、人进人出的。

然而晚上结算的时候，左边小店总是比右边小店多出百十元来，天天如此。

于是一天，我走进了右边那个粥店。

服务小姐微笑着把我迎进去，给我盛好一碗粥，问我：“加不加鸡蛋?”我说加。于是她给我加了一个鸡蛋。

每进来一个顾客，服务员都要问一句：“加不加鸡蛋?”有说加的，也有说不加的，大概各占一半。

过了一天，我又走进了左边那个小店。

服务小姐同样微笑着把我迎进去，给我盛好一碗粥，问我：“加一个鸡蛋，还是加两个鸡蛋?”我笑了，说：“加一个。”

再进来一个顾客，服务员又问一句：“加一个鸡蛋还是加两个鸡蛋?”爱吃鸡蛋的就要求加两个，不爱吃鸡蛋的就要求加一个。也有要求不加的，但是很少。

一天下来，左边这个小店就要比右边那个小店多卖出很多个鸡蛋。

托德·邓肯发现：给顾客提供较少的选择机会，你就会收到较多的效果，“一”或“二”的选择比“要”、“不要”的选择范围小了很多。

面对爱挑剔的顾客，也自有推销之道。

一天，商场瓷器柜台前来了一位男人，他在柜台前老是挑来挑去。上等的瓷器他不要，偏偏要那种朴实便宜的青瓷盘，并且还要一件件地开包挑选。这位先生看一件之后说有瑕疵扔在一边，拿过一件说花纹不精美又扔在一边。而推销员不急不恼、泰然处之。他扔下一件，推销员就随手拾起“啪”的一下将它摔碎。他再扔下一件，推销员又摔一件，就这样连摔了3件。那位先生开口了：“摔它干啥？我不要，你可以再卖给别人嘛!”

推销员坚决地回答:“不! 这是我们公司的规定，绝不把顾客不满意的产品卖给任何一个消费者!”

那位先生愣了一下，像是有意要试试这份承诺的可信度到底有多大，于是就旁若无人地低下头继续挑选。推销员毫不心疼，仍旧是他扔一件摔一件，就这样连续摔了 31 个青瓷盘。不过这一过程中，推销员脸上始终带着微笑。这时，已有许多人纷纷赶来围观了。

“不要再摔了! 不要再摔了!”

“那算什么毛病? 他不要卖给我!”

人们开始对这件事情发起评论来了。冷寂许久的柜台前第一次拥来这么多人，顾客围得里 3 层外 3 层，像看一出惊心动魄的大戏一样。当这位先生抓起第 32 件瓷盘时，沸腾的人群发出一声声愤怒的吼叫。

这次，那位先生抓起瓷盘后，看都没看，便拿上走了。

“我买! 我买!”

“给我一件! 给我一件!”

人们开始来到柜台前抢购瓷器，就在这一天，这个瓷器柜台前空前火爆，当场卖了近 300 件，第二天卖了 500 件，是以前几十上百倍的销量。那天晚上，老板重重表扬了那位推销员。

让人想不到的是，一个月后，那位先生又来了，不过，他不是来退货或是再来挑毛病的，而是洽谈购买瓷器生意的。后来，那个摔瓷器的推销员和这位先生也就成了朋友。在随后的几年里，他和他的朋友先后从这儿买去了几万件瓷器，为公司增加了上百万的销售额。

托德·邓肯的销售秘诀是：面对不同的顾客，找到适当的方法去推销你的产品，尽管有的时候顾客很挑剔，你只要用心去做，对症下药，销售也一定会成功的。

靶心法则——开发高回报的顾客

客户也有不同种类，高回报顾客能带给你高收益，多多开发高回报的客户，能做到低投入、高产出。

一、从购买习惯出发策划

一次讲座上，托德·邓肯讲到了下面这个案例：

卡尔是一个没有多高学历但极具学习力和悟性的人。他高中未毕业就被学校勒令退学，退学后，他到小旅馆洗过盘子、擦过地板，后来又到一家小型锯木厂做学徒，再后来到工地做挖水井的工作，最后才踏进推销这一行来。

他善于学习，读过的推销方面的书籍不下3000本，他不断地阅读书籍来充实自己；他向同行前辈、推销高手学习。经过多年的实践和积累，他拥有了一整套最广泛、最有效的推销方法。

卡尔曾经卖过办公室用品。一天，他去拜访一家电脑公司，那是一家有钱的公司。他向电脑公司的采购主管介绍完产品之后，就等待对方的回应。但他不知道对方的采购策略是什么。

于是他就问：

"您曾经买过类似这样的产品或服务吗？"

对方回答说："那当然。"

"您是怎样作决定的？当时怎么知道这是最好的决定？采用了哪些步骤去得出结论？"卡尔继续问。

他知道每个人对产品或服务都有一套采购策略。人都是习惯性动物，他们喜欢依照过去的方法做事，并且宁愿用熟悉的方式作重要决策，而不愿更改。

“当时是有 3 家供应商在竞标，我们考虑的无非是 3 点：一是价格，二是品质，三是服务。”采购主管说。

“是的，您的做法是对的，毕竟货比三家不吃亏嘛。不过，我可以给您提供这样的保证：不管您在其他地方看到什么，我向您保证，我们会比市场中其他任何一家公司更加用心为您服务。”

“嗯，我可能还需要考虑。”

“我了解您为什么犹豫不决，您使我想起××公司的比尔，他当初购买我们产品的时候也是一样犹豫不决，最后他决定买了，用过之后，他告诉我，那是他曾经作过的最好的采购决定。他说他从我们的产品中享受的价值和快乐远远超过多付出一点点的价格。”卡尔知道讲故事是最能令顾客留下深刻印象的。

卡尔的成功经验告诉我们：推销中必须不时转换策略，开发高回报的客户。

托德·邓肯告诉我们：要成为优秀的推销员，你必须具有随时考虑各种策略、不断努力达到目的的能力和素质。如果你的表现让顾客觉得你很有敬业精神，可能产生这样的效果：即便你不去积极地争取，顾客也会自动上门。能够做到这点的绝对是一个卓越的推销员。

如果你的老顾客对你抱有好感，就会为你带来新的顾客。他会介绍自己的朋友来找你。但是这一切的前提是你用自己的魅力确确实实感染他。而且你们之间有一种信任的关系，也许是那种由于多次合作而产生的信任关系，但不一定是朋友的关系，因为总是有一些人把工作和生活分得很清楚。其实，只要你让你的老客户对你产生了这样的好感，他就会对他的朋友介绍说：“我经常和某某公司的某某合作，他很亲切而且周到，我对他很有好感。”既然是朋友的推荐，那位先生一定会说：“既然这样，那我也去试试看。”这对推销员来说，就等于是别人为你开了财路。

当你一旦建立起一个良好的客户网，并能驾驭这张网良性运作时，你就会看到银行整天的忙碌都是为了把所有客户的钱从他们的账户上划到你的账户上，你就会觉得所有“财神爷”的口袋都是向你敞开着的。

二、开发有影响力的中心人物

开发有影响力的中心人物，利用中心开花法则。中心开花法则就是推销人员在某一特定的推销范围里发展一些具有影响力的中心人物，并且在这些中心人物的协助下，把该范围里的个人或组织都变成推销人员的准顾客。实际上，中心开花法则也是连锁介绍法则的一种推广运用，推销人员通过所谓“中心人物”的连锁介绍，开拓其周围的潜在顾客。

中心开花法则所依据的理论是心理学的光环效应法则。心理学原理认为：人们对于在自己心目中享有一定威望的人物是信服并愿意追随的。因此，一些中心人物的购买与消费行为就可能在他的崇拜者心目中形成示范作用与先导效应，从而引发崇拜者的购买与消费行为。实际上，任何市场概念内及购买行为中，影响者与中心人物是客观存在的，他们是“时尚”在人群传播的源头。只要了解确定中心人物，使之成为现实的顾客，就有可能发展与发现一批潜在顾客。

利用这种方法寻找顾客，推销人员可以集中精力向少数中心人物做细致的说服工作；可以利用中心人物的名望与影响力提高产品的声望与美誉度。但是，利用这种方法寻找顾客，把希望过多地寄托在中心人物身上，而这些所谓的中心人物往往难以接近，从而增加了推销的风险。如果推销人员选错了消费者心目中的中心人物，有可能弄巧成拙，难以获得预期的推销效果。

在你推销商品时，常常有这样的情况：一个家庭或一群同伴们来跟你谈生意、做交易，这时你必须先准确无误地判断出其中的哪位对这笔生意具有决定权，这对生意能否成交具有很重要的意义。如果你找对了人，将会给你的生意带来很大的便利，也可让你有针对性地与他进行交谈，抓住他某些方面的特点，把你的商品介绍给他，让他觉得你说的正是他想要的商品的特点。

相反，如果你一开始就盲目地跟这一群人中的某一位或几位介绍你的商品如何如何，把真正的决定者冷落在一边，这样不仅浪费了时间，而且会让人看不起你，认为你不是生意上的人，怎么连最起码的信息——决定权掌握在谁手里都不知道，那你的商品又怎能令人放心?

如何确定谁是这笔交易的决定者，很难说有哪些方法，只有在长期的实践过程中经常注意这方面的情况，慢慢摸索顾客的心理，才能做到又快又准确地判断出谁是决定者。不过，这里可介绍几种比较常见但又比较容易让人判断错的情况。

当你去一家公司推销沙发时，正好遇到一群人，当你向他们介绍沙发时，他们中有些人听得津津有味，并不时地左右察看，或坐上去试试，同时向你询问沙发的一些情况并不时地做出一些评价等。而有些人则对沙发无动于衷，一点儿也不感兴趣，站在旁边，似乎你根本就不在旁边推销商品。这两种人都不是你要找的决定人。当你向他们提出这样的问题："你们公司想不想买这种沙发?""我觉得这沙发放在办公室里挺不错的，贵公司需不需要?"他们便会同时看着某一个人，这个人便是你应找的公司领导，他能决定是否买你的沙发。

当你在推销洗衣机时，一个家庭的几位成员过来了，首先是这位主妇说："哦，这洗衣机样式真不错，体积也不大。"然后长子便开始对这台洗衣机大发评论了，还不停地向你询问有关的情况。这时你千万不要认为这位长子便是决定者，从而向他不停地讲解，并详细地介绍和回答他所提出的问题，而要仔细观察站在旁边不说话，但眼睛却盯着洗衣机在思索的父亲，应上前与他搭话："您看这台洗衣机怎么样，我也觉得它的样式挺好。”然后再与他交谈，同时再向他介绍其他的一些性能、特点等。因为这位父亲才是真正的决定者，而你向他推销、介绍，比向其他人介绍有用得多，只有让他对你的商品感到满意，你的交易才可能成功，而其他人的意见对他只具有参考价值。

在有些场合下，你一时难以判断出谁是他们中的决定者，这时你可以稍微改变一下提问的方式。比如，你可以向这群人中的某一位询问一些很关键、很重要的问题，这时如果他不是领导者，肯定不能给你准确明了的答复，而只是一般性的应答，或是让你去找他们的领导。

如果你正碰上领导者，那么他就能对你提出的重要问题给予肯定回答。这种比较简单的试问法可以帮你尽快地、准确地找到你所想要找的决定者。因此，能使你更有效地进行推销活动，避免了时间上的浪费，提高了你的商品推销说明的效率。

推销人员可以在某一特定的推销范围里发展一些具有影响力的中心人物，并且在这些中心人物的协助下，把该范围里的个人或组织都变成推销人员的准顾客。

三、寻找一个团体中的拍板人

托德·邓肯说，如果想在你所有的人脉中得到更多的人脉资源，必须先以其中一人为中心向外扩张，也就是借由这最初的250个人脉关系，从中再寻找可以让你向其他人脉网搭上关系的桥梁，如此周而复始地推动，将每一个人的250条人脉紧紧地串联在一起，也就是直销界经常使用的推荐模式。通过不断联络经营，认识的人会源源不绝，真可谓“取之不尽，用之不竭”！所以良好的人际关系全看自己如何去推动。如果要验证自己的人脉网络是否丰富，可以随意走到任何的公共场合中，假如时常遇见认识的人和自己打招呼，即证明你的人际关系已经是相当成功了。

此外，通常在推销中寻找拍板人时，也要充分尊重其他人。仅仅尊重是不够的，要让所有的人变成准客户、客户才行。

首先，访问重要人物时，注意搞好与在拜访过程中遇到的人的关系。比如，即使你明明知道大人物的住处或办公室，但也可以在途中找个人问一问，创造办完事回过头来再次和那个人接触的良机。简单地说，让你所接触的人们都变成准客户。要知道，不管你推销什么，任何人都有可能对你的推销产生影响。平时注意“小人物”已经不那么容易，谈“大生意”时就更难了。光顾着拍板人、冷落其他人的事例太多了。

经常听到有些专业推销员说自己跟谁“很熟”，但一问到一些细节，他就答不上来。“熟人”和“准客户”是有明显区别的。要是你把别人当成准客户，你就要了解清楚对方的姓名、年龄、籍贯、性格、经济状况、爱好等，在此基础上，再进行认真的商谈，对方才会由熟人变成准客户，进而成为客户。

请记住：当你与一位经理、厂长、部长洽谈大生意时，与秘书、主任、司机等人先成交小生意的可能性非常大。除了成交真正的生意外，赢得这些“小人物”的心也要比争取“大人物”的好感容易得多。

养成多说一句话的习惯，请人给别人介绍自己和产品。

“这样的好东西，跟亲戚朋友多说一说。”

“你知道谁特别需要这种产品吗？请给我介绍一下。”

成交也好，暂时未能成交也好，你多说一句总是没什么坏处的，因为你已经撒下了一粒成功的种子！

杠杆法则——让对手成为杠杆

记住：对手多的地方机会就越多。应该感谢你的敌人和对手，真诚地给对手赞赏，永远不要去抱怨。

一、对手多的地方机会就越多

日本的游泳运动一直是处于世界领先的地位，原因之一就是他们神秘的训练方法。有一个人到过日本的游泳训练馆，他惊奇地发现，日本人在游泳馆里养着很多鳄鱼。后来他探询到了这个秘密。在训练的时候，队员跳下水去之后，教练就会把几只鳄鱼放到游泳池里。几天没有吃东西的鳄鱼见到活生生的人，立即兽性大发，拼命追赶运动员。尽管运动员知道鳄鱼的大嘴已经被紧紧地缠住了，但看到鳄鱼的凶相，还是条件反射地拼命往前游。

加拿大有一位长跑教练，以在很短的时间内培养出了几位长跑冠军而闻名。有很多人来这里探询他的训练秘密，谁也没有想到他成功的秘密是因为有一个神奇的陪练，这个陪练不是一个人，而是一只凶猛的狼。他说他是这样决定用狼做陪练的，因为他训练队员的是长跑项目，所以他一直要求队员从家里来时一定不要借助任何交通工具，必须自己一路跑来，作为每一天训练的第一课。他的一个队员每天都是最后一个来，而他的家还不是最远的。他甚至告诉这位队员让他改行去干别的，不要在这里浪费时间了。但是突然有一天，这个队员竟然比其他人早到了 20 分钟，他知道这位队员离家的时间，他算了一下，惊奇地发现，这个队员今天的速度几乎可以超过世界纪录。他见到这个队员的时候，这个队员正气喘吁吁地向他的队友们描述着今天的遭遇。原来，在他离开家不久，在经过那一段有 5 公里的野地时，他遇到了一只野狼，那只野狼在后面拼命地追他，他拼命地往前跑，那只野狼竟然被他给甩下了。教练明白了，这个队员今天超常的成绩是因为一只野狼，因为他有了一个可怕的敌人，这个敌人使他把自己所有的潜能都发挥出来了。从此，他聘请了一个驯兽师，找来几只狼，后来，他的队员的成绩都有了大幅度的提高。

有对手的地方就会充满竞争，而竞争是我们前进的动力。对手往往还能够给你带来经验，甚至还有客户。

托德·邓肯告诉我们：竞争并不可怕，把对手当作你的杠杆，对手越强大，你的前进动力就越大。

二、真诚赞赏你的对手

托德·邓肯的朋友亚斯独自开起了一家计算机销售店，旗开得胜，这可引起了邻近的计算机销售店店主瑞特的怨恨，瑞特无中生有地指责年轻的亚斯"不地道，卖水货"。亚斯的好友为此感到非常气愤，劝说亚斯向法院起诉，控告瑞特的诬陷。亚斯却不仅不恼，反而笑嘻嘻地说："和气才能生财，冤冤相报何时了？"当顾客们再次向亚斯述说起瑞特的攻击时，亚斯心平气和地对他们说："我和瑞特一定是在什么事情上产生了误会，也许是我不小心在什么地方得罪了他。瑞特是这个城里最好的店主，他为人热情、讲信誉。他一直为我所敬仰，是我学习的榜样。我们这个地方正在发展之中，有足够的余地供我们两家做生意。日久见人心，我相信瑞特绝对不是你们所说的那种人。"瑞特听到这些话，深深地为自己的言行感到羞愧，不久后的一天，他特地找到亚斯，向亚斯表达了自己的这种心情，还向亚斯介绍了自己经商的一些经验，提了一些有益的建议。这样，亚斯真诚的赞扬消除了两人之间的怨恨。

给客户真诚的赞赏，在顾客面前给你的竞争对手美言几句，这是托德·邓肯成为客户最信赖的推销员的原因。

一切都发生在俄亥俄州一家大型化学公司财务主管琼斯先生的办公室里。琼斯先生当时并不认识后来成为推销大师的法兰克·贝特格，很快贝特格发觉琼斯对贝特格服务的菲德利特公司一点也不了解。

以下是他们的对话：

"琼斯先生，您在哪家公司投了保？"

“纽约人寿保险公司、大都会保险公司。”

“您所选择的都是些最好的保险公司。”

“你也这么认为?”

“没有比您的选择更好的了。”

接着贝特格向琼斯讲述了那几家保险公司的情况和投保条件。

贝特格说的这些丝毫没有使琼斯觉得无聊，相反，他听得入神，因为有许多事是他原来不知道的。贝特格看得出他因认为自己的投资判断正确而感到自豪。

之后，贝特格接着说：“琼斯先生，在费城还有几家大的保险公司，例如菲德利特、缪托尔等，它们都是全世界有名的大公司。”

贝特格对竞争对手的了解和夸赞似乎给琼斯留下了深刻的印象。当贝特格再把菲德利特公司的投保条件与那几家他所选择的大公司一起比较时，由于经贝特格介绍他已熟悉了那几家公司的情况，他就接受了贝特格，因为菲德利特的条件更适合他。

在接下来的几个月内，琼斯和其他 4 名高级职员从菲德利特公司购买了大笔保险。当琼斯的公司总裁向贝特格咨询菲德利特公司的情况时，琼斯先生连忙插嘴，一字不差地重复了贝特格对他说过的话：“那是费城 3 家最好的保险公司之一。”

贝特格能成为推销大师绝非偶然，他身上的闪光点，都需要我们好好学习。真诚赞赏一下竞争对手，对你能有什么损失呢?

三、正确对待竞争对手

在推销商品时完全不遇到竞争对手的情况是很少的。面对这种情况，托德 · 邓肯告诉我们，必须做好准备去对付竞争对手，如果没有这种思想准备，客户会以为你敌不过竞争对手。

当然，大多数客户都知道一些竞争对手提供的商品，但推销员会吃惊地发现，并不知道同一领域里有哪些主要竞争者的买主也时有所遇。因此，聪明的推销员一般都不主动提及有无竞争对手的事，他们害怕那样做将会向客户提供出他们不知道的信息。

下面以销售汽车为例说明问题：

某企业的总经理正打算购买一辆汽车送给儿子作为高中毕业的礼物，萨布牌轿车的广告曾给他留下印象，于是他到一家专门销售这种汽车的商店去看货。而这里的推销员在整个介绍过程中却总是在说他的车如何如何比“菲亚特”和“大众”强。

作为总经理的他似乎发现，在这位推销员的心目中，后两种汽车是最厉害的竞争对手，尽管总经理过去没有听说过那两种汽车，他还是决定最好先亲自去看一看再说。最后，他买了一辆“菲亚特”。

看来，真是话多惹祸。

不贬低诽谤同行业的产品是推销员的一条铁的纪律。请记住：把别人的产品说得一无是处，绝不会给你自己的产品增加一点好处。

如何对待竞争对手呢？除了上文说的给对手真诚的赞赏外，还要尽量掌握对手的情况。

为什么必须经常注意竞争对手的动向呢？托德·邓肯指出了另一个原因，他说：

“我不相信单纯依靠推销术被动竞争能够做好生意，但我相信禁止我的推销员讨论竞争对手的情况是极大的错误。我过去太喜欢‘埋头苦干’，以至于对市场动向掌握甚少。现在我已要求手下的推销员只要在他们负责的区域发现一种竞争产品就立即给我送来。

“我的这种愿意研究他人产品的态度对手下人是一剂兴奋剂。它至少表明我不愿意在打瞌睡的时候被别人超过去；如果本行业已经纷纷扬扬地议论起新出现的竞争产品，而我仍然在睡大觉，推销员们势必会灰心丧气。

“我坚决主张应当全面掌握竞争对手的情况。外出执行任务的推销员不断会听到关于他人产品的优点和自己产品的缺点的议论，因此必须经常把他们召回大本营，让他们从头至尾重新制订自己货品的推销计划，这样他们才不至于在推销工作中落入被动竞争的困境。”

在实际行动中，要承认对手，但是不要轻易进攻。

毫无疑问，避免与竞争对手发生猛烈“冲撞”是明智的，但是，要想绝对回避他们看来也不可能。推销员如果主动攻击竞争对手，他将会给人留下这样一种印象：他一定是发现竞争对手非常厉害，觉得难以对付。人们还会推断：他对另一个公司的敌对情绪之所以这么大，那一定是因为他在该公司手里吃了大亏。客户下一个结论就会是：如果这个厂家的生意在竞争对手面前损失惨重，他的竞争对手的货就属上乘，我应当先去那里瞧瞧。

托德·邓肯讲过这样一件事，说明推销员攻击竞争对手会造成什么样的灾难性后果：

“我在市场上招标，要购入一大批包装箱。收到两项投标，一个来自曾与我做过不少生意的公司，公司的推销员找上门来，问我还有哪家公司投标。我告诉他了，但没有暴露价格秘密。他马上说道：‘噢，是啊，是啊，他们的推销员吉姆确实是个好人，但他能按照你的要求发货吗？他们工厂小，我对他的发货能力说不清楚。他能满足你的要求吗？你要知道，他对你们要装运的产品也缺乏起码的了解。’等等。

“应该承认，这种攻击还算是相当温和的，但它毕竟还是攻击。结果怎样？我听了这些话产生出一种强烈的好奇心，想去吉姆的工厂里面看看，并和吉姆聊聊，于是前去考察。他获得了订单，合同履行得也很出色。这个简单的例子说明，一个推销员也可以为竞争对手卖东西，因为他对别人进行了攻击，我才在好奇心的驱使下产生了亲自前去考察的念头，最后，造成了令攻击者大失所望的结局。”

最好不要和你的客户进行对比试验。

有时，竞争变得异常激烈，必须采用直接对比试验来确定竞争产品的优劣，比如在销售农具、油漆和计算机时就经常这样做。如果你的产品在运行起来之后，客户马上可以看到它的优点，采用这种对比试验进行推销就再有效不过了。但是，如果客户本来就讨厌开快车，你还向他证明你的车比另一种车速度快，那便是不得要领了。

然而，对比试验也有可能因人为操纵而变得不公平。比如：

有两家公司生产的双向无线电通信设备在进行竞争性对比试验，一家是摩托罗拉公司，另一家的名字最好还是不公开。前者的方法：允许客户从手头堆放的设备中任选一部，然后由它们的人控制操纵台随意进行试验。后者是一家巨型公司，是前者的主要对手。它的方法却是：使用经过特别调试的设备参加对比试验，以保证达到最佳效果，而且由该公司的人控制操纵台，不让客户动手。

最后，摩托罗拉公司吃了大亏，下令公司的人永远不准与那家大公司的代表进行对比试验。看来，对比试验也有一定的危险，需要警惕。

求爱法则——用真诚打动顾客

推销其实就是推销感情，让顾客从心里接受你。用真诚打动顾客的心，用心拓展客户关系，你的推销就一定能被顾客接受。托德·邓肯说：“一段客户关系要想表面看上去正常，首先里面必须是正确的。”

一、对待客户要用心

关于这一点，我们身边的故事相信对你更有启发性。

亿万富翁李晓华说：“在我走向成功的道路上，赵章光先生给了我很大的帮助。”

当时，“章光 101”生发精在日本行情看涨，在国内更是供不应求，一般人根本拿不到货。而李晓华与赵章光又素昧平生。

李晓华决定主动进攻。

他第一天来到北京毛发再生精厂，吃了闭门羹。门卫告诉他：“一年以后再来吧！”

第二天，他又来到该厂。这一次，虽然他想办法进了大门，找到了供销科，但得到的答复仍然是：“一年后再来吧！”也难怪，“101 毛发再生精”卖得正红火，李晓华根本排不上号。

经过一番思考，他改变了策略。

第三天，他坐着一辆由司机驾驶的奔驰来到 101 毛发再生精厂，并自报家门：“海外华侨李晓华先生前来拜访！”

在与对方的交谈中，他先不提买毛发再生精的事情，而是海阔天空地聊天，从中捕捉对自己有用的信息。

当他了解到 101 毛发再生精厂职工上下班汽车不够用时，立即表示愿意赠送一辆大客车和一辆小汽车。

果然，一个月后，两辆汽车开到了北京 101 毛发再生精厂，李晓华的慷慨和真诚相助，使赵章光深受感动。

从此，李晓华与赵章光成了好朋友。李晓华如愿以偿，取得了 101 毛发再生精在日本的经销权。他常常包下整架飞机，把 101 毛发再生精运到日本。短短几个月，李晓华进入了千万富翁的行列。

用心拓展客户关系，用真诚打动顾客，不要错失任何机会，客户永远至上。

二、用真诚去打动客户

詹姆斯作为一个新手，在进入汽车销售行的第一年就登上公司的推销亚军宝座，令许多人都羡慕不已。同事纷纷向他祝贺，讨教经验似地问：“你是如何取得这么好的销售业绩的？你真棒！”但詹姆斯一时也说不出个所以然来，这也成为一个问题，困扰了他好几天。

直到有一天，詹姆斯坐在车上，忽然想起来了：真傻，这一点问问客户不就清楚了吗！他扬了扬手中的签约单，笑着对自己说："好，现在就开始！"

那天的客户乔治先生是一家地产公司的老板，是詹姆斯以前的一个客户介绍过来的，算上今天这次，这是他们的第三次见面。詹姆斯觉得乔治先生很直爽，向他问这个问题应该不会太失礼。

在乔治先生家中，双方签完约，合上合同文本，詹姆斯又很有耐心地向乔治先生重复了一遍公司的售后服务和乔治先生作为车主所享有的权益。然后，才很有礼貌地问："乔治先生，我有一个私人问题想问一下您，可以吗？"

乔治先生看了一眼詹姆斯，从沙发上坐直身子，说道："当然可以！"

"是这样的，我想问您，您为什么会和我签约？当然，我的意思是说，其他公司好的推销员很多，您为什么会选择我？"第一次问这种问题，詹姆斯觉得有点不好意思，略带歉意地望着乔治先生。

乔治先生爽朗地笑了起来，很高兴地说："年轻人，我果然没有看错人。"乔治先生接着说："你是我的朋友介绍的，他也在你这儿买过车，你该记得的。当时他就告诉我：'这小伙子很诚实，我信得过他。'我听了有点不以为然，你别介意，但我确实是如此想的。推销员我见多了，还不都是油嘴滑舌，把自己的产品吹得天花乱坠吗？但第一次见面，你言简意赅地向我介绍了几款车，便静静地听我讲述要求。我们交谈时，你双目注视着我，给我留下深刻的印象。的确，像我朋友所说的，你与别的推销员不同，你很真诚。

"第二次见面时，你全力向我推荐了这款车。其实这款车我早就注意过了，我也听了不下 6 个推销员向我介绍这款车，但你又一次打动了我。应该说，这款车的性能、价位、车型设计等都比较符合我的要求，正在我犹豫之际，你又主动跟我说：‘这款车许多客人初看都很喜欢，但买的人不算太多，因为这款车最主要的缺点就是发动机声响太大，许多人受不了它的噪音，如果对这一点你不是很在意的话，其他如价格、性能等符合你的愿望，买下来还是很合算的。’

“你还记得我试过车后说的话吗？我说：‘你特意提出噪音的问题，我原以为大得惊人呢，其实这点噪音对我来讲不成问题，我还可以接受，因为我以前的那款车声音比这还大，我看这不错。其他的推销员都是光讲好处，像这种缺点都设法隐瞒起来，你把缺点明白地讲出来，我反而放心了。’你看，我们就这么成交了！”

从乔治先生家里出来，詹姆斯既高兴又激动，脸涨得都有点红了，今天这种方式真不错，很有实效！詹姆斯觉得，这对自己不仅是一种肯定和鼓励，而且还增进了他与乔治先生的交情，刚才出门之前，乔治先生还很殷勤地邀请他在家共进晚餐呢，这个朋友是交定了！

把产品的缺点告诉你的客户，对待客户像对待朋友一样，切不可为了一时利益隐瞒不利于销售的地方，这样，你永远都成不了优秀的推销员。

三、带着感情推销

推销员与客户交往好像是在与恋人“谈恋爱”，能够把恋爱技巧运用到推销上的推销员一定是成功的。如果你看上一个女孩，第一次见面就跟她大谈特谈数学、物理、逻辑，那你注定要失败。同样，推销员如果与客户一见面就大谈商品、生意，或一些深邃难懂的理论，那他一定不会取得客户的好感。

善于辩论，说起理论来一套一套的，可在商场上却四处碰壁的推销员，也不乏其例。

推销员汉特曾是大学辩论会的优胜者，便自以为口才非凡，平常说话总是咄咄逼人，可工作几个月后，销售业绩总是排在后面。请看一段他与客户的对话。

“我们现在不需要。”客户说。

“那么是什么理由呢？”

“理由？总之我丈夫不在，不行。”

“那你的意思是，你丈夫在的话，就行了吗？”汉特出言不逊、咄咄逼人，终于把这位客户惹恼了：“跟你说话怎么那么麻烦？”

汉特碰了一鼻子灰出来，还对别人说：“我说的每句话都没错呀，怎么生气了？”他以为自己的语句合乎逻辑推理，却不想他的话一点都不合人情。

推销员与客户结缘，绝用不上什么高深理论，最有用的可能是那些最微不足道、最无聊甚至十分可笑的废话。

因为客户对推销员的警戒是出于感情上的，要化解它，理所当然“解铃还须系铃人”。除了用感情去感化，理论是无济于事的。

“空中客车”公司是法国、德国和英国等国合营的飞机制造公司，该公司生产的客机质量稳定、性能优良。但是，因为它是20世纪70年代新办的企业，外销业务一时难以打开。为改变这种被动局面，公司决定招聘能人，将产品打入国际市场。贝尔那·拉第埃正是在这一背景下受聘于该公司的。

当时正值石油危机，世界经济衰退，各大航空公司都不景气，飞机的外销环境相当艰难。尽管如此，拉第埃还是挺身而出，决定大显身手。

拉第埃走马上任遇到的第一个棘手问题是和印度航空公司的一笔交易。由于这笔生意未被印度政府批准，极可能会落空。在这种情况下，拉第埃匆忙赶到新德里，并且会见谈判对手——印航主席拉尔少将。在和拉尔会面时，拉第埃对他说：“因为您，使我有机会在我生日这一天又回到了我的出生地。”接着，他介绍了自己的身世，说他1924年3月4日生于加尔各答，拉尔听后深受感动并邀请他共进午餐。拉第埃见此情形，趁热打铁，从公文包中取出一张相片呈给拉尔，并问：

“少将先生，您看这照片上的人是谁？”

“这不是圣雄甘地吗？”拉尔回答。

“请您再看看旁边的小孩是谁？”

“……”

“就是我本人呀！那时我才3岁半，在随父母离开印度去欧洲的途中，有幸和圣雄甘地同乘一条船。”

拉第埃说完这些话，拉尔已经开始动摇了，当然，这笔生意也就成交了。

拉第埃的这一招，正应了中国古代兵法“攻心为上”。他的一句话既巧妙地赞美了对方，又引起了对方听下去的兴趣。接着，他用自己的生平介绍解除了对方“反推销”的警惕和抵抗，拉近了双方的距离。最后，又用甘地的照片彻底打动了对方，由此而产生感情共鸣，而这种感情共鸣产生的时候，也正是他适时采用这一攻心战术，才顺利成交。

总之，做人要真诚，做事要真诚，做推销更要真诚。

钩子法则——吸引顾客守候到底

托德·邓肯告诉我们：对待不同的顾客、面对不同的情况要采用不同的策略，只有想办法迷住你的顾客，才能吸引顾客守候到底。

一、重视机会，把劣势变优势

实业界巨子华诺密克参加了在芝加哥举行的美国商品展览会，很不幸的是，他被分配到一个极偏僻的角落，任何人都能看出，这个地方是很少会有游客来的。因此，替他设计摊位的装饰工程师萨孟逊劝他索性放弃这个摊位，等明年再参加。

你猜华诺密克怎样回答？他说："萨孟逊先生，你认为机会是它来找你，还是由你自己去创造呢？"

萨孟逊回答："当然是由自己去创造的，任何机会都不会从天而降！"

华诺密克愉快地说："现在，摆在我们面前的难题就是促使我们创造机会的动力。萨孟逊先生，多谢你这样关心我，但我希望你把关心我的热情用到设计工作上去，为我设计一个漂亮而又富有东方色彩的摊位！"

萨孟逊果然不负所托，为他设计了一个古阿拉伯宫殿式的摊位，摊位前面的大路变成了一个人工形成的大沙漠，人们走到这个摊位时仿佛置身阿拉伯一样。

华诺密克对这个设计很满意，他吩咐总务主任令最近雇用的那245个男女职员全部穿上阿拉伯国家的服饰，特别是女职员，都要用黑纱将面孔下截遮住，只露出两只眼睛，并且特地派人去阿拉伯买了6只双峰骆驼来做运输货物之用。

他还派人做了一大批气球，准备在展览会内使用。但这一切都是秘密进行的，在展览会开幕之前不许任何人宣扬出去！

华诺密克这个阿拉伯式的摊位设计，已引起参加展览会的商人们的兴趣，不少报纸和电台的记者都争先报道这个新奇的摊位。这些报道更引起很多市民的注意。等到开幕那天，人们早已怀着好奇心准备参观华诺密克那个阿拉伯式的摊位了。

突然，展览地内飞起了无数色彩缤纷的气球，这些气球都是经过特殊设计的，在升空不久，便自动爆破，变成一片片胶片撒下来，胶片上面印着一行很漂亮的小字："亲爱的女士和先生，当你们看到这小小的胶片时，你们的好运气就开始了，我们衷心祝贺你。请你们拿着胶片到华诺密克的阿拉伯式摊位去，换取一件阿拉伯式的纪念品，谢谢你!"

这个消息马上传开了，人们纷纷挤到华诺密克的摊位去，反而忘却了那些开设在大路边的摊位。

第二天，芝加哥城里又升起了不少华诺密克的气球，引起很多市民的注意。

45天后，展览会结束了，华诺密克先生做成了2000多宗生意，其中有500多宗是超过100万美元的大交易，而他的摊位也是全展览会中游客最多的摊位。

面对劣势，只要用心思考，巧做安排，让你的客户为你守候到底，托德·邓肯认为这才是推销的境界。

意外的情况并不是坏事，有时也有利于你的推销，开动脑筋，变劣势为优势，吸引你的顾客守候到底。

二、迷住你的客户

香港巨商曾宪梓在发迹之前，曾有一次背着领带到一家外国商人的服装店推销。服装店老板打量了一下他的寒酸相，就毫不客气地让曾宪梓马上离开店铺。

曾宪梓快快不乐地回家后，认真反思了一夜。

第二天一早，他穿着笔挺的西服又来到了那家服装店，恭恭敬敬地对老板说："昨天冒犯了您，很对不起，今天能不能赏光吃早茶?"

服装店老板看了看这位衣着讲究、说话礼貌的年轻人，顿生好感。两人边喝茶边聊天，越谈越投机。

喝完茶后，老板问曾宪梓："领带呢?"

曾宪梓说："今天专程来道歉的，不谈生意。"

那位老板终于被他的真诚所感动，敬佩之情油然而生，他诚恳地说：“明天你把领带拿来，我给你销。”

用你的人格魅力去吸引顾客，也是很好的一个办法。

阿特·海瑞斯是斯奈克塔德零售部经理，斯奈克塔德是纽约通用电器公司的电视台之一。他认为当推销员吸引住潜在顾客时，才能创造适当的推销环境。

一位先生是个很难对付的脾气暴躁的人，他总是很敷衍地听别人讲话，但在他的办公室中却无线索可寻，海瑞斯又把停车场扫了一遍，也毫无头绪。他在这位先生所在的城市订了份报纸，当时这位先生有一批石油生意要成交。

“报纸的第一期刊登了这位先生的一封信。”海瑞斯说，“他对拆掉一座有 80 年历史的旅馆不满，那家旅馆是应被保护的历史建筑。”

海瑞斯马上给这位先生修书一封，对其反抗与不满予以支持，还随信寄去了一本该地区的历史旅游景点手册。

“于是我收到了所有潜在顾客来信中最友好的一封回信。”海瑞斯说道，“只有 3 个人对其刊登的信予以了评论。他没想到事情过了这么久仍会有人看到它。”

海瑞斯成功了，这位先生连续 6 年购买该公司的电视时间。

推销员要走近顾客，但不能莽撞，不要主动说：“你有个 10 岁大的孩子，我也有，他入团了吗？”海瑞斯总是跟着顾客的思路走，顾客不提及家庭，他不会主动提及。“另一位先生与我签订了一份电视时间的购买订单。”海瑞斯说，“当我们熟悉了之后，就一同去了圣地亚哥。在商务或社会活动期间，这位先生从未提及家里的事。当他提起不久之后的日本之行时，我也未问他是否与夫人同行。”

后来海瑞斯才知道这位先生刚刚失去了妻子。若他当年问了这样的问题该有多尴尬：“你妻子怎么样？”

阿特·海瑞斯懂得迷住顾客的价值，推销也意味着在双方关系进程中要与对方保持接近。

三、听到“考虑一下”时你要加油

在推销员进行建议和努力说服或证明之后，客户有时会说一句：“知道了，我考虑考虑看看。”或者是：“我考虑好了再跟你联系，请你等我的消息吧!”

顾客说要考虑一下，是什么意思？是不是表示他真的有意购买，还是现在还没考虑成熟呢？如果你是这么认为，并且真的指望他考虑好了再来购买，那么你可能是一位不合格的推销员。其实，对方说“我考虑一下”，乃是一种拒绝的表示，意思几乎相当于“我并不想购买”。

要知道，推销就是从被拒绝开始的。作为一名推销员，当然不能在这种拒绝面前退缩下来，正确的做法应该是迎着这种拒绝顽强地走下去，抓住“让我考虑一下”这句话加以利用，充分发挥自己的韧劲，努力达到商谈的成功。

所以，如果对方说：“让我考虑一下。”推销员应该以积极的态度尽力争取，托德·邓肯告诉我们可以用如下几种回答来应对他的“让我考虑一下”：

(1) 我很高兴能听到您说要考虑一下，要是您对我们的商品根本没有兴趣，您怎么肯去花时间考虑呢？您既然说要考虑一下，当然是因为对我所介绍的商品感兴趣，也就是说，您是因为有意购买才会去考虑的。不过，您所要考虑的究竟是什么呢？是不是只不过想弄清楚您想要购买的是什么？这样的话，请尽管好好看清楚我们的产品；或者您是不是对自己的判断还有所怀疑呢？那么让我来帮您分析一下，以便确认。不过我想，结论应该不会改变的，果然这样的话，您应该可以确认自己的判断是正确的吧，我想您是可以放心的。

(2) 可能是由于我说得不够清楚，以至于您现在尚不能决定购买而还需要考虑，那么请让我把这一点说得更详细一些以帮助您考虑，我想这一点对于了解我们商品的影响是很大的。

(3) 您是说想找个人商量，对吧？我明白您的意思，您是想要购买的。但另一方面，您又在乎别人的看法，不愿意被别人认为是失败的、错误的。您要找别人商量，要是您不幸问到一个消极的人，可能会得到不要买的建议；要是换一个积极的人来商量，他很可能会让您根据自己的考虑作出判断。这两种人，找哪一位商量会有较好的结果呢？您现在面临的问题只不过是决定是否购买而已，而这种事情，必须自己做出决定才行，此外，没有人可以替您做出决定的。其实，若是您并不想购买的话，您就根本不会去花时间考虑这些问题了。

(4) 先生，与其以后再考虑，不如请您现在就考虑清楚做出决定。既然您那么忙，我想您以后也不会有时间考虑这个问题的。

这样，紧紧咬住对方的“让我考虑一下”的口实不放，不去理会他的拒绝的意思，只管借题发挥、努力争取，尽最大的可能去反败为胜，这才是推销之道。

四、为推销成功创造条件

有一个推销员，他以能够销售出任何商品而出名。他已经卖给过牙医一支牙刷，卖给过面包师一个面包，卖给过瞎子一台电视机。但他的朋友对他说：“只有卖给驼鹿一个防毒面具，你才算是一个优秀的推销员。”

于是，这位推销员不远千里来到北方，那里是一片只有驼鹿居住的森林。“您好！”他对遇到的第一只驼鹿说，“您一定需要一个防毒面具。”

“这里的空气这样清新，我要它干什么！”驼鹿说。

“现在每个人都有一个防毒面具。”

“真遗憾，可我并不需要。”

“您稍候，”推销员说，“您已经需要一个了。”接着他便开始在驼鹿居住的林地中央建造一座工厂。“你真是发疯了！”他有朋友说。“不，我只是想卖给驼鹿一个防毒面具。”

当工厂建成后，许多有毒的废气从大烟囱中滚滚而出，过了不久，驼鹿就来到推销员处对他说：“现在我需要一个防毒面具了。”

“这正是我想的。”推销员说着便卖给了驼鹿一个。“真是个好东西啊！”推销员兴奋地说。

驼鹿说：“别的驼鹿现在也需要防毒面具，你还有吗？”

“你真走运，我还有成千上万个。”“可是你的工厂里生产什么呢？”驼鹿好奇地问。

“防毒面具。”推销员兴奋而又简洁地回答。

托德·邓肯说，产品不是靠市场检验出来的，而是自己推出来的。需求有时候是制造出来的，解决矛盾的高手往往也先制造出矛盾来。

需求是人因生理、心理处于某种缺乏状态而形成的一种心理倾向。优秀的推销员明白：需求是可以创造出来的，推销员想把商品推销出去，所需要做的第一件事就是唤起客户对这种商品的需求。

需求是可以被创造出来的，推销员只有先唤起客户对这种商品的需求，才有把产品推销出去的可能。

有一年情人节的前几天，一位推销员去一客户家推销化妆品，这位推销员当时并没有意识到再过两天就是情人节。男主人出来接待他，推销员劝男主人给夫人买套化妆品，他似乎对此挺感兴趣，但就是不说买，也不说不买。

推销员鼓动了好几次，那人才说：“我太太不在家。”

这可是一个不太妙的信号，再说下去可能就要黄了。忽然推销员无意中看见不远处街道拐角的鲜花店，门口有一招牌上写着：“送给情人的礼物——红玫瑰。”这位推销员灵机一动，说道：“先生，情人节马上就要到了，不知您是否已经给您太太买了礼物。我想，如果您送一套化妆品给您太太，她一定会非常高兴。”这位先生眼睛一亮。推销员抓住时机又说：“每位先生都希望自己的太太是最漂亮的，我想您也不例外。”

于是，一套很贵的化妆品就推销出去了。后来这位推销员又如法炮制，成功推销出数套化妆品。

催化法则——建立成熟的客户关系

建立成熟的客户关系，你就会一劳永逸。成交以后要重视客户的抱怨，让客户说出心里话，让客户选择你成为一种习惯。这是托德·邓肯教给我们的又一个法则。

一、重视客户的抱怨

“如果每一件客户抱怨的事件都一一去面对、处理，那就无法工作了，可我们还必须去做。”

“客户都是那种会随便说话的人，可即使是这样，我们仍要好好面对。”

以上的话都在告诉我们：千万不可轻视客户的抱怨。世界上有那种不发一顿牢骚绝不善罢甘休的人，正是这些人，才使我们的企业更充满活力、更适应社会。

有一些视财如命的客户会生气地问：“这东西真的没问题吗？”还有一些恶劣的客户会把抱怨当作可赚钱的方法。

相反地，有一些比较忠厚的客户即使发现权益受损，也一定要下重大的决心才会去申诉。当然，也有一些客户的抱怨是出自善意，真正为商家着想。如此一来，抱怨也会因为动机及目的的不同而有所差别。

需要说明的是，对抱怨的客户而言，他们都希望自己的申诉及想法能受到重视，哪怕只是小小的一个抱怨，或者是非善意的抱怨，还有，在处理抱怨的时候千万不要感情用事。如在电话中大声辩解“没有这回事”，那就是太过感情用事了，应该说“不会有这样的事情”才对。

即使在客户越来越激动，以至于大唱反调时，我们还是应该用冷静、和缓的态度来处理，因为有些人就是喜欢添油加醋，乘机攻击别人的弱点。

面对客户大声地叱责抱怨，加以他们过激的言辞，而作为推销员，只能一味地忍耐道歉，这总会使我们感到很悲惨。何况更有些是起因于客户自身的问题。

因此，在处理客户的抱怨时，我们必须以一种“是自己人生过程中的一种磨炼”的心态去应付这些事，否则根本就是难以应付的。

毫无疑问，人生并非只有快乐的一面，也有不少令人气愤或悲伤的事情。在忍受这些事的同时，也促进了人的成长，并且能培养出体谅他人的心情。如果人生事事皆顺心如意，那么人便不可能有所长进，也必定会失去人生的意义。

因此，我们要把处理抱怨之事想成是人生的一种磨炼，不断地去忍受、咀嚼这些痛苦，培养自己的忍耐性及各种优良的品质。但我们也知道忍受痛苦并不是件容易的事，所以有不愉快的事发生以后，我们不妨对亲近的同事说出自己的苦恼，以减轻自己的心理压力，同时也期望领导能充分考虑下属的处境，多奖励那些位于第一线上处理抱怨的部下，让他们振作起精神。

二、让客户说出心里话

托德·邓肯告诉我们：推销人员要与客户保持联系，打电话或是顺道拜访都可以，而且这些行动得在你的产品一送到他手上，或你一开始提供服务时就开始进行。你得探询他对产品是否满意，如果不是，你得设法让他心满意足。

要注意的是，千万别问他：“一切都还顺利吗？”

你的客户一定会回答：“喔！还好啦！”

然而，事实未必如此，他也许对你的商品不满意，但他不见得会把他的失望和不满告诉你，可是他一定会跟朋友吐苦水。

如此一来，名声毁了，介绍人跑了，生意也别想再继续了。

难道你不想给自己一次机会，让客户满意吗？

你曾在外面享用丰富美味的大餐吗？你认为，花 75 美元在一个豪华餐厅里吃一餐很划算，因为听说餐厅提供高级波尔多葡萄酒、自制意大利通心粉、新鲜蔬菜沙拉配上适量的蒜泥调味汁，提拉米苏奶糕松软可口，让人赞不绝口。

可是，如果……如果每道菜都让你不满意，例如，酒已变味、通心粉煮得烂糊糊的、生菜沙拉里放了太多蒜泥，让你吃得一嘴蒜臭，不敢跟约会的朋友开口，提拉米苏奶糕又硬又干，那就更不用说了。

餐后，老板亲自走上来，拍拍你的肩膀问：“怎么样，吃得还满意吗？”

你会回答：“还好！”

不必疑惑为什么每个人都回答“还好”，反正人就是如此。

如果换个说词呢？假设老板问：“有什么需要改进的地方吗？”

这种坦然的问话会让你开口，你会说：“葡萄酒发酸、通心粉黏糊糊的、提拉米苏奶糕又硬又干，最糟的就是生菜沙拉，你们的厨师到底懂不懂‘适量的蒜味’是什么意思？”

这些话听起来很刺耳，但是老板已表明态度，他很在意自己的餐厅，期待你将这一餐的真正感受表达出来。而你照实说了，这等于是给他改善不足的机会。

他可能会如此回答：

“服务不佳，实在是非常对不起，您能说出真切感受，真是非常感激。请给我机会表达歉意。我们的大厨感冒，餐厅雇用的二厨看来无法达到我们要求的标准，我们会换一个新的。一个星期之内，当我们的大厨回来，盼望您再度光临，至于今天这一餐，您不用付任何费用。”

你必须用适当的问法，将客户的真心话引出来。如果客户发现你的产品或服务有问题，你要设法弥补。只要你有心改善，客户一定会留下好印象。如此一来，你的生意就能延续不断了。

记住：不要让客户说“还好”，要让他将心里的话说出来。

三、不同客户不同对待

福特是英国顶尖寿险推销人员、美国百万圆桌会议会员。他曾被美国百万圆桌协会推崇为“全球4位最佳寿险业务员之一”。

福特在自我职业定位上有一个有趣的故事：

他假设自己在逛商场，在一楼，一个小公司的负责人问福特：“您从事什么行业？”福特说：“我帮企业主从债权人的手上保护他们的资产，并告诉他们如何增加财富。”

在二楼，有一位要退休的有钱女士问：“您从事什么行业？”福特回答说：“我是一个守护财富的专家。我擅长避税和房地产规划。”

在三楼，有一位带着小孩的女士问：“您从事什么行业？”福特说：“我帮助家庭减少债务，帮他们规划未来。比如小孩的教育费用和他们的未来规划。”

福特总会针对不同的人做出不同的职业定位，以吸引顾客的注意力和信赖感。

不同顾客要不同对待，但是有一种方法是通用的——给顾客送上一张贺卡，同时，你也送上了一份温情。

逢年过节，为你的顾客寄上一张贺卡，一定会使他感到既惊又喜，这种行为其实也是在为顾客服务——一种精神上的服务。

他是因为购买了你推销的产品，才得到了你节日的祝福，所以，这份惊喜会使他将感情融于所购买的产品上，这样，当以后他还需要购买此种产品时，一定会毫不犹豫地继续选择你的产品。从而，也为顾客减少了诸多选择上的不必要的烦恼。

日本丰田公司的推销员在这方面做得就非常出色，也因此为自己抓住了很多老顾客，并继续以这种方式为他们提供精神服务。

顾客与推销员之间虽然是最普通的人际关系，而人与人交往的纽带永远是感情，虽然卡片很小，但“礼轻情意重”，顾客感受到的是无限的温情。

四、争取做第一

1910 年，德国习性学家海因罗特在实验过程中发现了一个十分有趣的现象：刚刚破壳而出的小鹅，会本能地跟在它第一眼看到的母亲后边。但是，如果它第一眼看到的不是自己的母亲，而是其他活动物体，它也会自动地跟随其后。尤为重要的是，一旦这只小鹅形成对某个物体的追随反应，它就不可能再对其他物体形成追随反应。用专业术语来说，这种追随反应的形成是不可逆的，而用通俗的语言来说，它只承认第一，无视第二。

在生活中，人对第一情有独钟。你会记住第一任老师、第一天上班、初恋等、但对第二则就没什么深刻的印象，在公司中，第二把手总不被人注意，除非他有可能成为第一把手；在市场上，第一品牌的市场占有率往往是第二的倍数……

在这里需要重点指出的是：单一顾客往往相信他所满意的产品，并会在很长时间内保持对该产品的忠诚，在这段时间内，他不会对其他同类产品产生更大的兴趣和信任。

许多企业也证实：顾客忠诚度与企业的盈利具有很大的相关性。美国学者雷奇汉和赛萨的研究结果表明，顾客忠诚度每提高5%，企业的利润就能增加25%～85%。美国维特科化学品公司总裁泰勒认为，使消费者感到满意只是企业经营目标的第一步。“我们的兴趣不仅仅在于让顾客获得满意感，更要挖掘那些顾客认为能增进我们之间关系的有价值的东西。”

许多企业运用调查顾客满意程度来了解顾客对本企业产品和服务的评价，就是想通过提高顾客的满意程度来培养顾客忠诚度。然而许多管理者发现，企业进行大量投资，提高了顾客的满意程度，顾客却不断流失。对于企业和推销员来说，让顾客满意是远远不够的，如何培养顾客对组织、产品或者个人的忠诚才是推销的终极目标。

对于大多数商业机构而言，拥有一个忠诚的顾客群体是有好处的。从心理上讲，顾客忠实于某一特定的产品或商业机构也是有好处的。按照马斯洛的观点，从属感是人类比较高级的一种需要。作为一个物种，人们与其他一些同自己拥有同样想法和价值观的人在一起会感到亲切和有从属感。那些能够向其顾客提供这种从属感的商业机构正是触及到了人们这种非常重要的心理特征。

从企业角度来说，回头客是企业宝贵的财富。新顾客或新用户为企业发展和兴旺带来了新的活力。企业要通过成功的营销手段不断地吸引更多的新顾客，同时也要不懈地努力去巩固和留住老客户，这一点对企业经营是非常重要的。

留住回头客的关键还在于与顾客保持联系。

与顾客和用户保持定期的联系，表示公司对顾客的关注和尊重，这样，可以增进双方感情交流，加深双方相互理解，也能够经常听到用户意见和反馈信息，及时进行质量改进，从而进一步加深企业与顾客之间的关系。

托德·邓肯告诉我们，方便顾客联系也有利于留住回头客。沟通便利使你的重要顾客能够不断地回头。

加演法则——不断提升服务质量

托德·邓肯认为：优良的服务就是优良的推销，销售中最好的推销就是服务，不能只开门而无服务，服务要有所为有所不为，做到贴心的服务让顾客心想事成。

一、服务是推销之本

彼尔是一家公司的业务经理，负责复印机推销与服务的部门。彼尔从学校毕业后就一直从事关于复印机的推销工作，转眼就是 7 年。在这 7 年中，他由修理复印机的助理员晋升到推销部的经理，这对一个年仅 29 岁的小伙子来说并不是一件容易的事。原本他只想找一个自己感兴趣的工作，没想到却一头钻进了推销中。

彼尔在学校读的是机械专业，他之所以进公司，只是抱着对机器维修的那份热情与喜爱。因为他从小就喜欢拆拆拼拼，不知道已经拆坏了多少东西。但是，这拆拆拼拼的过程使他渐渐对机器维修产生了兴趣。

抱着这个想法进入公司的他，于是非常认真地学习修理复印机的技术，所以，他的维修技术非常高，客户的复印机出问题都找他修理。当然，这其中还有一个原因，他待人和气，自然也就赢得了客户的好感，许多老客户都主动地为他介绍新客户，而他则因为不是推销员，报价时总是尽量为客户争取最佳价格，客户只要一对比都知道他所提供的价格最合理，于是他的业绩因此逐渐地拓展开来，并且使他获得了“年度推销总冠军”的头衔，不但在公司受到了上司和同事的肯定，同时更赢得了客户的认同。

如果你向他询问这段“无心插柳柳成荫”的过去，他总会微笑着告诉你：“其实最好的推销就是服务。”因为他一路走来，几乎没有主动去拜访过客户，大部分的业绩都是由客户相互介绍而来，所以业务拓展对他而言几乎是毫不费力的事。虽然面对不断而来的客户群使他显得十分忙碌而且疲惫，但心中却充满希望和成就感，因为他知道：每一个成交的客户如果可以持续得到良好的服务，将来都会为他带来新的客户。如此周而复始的结果使他的业绩不断提高。

彼尔的成功绝不是偶然的，他用良好的服务和信誉为自己带来很多客户，同时也给自己带来了成功。推销时除了要推销好的产品外，服务态度和专业能力也是最重要的。在现代竞争中，除了商品价格竞争以外就是服务的竞争了。在推销之前，具备完整而热诚的服务品质，是业务拓展时最重要的一环。

著名的推销员坎多尔弗也十分注重成交后的服务，在他看来，“优良的服务就是优良的推销”。他说：“要想与那些优秀的推销员竞争，就应多关心你的顾客，让他感到在你这儿有宾至如归的感觉。你应该建立一种信心，让他永远不能忘掉你的名字，你也不应该忘记顾客的名字。你应确信，他会再次光临，他也会介绍他的同事或朋友来。能使这一切发生的方法只有一个，就是你必须为顾客提供优质服务。”

有些目光短浅的人认为服务是一种代价高昂的时间浪费，这种观点是完全错误的。我们必须正视这样的事实：服务质量是区分一家公司与另一家公司、这位推销员与那位推销员、这件产品与那件产品的重要因素，在我们高度竞争的市场经济体制下，没有一种产品会远远超过竞争对手，但是，优质服务却可区分两家企业。一旦你为顾客提供了优质服务，你就会成为令人羡慕的少数推销员中的一员，你比你的竞争对手更具优势。

坎多尔弗总是坚持售后给顾客写上几句，他是怎样写的呢？我们择一例来看看：

亲爱的约翰：

恭贺您今天下午做出决策，加入人寿保险。这当然是建立良好的长远理财计划的重要一步。我希望我们的会见是我们长期友好关系的开端，再次对您的订货表示感谢，并祝您万事如意。

您的忠诚朋友乔·坎多尔弗

“如果不与你的顾客保持联系，你就不可能为其提供优质的售后服务。”坎多尔弗在其推销生涯中，自始至终都牢记着这一信条，可以说这是他成功的关键所在。

二、服务也要讲特色

托德·邓肯认为，价格竞争是有限的，它不能超过成本的底线，质量竞争也是有限的，它不能超越技术的发展。在消费者越来越精明与挑剔的今天，服务无疑成了推销员打动“上帝”的最后一块金字招牌。但推销员在推销过程中应该注意的是，服务并不是为顾客包办一切，而是择其重点、取其精要，有所为，有所不为。

服务内容不是任何情况下都整齐划一的，服务不存在一个标准的模式。不同的顾客、不同的消费目的、不同的消费时间与不同的消费地点，顾客对服务的要求是有差别的。例如，同一个游泳池就分早、中、晚 3 批不同的服务对象，同样是游泳，晨练的人目的在于锻炼身体；晌午主要用于训练运动员，目的在于提高成绩；傍晚嬉水的人们目的在于娱乐休闲。所以，早晨游泳池的服务主要是提供运动水面、自来水设施，只要这两点满足了，晨练的人就能基本满意；参加训练的运动员则希望在这两点的基础上，水面牵起索道，更加符合比赛要求；傍晚休闲的人则更注重存衣、救生、更衣服务。所以，服务应区分对象而有不同的层次。

不同的销售经营方式对所提供的服务内容也不相同，这些服务有主次之分。有些服务必不可少，为主要服务，目的在于满足顾客的基本期望；有些服务根据需要灵活设置，为辅助服务，目的在于形成特色。快餐店的服务人员就没有必要替客人端茶倒水、上餐前小点。在零售业中，由于销售方提供的服务内容不一样，于是便诞生了百货商店、超级市场、专卖店、购物中心、货仓式商店、24 小时便利店等多种零售形式，它们以各自的服务特色满足着不同消费者的不同期望。

服务竞争是一个万花筒，没有统一的模式，每个商家都可以选择自己独特的服务方式。然而，不管商家选择何种服务模式，都必须围绕着购物这一环节来进行，其首要一点就是为顾客提供满意的商品。因为商场的基本功能是购物场所，无论装修得多么豪华，营业态度多么热情，离开购物这一环节，服务便成了无源之水。

人们常说心想事成，推销员应该知道如何让顾客心想事成，也就是要了解顾客的心中所想，做到贴心服务。贴心服务涉及的领域有精神上的，也有物质上的。

圣诞节即将来临，各种圣诞树及礼物琳琅满目；元宵节到来时，各式花灯星罗棋布；端午前夕，竹叶、艾草满街可见……充分满足了广大顾客的心理需求。最近，我国市场上有许多厂商推出了新招，例如一分钱专柜，提供了针、线和纽扣等；特大鞋商店专给畸形脚的人提供方便；此外，还有特种钢材、农具、日用品等，这些都是贴心服务的不同形式。

当母亲节到来时，儿女们都要一表孝心。这时，商人便开始绞尽脑汁争先设计取悦顾客、博得他们欢心的物品，以促进销售额的增长。随着物质生活的提高，消费者的消费心理也同样起了变化。在过去，送给母亲的礼物注重物美价廉。而近几年，这已不再是重点考虑的因素了。为了迎合这种消费趋势，各大百货公司改变了推销形式，不再用“大降价”、“优惠酬宾”等手段，而以温馨的贴心服务来取悦消费者。为达到推销目的，各大公司各出奇谋，招数迭出。如一些商家，为了让不能返乡过节的游子能与亲人尽诉亲情，特别推出“亲情热线”服务台，在母亲节的某一时段，让顾客免费“打长途电话向妈妈问好”，此招大受顾客欢迎。前几年，送康乃馨给母亲表达孝心已在世界各地成了时尚，因此，康乃馨也成了母亲节促销活动最醒目的装饰。这些花有的被用来当作陈列品，有的用来现场销售，有的成了送货上门的订购礼物。有一家百货公司则独树一帜，隆重推出“康乃馨义卖周”，在母亲节当日提供500朵康乃馨在公司现场义卖，把所得款项捐给“心脏病儿童基金会”，此举赢得了广大顾客对公司的好感，无疑会对未来潜在推销产生巨大影响。

三、不断提高服务质量

为客户服务是永无止境的追求。

由于商品种类与服务项目的不同，各行各业对于客户服务的定义多少会有些不同，但始终不变的则是客户服务的本质。

如果研究一下日本那些真正成功的公司，将发现它们都有一个共同的特点——在各自的行业为客户提供最优质的服务。像松下电器公司、三菱公司、东芝公司这样的国际知名大公司各自都在市场上占有很大的份额，这些公司的每一位推销员都致力于提供上乘服务。有这样一种推销员，他们“狂热”地寻求更好的方式，以“取悦”他们的客户。不管推销的是什么产品，他们都有一种坚定不移的、日复一日的服务热情。各行各业的佼佼者都是如此。

当你用长期优质的服务将客户团团包围时，就等于是让你的竞争对手永远也别想踏进你的客户的大门。

赢得终身的客户靠的不是一次重大的行动，要想建立永久的合作关系，你绝不能对各种服务掉以轻心。做到了这一点，客户就会觉得你是一个可以依靠的人，因为你会迅速回电话、按要求奉送产品资料，等等。这些话听起来是如此的简单，确实也简单，而且做到“几十年如一日”的优质服务并不是什么复杂困难的事，但它确实需要一种持之以恒的自律精神。

真正的推销员应该明白，通过对零售商们提供各种服务是能够使自己的生意兴旺发达起来的。充分认识到客户的价值，在第一份订单之后一直与客户保持密切合作。一个优秀的推销员不仅定期做存货检查，而且还建议零售商削价处理滞销品，他还定期和其他推销员举行会议，共商推销妙策。除此之外，他还亲自设计广告创意，建议零售商们实行那些在别的城市被证明行之有效的广告促销方法。

某汽车公司的推销员在成交之后、客户取货之前，通常都要花上3至5个小时详尽地演示汽车的操作。公司要求所有推销员都必须介绍各个细节问题，包括一些很小的方面，比如怎样点燃热水加热器、怎样找到保险丝、怎样使用千斤顶，等等。

无论你推销什么，优质服务都是赢得永久客户的重要因素。当你提供稳定可靠的服务，与你的客户保持经常联系的时候，无论出现什么问题，你都能与客户一起努力去解决。但是，如果你只在出现重大问题时才去通知客户，那你就很难博得他们的好感与合作。推销员的工作并不是简单到从一桩交易到另一桩交易，把所有的精力都用来发展新的客户，除此之外还必须花时间维护好与现有客户来之不易的关系。糟糕的是，很多推销员却认为替客户提供优质服务赚不了什么钱。乍一看，这种观点好像很正确，因为停止服务可以腾出更多的时间去发现、争取新的客户。但是，事实却不是那么回事。人们的确欣赏高质量的服务，他们愿意一次又一次地回头光顾你的生意，更重要的是，他们乐意介绍别人给你，这就是所谓的“滚雪球效应”。

最后，托德·邓肯告诉我们："服务，服务，再服务。为你的客户提供持久的优质服务，使他们一有与别人合作的想法就会感到内疚不已！成功的推销生涯正是建立在这类服务的基础上的。"

80/20法则——重点出击，高利回报

在做每一项工作前思考"80/20 法则"，真正领悟应该如何选择与放弃。

一、发现"80/20 法则"

"80/20 法则"是由意大利著名经济学家维尔弗雷德·帕累托发现的，1895 年，他首度发表了有关这一原则的论文。因此，这一法则也被称为"帕累托法则"。帕累托注意到，社会上的人似乎很自然地分为两大类：一类被他称为"举足轻重的少数人"，另外一类则是"无足轻重的多数人"。前者在金钱和地位方面声名显赫，约占总人数的 20%；后者生活在社会底层，约占 80%。

帕累托后来还发现，几乎所有的经济活动都受 80/20 法则的支配。根据这一法则，20%的努力产生 80%的结果，20%的客户带来了 80%的销售额，20%的产品或者服务创造了 80%的利润，20%的工作能够体现 80%的价值，等等。这意味着，如果你有 10 件工作要做，其中 2 件的价值比另外 8 件加起来还要大。

二、"80/20 法则"在推销工作中的应用

在你刚刚成为一个推销新手的时候，一定要花 80%的时间和精力去向内行学习和请教，或用 80%的时间和精力投入一次强化培训。这样，在你真正进行推销的时候，就可以利用 20%的时间和精力去学习新东西，否则，你花了 80%的时间和精力，也只能取得 20%的业绩。

在你去推销的时候，勤奋是你的灵魂。唯有80%的勤奋和努力，才能有80%的成果。20%的付出，只能有20%的回报。付出和所得永远是均等的。所以，在你的推销生涯中，80%的时间是工作，20%的时间是休息。你可能花80%的精力得来20%的业绩，但绝不可能花20%的精力得来80%的辉煌。

如果你对目标顾客能够了解80%，并对其个性、爱好、家庭情况有更多的掌握，那么在面对面推销的时候，就只要花20%的努力，成功的把握就可以达到80%。如果你对推销对象一无所知，尽管你在客户面前极尽80%之努力，也只有20%成功的希望。

在你推销的市场上，真正能够成为你的客户、接受你的推销的人只有20%，但这些人却会影响其他80%的顾客。所以，你要花80%的精力向这20%的顾客进行推销。如果能够做到这样，也就意味着成功，因为80%的业绩来自20%的老顾客。这20%的老顾客才是最好的顾客。

上帝给了我们两只耳朵、一个嘴巴，就是叫我们少说多听，推销的一个秘诀，就是使用80%的耳朵去倾听顾客的话，使用20%的嘴巴去说服顾客。如果在顾客面前，80%的时间你都在唠叨个不停，推销成功的希望将随着你滔滔不绝地讲解，从80%慢慢滑向20%。顾客的拒绝心理，将从20%慢慢爬到80%。

推销员没有第二次机会在顾客面前改变自己的第一印象。第一印象80%来自仪表，所以，花20%的时间修饰一番再出门是必要的。在顾客面前，你一定要有80%的时间是微笑的。微笑，是友好的信号，它胜过你用80%的言辞所建立起的形象。如果在顾客面前，你只有20%的时间是微笑的，那么，会有80%的顾客认为你是严肃的、不易接近的。

推销的成功，80%来自交流、建立感情的成功，20%来自演示、介绍产品的成功。如果你用80%的精力使自己接近顾客，设法与他友好；这样，你只要花20%的时间去介绍产品的利益，就有八成的成功希望了。但假如你只用20%的努力去与顾客谈交情，那么，你用80%的努力去介绍产品，八成是白费劲。

推销，从被顾客拒绝开始。在你的推销实践中，80%的将是失败，20%的将是成功。除非是卖方市场，否则不可能倒置。在刚刚加入推销这一行列的人当中，将有80%的人会因四处碰壁畏难而退，留下来的20%的人将成为推销界的精英。这20%的人，将为他们的企业带来80%的利益。

作为推销员本人，在你的一生中，你可能只有20%的时间是在推销产品，但是，这为你80%的人生创造财富，取得成功。

在你推销的过程中你会发现：你推销的顾客当中，会有80%的人众口一词，说你的产品价格太高，但是，机会大量地存在于这80%的顾客中。

· 第六章 ·

托尼·高登的销售秘诀

放弃你头脑中的一切

放下过去，别老盯着昨天，推销能力来源于经验，战胜自己，多多为未来储存能量。托尼·高登因此打开了人生的辉煌局面。

一、过去不代表未来

1920 年，美国田纳西州一个小镇上，有个小女孩出生了，她的妈妈只给她取了个小名，叫米歇尔。米歇尔渐渐懂事后，发现自己与其他孩子不一样：她没有爸爸，她是私生子。人们总是用那种冰冷、鄙夷的眼光看她：这是一个没有父亲的孩子，没有教养的孩子，一个不好的家庭的孽种。于是她变得越来越脆弱，开始封闭自我，逃避现实。

米歇尔 13 岁那年，镇上来了一个牧师，从此她的一生便改变了。米歇尔听大人说，这个牧师非常好。她非常羡慕别的孩子一到礼拜天，便跟着自己的双亲，手牵手地走进教堂。很多次，她只能偷偷地躲在远处，看着镇上的人笑着从教堂里走出来，她只能通过教堂庄严神圣的钟声和人们面部的神情，想象教堂里是什么样以及人们在里面干什么。

有一天，她终于鼓起勇气，待人们进入教堂后，偷偷溜进去，躲在后排倾听，牧师正在讲：

“过去不等于未来。过去你成功了，并不代表未来还会成功；过去失败了，也不代表未来就要失败。过去的成功或者失败，那只代表过去，未来是靠现在决定的。现在干什么、选择什么，就决定了未来是什么！失败的人不要气馁，成功的人也不要骄傲。成功和失败都不是最终结果，它只是人生过程的一个事件。因此，这个世界不会有永远成功的人，也没有永远失败的人。”

第一次听过后，就有第二次、第三次、第四次、第五次冒险，但每次都是偷听几句话就快速消失掉。因为她懦弱、胆怯、自卑，她认为自己没有资格进教堂，她和常人不一样。

一次，米歇尔听得入了迷，完全忘记了时间的存在，直到教堂的钟声敲响才猛然惊醒，她已经来不及了。率先离开的人们堵住了她迅速出逃的去路，她只得低头尾随人群，慢慢移动。突然，一只手搭在她的肩上，她惊惶地顺着这只手臂望上去，正是牧师。

“你是谁家的孩子？”牧师温和地问道。

这句话是她十多年来最害怕听到的。

这个时候，牧师脸上浮起慈祥的笑容，说：

“噢，我知道了，我知道你是谁家的孩子，你是上帝的孩子。”

然后，牧师抚摸着米歇尔的头发说：

“这里所有的人和你一样，都是上帝的孩子！过去不等于未来。不论你过去怎么不幸，这都不重要。重要的是你对未来必须充满希望。现在就做出决定，做你想做的人。孩子，你要知道，人最重要的不是你从哪儿来，而是你要到哪儿去。只要你对未来保持希望，你现在就会充满力量。不论你过去怎样，那都已经过去了。只要你调整心态、明确目标，乐观积极地去行动，那么成功就是你的。”

牧师的话音刚落，教堂里顿时爆发出热烈的掌声。没有人说一句话，掌声就是理解、是歉意、是承认、是欢迎！

从此，米歇尔变了……在 40 岁那年，米歇尔荣任田纳西州州长，之后，弃政从商，成为世界500强企业之一的公司总裁，成为全球赫赫有名的成功人物。67岁时，她出版了自己的回忆录《攀越巅峰》。在书的扉页上，她写下了这句话：过去不等于未来！

这句话同时也送给你。不管过去你是成功还是失败，都不要太在意，未来才是一切，才是你最应该努力的。双眼向前看，你才能一路平安地走下去，如果眼睛只盯着后边，你怎么能不摔跤呢？

二、放弃过去并不意味着放弃经验

推销员刚刚进入推销这个行业时，作为业务新手，遇到这种问题，与其跟同样资历不深的人讨论销路好与坏，还不如去问问优秀的前辈。但是，这并不是说每种东西都要一一去问，如果你凡事必问的话，只会给人留下没有主见或者愚笨的印象，也没有人愿意总是帮助一个愚者。可是当你有怀疑时，不妨找一位你熟悉的资历老、业绩高的推销员，向他虚心请教："您看销路如何？价钱定多少比较合适？"这时候他的答案往往是很正确的。尤其是现在暂时还在后方工作而不了解一线情形的人，或者没有什么经验的新手，这样做会使你的工作效率明显地提高。有的人自命不凡、自作聪明，"认为这样高价的东西卖不出去"或"这种东西怎么可以卖"，但等到别人卖得很好，再后悔已经无济于事了，并已经输在了起跑线上。

其实做推销的方法有很多种，真正的优秀推销员是需要一天一天地积累。想要获得创新能力也是需要厚积而薄发的。没有平时的积累，就算有了创新，很有可能也是没有可行性的创造，这样的创造不但不能给你带来益处，还有可能让人觉得你是一个不能脚踏实地的人。

要想成为一个卓有成就的推销员，不仅要让自己的知识跟上时代的步伐，在能力上，尤其是工作需要的技巧上也要齐头并进。但是，这其中最重要的却是如何掌握学习新的知识和新的技巧的方法。下面学习的方法，如果你能够熟练运用，那么，相信你的素质和水平一定会逐渐得到提高，从而赢得竞争的优势。

在由推销员、顾客、公司等多方组成的市场中，推销员要有灵敏的市场直觉，像婴儿一样充满好奇地搜集关于顾客、商品、竞争对手的信息，且及时做出适当反应。这种直觉一方面可以借助书本，但更重要的是在推销过程中不断学习。世界船王包玉刚先生在哈佛商学院的演说中曾强调："推销才能基本上是从经验建立起来的。"

著名未来学家阿尔温·托夫勒在《权力转移》中预言："人类社会正进入信息时代，信息就是控制、影响他人的权力。"推销过程就是一个信息传递的过程，推销员是通过语言来传递信息、改变顾客态度，从而使其接受商品。幽默动人、富有感染力的语言技巧也是推销员必备的素质。这里，我们提醒推销员，要重视幽默在推销中的巨大威力，尽管不是所有的客户都具有幽默感。

杰出的推销员肯定善于管理自我，他们高效率地运用自己的时间，不断为自己设定更高的目标，随时反省检查推销的成效和失误，像婴儿一样贪婪地吮吸着新知识、新技术的"乳汁"。对于推销员而言，一日之计在于夜，在每天夜间应当把一天推销的心得记下来，并对第二天的推销日程做好详细的规划。

总而言之，如果你想成为一个杰出的推销员的话，当你做到全身心地投入到一个追求长期收益的活动的时候，比如说学习，你应该克制自己追求即刻满足感的欲望。追求即刻满足感的人在学习一项复杂又需要长期坚持的活动时，往往很快就会放弃。相反，如果你耐心地花时间学习更高水平的技巧，你就有机会体会到获得一种长期的利益所带来的成就感。需要记住的是，在这个时候你只是一个初学者，从事学习这样复杂的活动的时候，是没有捷径可言的。这或许也是取得巨大成就的一个代价，虽然成功的代价不止于此，但是只有付出过且有收获的人才能真正体会成功对于自己来说绝不仅仅是掌声、荣耀那么简单。

为了更好的明天学习

托尼·高登说，现在社会科学技术飞速发展，有一种说法认为文凭有效期仅为3个月，社会上提倡终生学习，因为学习才能制胜。每一个人每天都要学习，时时不忘充电，并且把学到的知识运用到实际工作中。这样做了，你还有什么理由不优秀呢？

一、知识就是能力，学习制胜

被称为“全球第一女CEO”的惠普公司董事长兼CEO卡莉·费奥莉纳女士，她的职业生涯是从秘书工作开始的，她就是在不断的学习中提升自己的价值，一步步地走向成功的。

卡莉·费奥莉纳学过法律，也学过历史和哲学，但这并不足以推动她最终成为CEO。她明白不断学习是成就一名CEO最基本的要素，何况她自己不是技术出身，要在惠普这样以技术创新而闻名的公司立足，只有不断努力地学习，在工作中总结过去的经验，适应新环境和新变化。她还从自己的兴趣出发，寻找公司中适合的岗位，这使她能最大限度地在工作中学习新的知识和积累经验。

她说：“在惠普，不只是我需要在工作中不断学习，整个惠普都有鼓励员工学习的机制，每过一段时间，大家就会坐在一起互相交流，了解对方和整个公司的动态，了解业界的新动向。这些小事情，是保证大家步伐紧跟时代、在工作中不断自我更新的好办法。”

费奥莉纳通过在工作中不断学习，提高自己解决问题的实际能力，才成长为一名成功的CEO。对于一名普通员工，无论是处在职业生涯的哪个阶段，学习脚步同样不能稍有停歇，要把工作视为继续学习的新课堂。你的知识对于所服务的公司而言是很有价值的宝库，要主动学习，否则你的技能就要落在时代的后头。

很多人在大学毕业拿到文凭以后就以为其知识储备已经完成，足以应付职场中的风雨困苦，可以高枕无忧了。殊不知，文凭只能表明你在过去的几年受过基础训练，并不意味你在后来的工作中就能应付自如，文凭上没有期限，但实际上其效力是有期限的。

有一家大公司的总经理对前来应聘的大学毕业生说：“你的文凭只代表你应有的文化程度，它的价值会体现在你的底薪上，但有效期只有 3 个月。要想在我这里干下去，就必须知道你该学些什么东西，如果不知道该学些什么新东西，你的文凭在我这里就会失效。”

在这个急速变化的时代，学校教授的知识往往显得过于陈旧，只有在第二个阶段继续学习才能适应这种迅速变化，满足工作的需要，跟上时代的步伐。可见，文凭不能涵盖全部知识的学习，不断地学习新知识和技能，才能在职场上得以立足和发展。

恺撒领军出征，每每获胜必以酒肉金银犒赏三军。随行的亲兵仗着酒胆，问恺撒：“这些年来，我跟着您出生入死，征战沙场，历经战役无数。同期入伍的兄弟，升官的升官，任将的任将，为什么直到现在我还是小兵一个呢？”

恺撒指着身边一头驴，说：“这些年来，这头驴也跟着我出生入死，征战沙场，历经战役无数，为什么直到现在它还是一头驴呢？”

好多人都通常会问同样的问题，为什么近几年忙来忙去总感觉自己还在原地踏步？为什么那些原来并不出色的人却能春风得意，还要多久我才能扬眉吐气呢？

恺撒在 2000 多年前就给出了答案——问题不是你做了多久，而是你有没有在进步！

当今，是一个靠学习力决定高低的信息经济时代，每一个人都有机会可以胜出。在现在的社会，要想永远立于不败之地，就必须拥有自己的核心竞争力。要想拥有超强的核心竞争力，就必须拥有超强的学习力。

随着知识经济的兴起，光凭借他人的经验和自己已有的经验是远远不够的。要想当“冠军”，需要不断地获取新的知识，这样才能保持自己与社会同步。你是一个需要每天接触不同的人或者不同产品的推销员，所以必须有一个广阔的知识平台。很多技术性、专业性强的东西，你不一定要深入了解，但是你不能够完全不了解。如果是这样的话，客户会因发现你在相关领域所表现出来的无知而轻视你。

托尼·高登告诉我们，要成为专业销售人员，就要有随时会有人超过你，比你更出色，应该随时不断学习以提高自己的心理准备。至于可以学习的对象，只要你留意，无论是顾客、对手还是主管上司，都是你学习的对象，特别提醒一点，不要忘了向自己学习。

二、时时充电，每天都学习

有位农场主，他的拖拉机出了毛病，没法再开，他和朋友们想尽办法也没能修好。最后，他不得不请来一位机械修理专家。

那位专家仔细地察看了拖拉机，他打开盖子，动了动启动器，认真地检查了每样零部件，最后，他拿起一把锤子，照着马达的某一部位敲了一锤，立刻，马达就重新开始转了起来。

农场主对专家表示感谢，以为根本就不用什么钱，可是，当他接过专家递给他的账单时，居然发现要收费 50 美元，他大叫：“什么？就那么简单地敲一锤子，就要 50 美元？”

“亲爱的朋友，”专家回答道，“敲这么一锤子，我只要 1 美元，可往哪里敲这一锤子，就值 49 美元。”

这就是在职业中积累起来的知识和技能的价值所在，这也是成功的资本。所以，在工作中不断地学习是非常有价值的。

在这个知识经济的时代，我们必须注重自己的学习能力，必须能够勤于学习、善于学习，时时不忘记学习，只有不间断地终身学习，才能在竞争激烈的社会中立于不败之地。

首先，向同行学习。

两个卡车推销人员同时希望得到一家建筑承包商的订单，小 A 相信他能获得订单，并对此确信无疑，因为他的卡车无论在质量上、速度上还是造型上，都超过了竞争对手，在与顾客洽谈业务时，小 A 分别从 13 个方面论述了卡车的优点，顾客反应良好，也没有提出任何异议。尽管顾客没有马上订货，但小 A 认为，这次业务洽谈非常成功，他坚信顾客迟早会向他订货的。但几天以后，小 A 却得知他的竞争对手获得了承包商的订单，这使他和他的老板感到十分惊讶。推销艺术在很大程度上是针对顾客的具体情况，强调那些使顾客特别感兴趣的质量特点。小 A 列举了产品质量方面的一些优点，并向顾客一一加以解释；而他的竞争对手却把洽谈的中心内容集中在卡车的运载量和操纵灵活性这两点上，因为顾客是一个建筑承包商，这两点对他最重要，也是他最感兴趣的问题，因此小 A 应向他的竞争对手学习，以同样的方式进行推销，因为他的卡车也具备这些特点，这要比罗列卡车的质量、特点、效果要好得多。

小 B 是做绿色食品——食用仙人掌推销工作的，刚开始时，他的推销经常遭到拒绝，但他认为他的口才和推销技巧都不比别人差，那么，问题究竟出在哪里呢？他的一位同事却每天都能卖出很多，并且与几个大酒店签订了长期的订货合同，小 B 觉得很奇怪，就在一次聚会时向同事请教成功推销的经验。同事说："我也没有用什么方法，只是将食用仙人掌的做法告诉那些饭店的厨师，并请他们做出来先品尝一下。因为这种菜以前从没有人做过，更没有人吃过，如果花钱买来了却不会做，那买它做什么呢？"小 B 听了以后感觉有理。在以后的推销工作中，他总是耐心地将仙人掌的几种做法告诉饭店的采购员和厨师。

有些时候，推销人员确实应该多向别人特别是自己的同事或竞争对手学习，汲取他们成功的经验，不断提高自己的推销技巧，从而提高自己的推销效率。“他山之石，可以攻玉”，如果用别人的成功经验可以达到同样的成功，我们又何乐而不为呢？难道还非要去开辟一条荆棘的小路，才能达到成功的巅峰吗？当然没有这种必要，完全没有。

其次，掌握专业知识。

当你对客户推销产品时，除了让客户在视觉上接受产品之外，还必须向客户进行更重要的专业知识的说明，这样，你才能使客户信服，增强你的说服力。

作为一名推销人员，从事的是与“钱”、“人”有关的行业，而“钱”是经济活动的媒介，当然更应该提升自己对经济的敏感度。

除了本身的专业知识及技巧外，更需要时时充实自我，基本的理财投资常识、经济景气的循环变动、税法、医疗保险，等等，都必须时时加以关心注意，以扩展自己的知识面，积极扮演好自己在社会中所担任的角色。

只有拥有精深的专业知识，才能替客户做最好的理财规划。拥有广泛的知识，才能创造源源不断的话题，应付来自客户的各种疑问。从事推销工作，做到对自己推销的商品拥有足够的知识是非常重要的。如果做不到这一点，就不可能对它抱有信心，至于什么自豪感，就更无从谈起了。

托尼·高登说：“每个优秀的推销人员都应当了解自己的经营推销背景和前景，如果你想获得极大的成功，你就必须在自己的推销范围内成为一名专家。”

三、知识运用于实际才能发挥作用

从前，有5个学者从小地方来到繁华的首都。这5个学者分别是逻辑学家、语法学家、音乐家、占星家和健康学家。他们都表示自己在某一方面有专长，国王听说后就把他们召来，准备奖赏。在聪明的宰相克里希南·德瓦拉雅的建议下，国王让5个人先去自己做饭吃，然后再来接受奖赏。宰相安排他们住在一间宽敞的房子里，并准备好了必要的用具，他还派一些人暗中观察他们的行动。

为了做饭，5个学者做了分工。逻辑学家去市场上买油，他回来的时候手里提着一罐子油，他的逻辑学知识使他动起了脑筋，他自问道："究竟是罐子依赖油呢，还是油依赖罐子？"他反复考虑仍然解释不了这个疑问。他想最好试验一下，以便弄清这个真理。于是，他把罐子口朝下，翻了一个个儿，结果油都洒在地上了，逻辑学家这才弄清了谁依靠谁的问题。他感到很高兴，因为他又发现了一个新的真理，他愉快地拿着空罐子回到了住处。

语法学家去买酸奶。来到一个杂货店，他遇到一个卖酸奶的姑娘。他听姑娘说话不合语法，就堵着耳朵走开了。当他往前走时，听到另一个姑娘在叫卖酸奶，她的话发音也不对，于是语法学家走到姑娘旁边说："看来你是个野姑娘，每一个词和每一个字就像神一样神圣，发音不对就糟蹋了它，这是亵渎圣物。语法学是不能容忍把短元音发成长元音，把非送气音发成送气音，把一个字母的音发成另一个字母的音的，这会造成误解。你要认真学习发音，要发正确。"

姑娘听了这番教训和责备很不高兴，她回敬说："你是哪儿来的？你好像是一个野人，你有什么资格让我好好学习说话，你首先应管好自己的舌头。如果你想买酸奶的话，就买，不然，就闭上你的嘴，滚开吧！你不要在这儿浪费时间了！"

听了这顿数落，语法学家火了，说："如果我从像你这样说话不符合语法的人手里买酸奶，我也会因而招致罪恶。"他说完就走了，因而没有买成酸奶。

占星家来到附近的森林中寻找树叶，准备生火烧饭用。他爬到一棵榕树上去揪树叶。当他要揪树叶的时候，听到变色龙咕噜咕噜地叫了起来。占星家自言自语地说："这个叫声很不吉利，今天我不应揪树叶，最好还是下去吧。"当他试图下来时，地上有只蜥蜴叫了起来。他想，这个声音是个吉兆。当他左思右想该怎么办时，天已经快黑了，没有采到树叶，他只好回到住处。

健康学家到市场上买菜。他看到那里有各种各样的菜。但是他想，茄子吃了使人发热，葫芦吃了使人发冷，根茎菜常引起痛风症……他发现每种菜都有缺点，因此他回到住处，什么菜也没有买。

当4个学者出去采购时，音乐家开始做饭了，他把开水倒在锅里，再加上米，盖上锅盖。当他把炉子点着时，蒸气噗噗地冒了出来，把锅盖顶得啪啦啪啦直响，听到这种声音，音乐家的灵感来了。他随着锅盖震动的节奏谱起曲子来了。过了一会儿，粥锅开了，它发出的声音很不协调，于是音乐家找来一根粗棍子，使劲地敲起锅来，结果锅被敲碎了，煮的稀饭洒了一地。虽然如此，他仍然很高兴，因为那不协调的声音消失了，当然，稀饭也没有了。

到了晚上，5个学者聚到一起，互相指责起来，都说没有做好饭是别人的错误。

克里希南·德瓦拉雅通过暗中监视他们的人知道了这一切。他很同情这5个学者，于是把他们叫到宫廷来，说道："先生们，你们平时只会学习研究，而不懂得日常生活，所以连一顿饭也做不出啊。仅仅做个书呆子是没有用的，回去思考吧！"他讲完之后，送给了5个学者应有的奖品。

把学到的知识灵活运用，才能解决生活中的问题，知识运用得当，才能正确发挥力量，只有把知识变成力量才发挥了它应有的作用，切忌在实际运用中追求完美、弄巧成拙。

爱上你正进行的工作

勇敢地告诉别人："我是一个推销员。"用心感受推销工作的伟大，热爱你的工作，享受工作中的乐趣，告诉自己，工作之中有面包。因为这样，托尼·高登走上了成功之路。

一、告诉别人你是一个推销员

长久以来，人们对推销的认知较低，推销员是一个最容易被人误解甚至看轻的职业。但在今天，推销员已逐渐为大众所接受。

然而，世界各地有许多推销员，至今仍羞于承认他们的职业，而使用各种头衔来掩饰推销员的身份，如代表、顾问、AE、中介、助理、行销专家、经理人、律师、传销商、业务执行、经纪人……他们一直不愿公开承认自己就是推销员！

但我们相信情况正逐渐好转，让我们骄傲地大声宣布："各位先生、各位女士，你和我已经克服了人们对推销从业人员的偏见和敌意，我们所从事的工作是世界上最高贵、最有趣的工作，我们是精英团体的成员，我们是最棒的推销员！"

事实上，推销员这一工作既能给自己带来不菲的收入，又能给他人带来好处。不要害羞，大胆承认你的职业！告诉身边所有的人，这项职业其实给了你一个帮助他人的好机会。医生治好病人的病，律师帮人排忧解难，而身为推销员的你，则为世人带来舒适、幸福的服务。

通常，成功的推销员都对自己的成就感到满意。大多数成功的推销员为人处世也很成功。他们乐于听取朋友的意见和忠告，其本身满怀的自信也帮助他们克服许多困难。他们非常重视自己的声誉。

就像杰出的运动员一样，推销员都是斗士，必须有决心要赢。他们乐于因胜利而为人称颂，喜欢一遍又一遍数着成功的果实。

建议你找到一个可以作为榜样的成功推销员，这个典范可以帮助你提升自己，并抗拒家人、亲友对你加入推销行业的不满和阻力。试着和这个行业的名人打交道，你会发现他们对自我和成就的"骄傲"，一如前面的描述。跟随他们、学习他们，要做得和他们一样好。

当你做成一笔生意时，感觉多么舒畅啊！如果你对自己很满意，千万不要羞于承认。告诉全世界的人，你为自己的胜利感到骄傲，并且要立刻走出门去，再谈另一笔生意。

推销员都是值得骄傲的人，希望你也是这样。

想成为冠军推销员吗？那么首先要记住的是：你从事的销售或者说推销，并不是用来果腹的简单工作，而是一项帮助你登上成功高峰的事业，是一项伟大的事业！

法国有一首小调《贩卖幸福的人》。幸福本来不是商品，不可以贩卖，但是如果你是一个推销员，你可以通过让需要的人购买你的产品，让他们生活得更加幸福。试想一下，是你，让一个容貌不够美丽的女子变得迷人；是你，让一个盲人可以自由地行走，感受世界；是你，让被钢筋水泥束缚的小孩子拥有一个自由的童年……这是一个让人多么幸福的事业！因此，你，就是那个贩卖幸福的人。而往往贩卖幸福的人才是一个真正幸福的人。

推销员是一个美妙的职业。从你开始你的事业生涯，你的工作并不会像其他的职业那样单调，日复一日。你会发现你每天都会遇到不同的人、不一样的事情，每一天都要将幸福送出去，每一天都会有新的东西等你去了解、去学习、去获取！简单地看来，似乎很底层的业务工作至少可以让你在每一天都看见自己的进步、自己的努力获得的成就，这些果实会逐渐明确地呈现出来。因此，在这个舞台上，你可以看见自己的最佳表现；此外由于接触到多种多样的人，你平时会自动地积累方方面面的知识，厚积薄发，这些资本日后就是你成功或者晋升管理层的基石。

现在，请大声告诉世界："我是一个推销员，我是一个从事伟大事业的人！"一定要从自己的内心感受到这份事业的伟大，并且记住，你成功的第一步已经迈出。

二、爱上你的工作

托尼·高登认为：成功的起点是首先要热爱自己的职业。无论从事什么职业，世界上一定有人讨厌你和你的职业，那是别人的问题。就算你是挖地沟的，如果你喜欢，关别人什么事？

他曾问一个神情沮丧的人是做什么的，那人说是推销员。托尼·高登告诉对方：销售员怎么能是你这种状态？如果你是医生，那你的病人会杀了你，因为你的状态很可怕。

他也被人问起过职业，听到答案后对方不屑一顾："你是卖汽车的？"但托尼·高登并不理会："我就是一个销售员，我热爱我做的工作。"

美国前第一夫人埃莉诺·罗斯福曾经说过："没有得到你的同意，任何人也无法让你感到自惭形秽。"托尼·高登认为在推销这一行尤其如此，如果你把自己看得低人一等，那么你在别人眼里也就真的低人一等。

工作是通向健康、通向财富之路。托尼·高登认为，它可以使你一步步向上走。

所以，既然你选择了推销工作，最好在这个职业上待下去。因为，所有的工作都会有问题，明天不会比今天好多少，但是，如果频频跳槽，情况会变得更糟。他特别强调，一次只做一件事。以树为例，从栽上树苗，精心呵护，到它慢慢长大，就会给你回报。你在那里待得越久，树就会长得越高大，回报也就相应越多。

身为一名推销员应该以推销业为荣，因为它是一份值得别人尊敬及会使人有成就感的职业，如果有任何方法能使失业率降到最低，推销即是其中最必要的条件。你要知道，一个普通的推销员可为30位工厂的员工提供稳定的工作机会。这样的工作，怎么能说不是重要的呢？

高登说："每一个推销员都应以自己的职业为骄傲，因为推销员推动了整个世界。如果我们不把货物从货架上和仓库里面运出来，整个社会体系的钟就要停摆了。"

一个身强力壮的小伙子，却整天没有工作干劲，另一个白发苍苍的七旬老叟却能把事情做得比我们所有人都好。两者为什么会有这么明显的不同？

显而易见，其差别在于态度——前者不爱自己从事的工作，而后者酷爱自己的工作。一般来说，一个人越是热爱自己的工作，干劲就会越大，取得的成绩也越多。

某人曾同邻居家的孩子有过这样一段对话：

“学校里的情况怎样？”

“我觉得不错。”

“你的英语课学得怎么样？”

“糟透了，枯燥无味，我每天在课堂上打瞌睡。”

“那政治课呢？”

“也不行。上政治课时我同样困得睁不开眼，我们的老师确实糟透了。”

“物理课呢？”

“哦，”他突然眉开眼笑，“物理考试我得了满分。我就喜欢这门课，特别是实验。我长大以后想当一名物理学家。”

很显然，这个孩子对课程的喜恶态度对其分数有重大影响。

热爱你的工作吧，推销员朋友，这是成为冠军推销员不可缺少的。拿破仑说，不想当将军的士兵不是好士兵，同样，不想当冠军推销员的推销员不是好推销员。

三、要想得到就要付出

从前有位穷人，他只有一小块土地和一小袋种子。到了耕种的季节，他每天天亮就起床下地干活，精心地在自己贫瘠的土地上播种。到了晌午，太阳火辣辣地照在肩膀上，他就来到一个树桩边休息。当他坐下的时候，一小把种子顺着他的口袋滚了出来，掉进了树桩下的洞里。

“哎，它们在这里根本没办法生长，”这个人叹息道，“即使这么一点种子，我也丢不起。”于是，他回到地里拿来铁锹，开始在树桩的根部挖。天气越来越热，汗水顺着他的后背、额头往下淌，他根本无暇顾及这些，还是在那里认真地挖。最后，他终于在一个深埋在地下的铁盒子上找到了它们。他打开盒子，发现里面全都是黄金——这足够让他后半生都衣食无忧，过上幸福快乐的日子。后来，人们总是对他说：“你一定是世界上最幸运的人。”

“是的，我很幸运，”他说，“但我日出而作，在炎热的天气里挖种子，我没有浪费掉一粒种子，况且那些金子也是我用劳动的双手挖出来的，不是天上掉馅饼。”

任何一项工作都蕴含着无限的成长机会，机会也总是光顾那些努力工作的员工。不必为自己的前程烦恼，一切尽在努力工作中，努力工作能让你迅速成长起来。

人要吃饭、要穿衣、要买房、要买车、要养儿育女，还要享受快乐……如果想要吃得饱、穿得暖、住得好、行得便，把下一代培育成才，就必须努力工作。努力工作一定会让你如愿以偿，因为工作之中有面包，工作之中有财富。

在工作时，要时刻告诫自己：要为自己的现在和将来而勤奋努力，不要过分考虑自己的工资；应该用更多的时间去学习新的知识，培养自己的能力，展现自己的才华，把工作看成一种经验的积累，因为这些东西才是真正的无价之宝。

工作是人生的一种需要，是人生不可或缺的、无法避开的一部分。从工作中找到乐趣并热爱它，你也会变得快乐起来，感觉工作不再是一件苦差事。

史密斯先生年轻的时候，在一家机械厂当看管旋钉子机器的工人，每天必须和钉子打交道，在钉子堆里摸爬滚打。由于工作单调、无聊、重复、枯燥，加之又不需要什么技术，因此他觉得这个工作真是糟糕透顶。

史密斯先生想：难道真没有什么办法让我热爱自己的工作吗？于是他开始想办法来增进工作的趣味性。几天后，他对同事说："我们来进行比赛吧，以后你负责做旋钉机上磨钉子的工作，把钉子外面的毛刺磨光，我呢，负责做旋钉子的工作，每次谁做的最快谁就赢了。"他的提议得到了同事的热烈响应。从那时起，他们每一工作便开始竞争，结果工作效率竟然提高了两倍。毫无疑问，他们的工作成绩得到了老板的大力赞赏，不久他们便升迁了。

托尼·高登认为，人生最有价值的事莫过于工作，当你感觉到工作对你来说是一种乐趣而不是负担时，你一定会把工作做得更好。渴望快乐就必须工作！

与大家分享你的快乐

好心情也要与大家分享，与大家分享你的快乐，带着好心情去工作，你会发现，世界如此美好。

一、金钱替代不了亲情

从前有个特别爱财的国王，一天，他跟神说："请教给我点金术，让我伸手所能摸到的都变成金子，我要使我的王宫到处都金碧辉煌。"

神说："好吧。"

于是第二天，国王刚一起床，他伸手摸到的衣服就变成了金子，他高兴得不得了。然后他吃早餐，伸手摸到的牛奶也变成了金子，摸到的面包也变成了金子，他这时觉得有点不舒服了。因为他吃不成早餐，得饿肚子了。他每天上午都要去王宫里的大花园散步。当他走进花园时，看到一朵红玫瑰开放得非常娇艳，情不自禁地上前抚摸了一下，玫瑰立刻也变成了金子，他感到有点遗憾。这一天里，他只要一伸手，所触摸的任何物品全部变成金子。后来，他越来越恐惧，吓得不敢伸手了。他已经饿了一整天。到了晚上，他最喜欢的小女儿来拜见他，他拼命地喊着："女儿别过来!"可是天真活泼的女儿仍然像往常一样径直跑到父亲身边，伸出双臂来拥抱他，结果女儿变成了一尊金像。

这时国王大哭起来，他再也不想要这个点金术了，他跑到神那里，跟神祈求："神啊，请宽恕我吧，我再也不贪恋金子了，请把我心爱的女儿还给我吧!"

神说："那好吧，你去河里把你的手洗干净。"

国王马上到河边拼命地搓洗双手，然后赶快跑去拥抱女儿，女儿又变回了天真活泼的模样。

人，不光需要财富，更离不开亲情和爱。人是有感情的动物，小气冷漠只会割断亲情，使自己成为孤家寡人。过分贪婪者会失掉许多最美好的东西。

金钱固然重要，但如果因为索取金钱而抛弃亲情，则金钱带来的满足绝不会持久。能够持久地使人身心健康、愉快自如地应付生活中的一切挑战的唯有亲情所赋予的力量。

所以，任何时候，都要善待你的家人，不要让贪心毁了亲情。

二、与大家分享成功

外圆内方的人不仅善于赞美自己不喜欢的人的优点，而且善于慷慨地将功劳归于自己身边那些正直又有能力且和自己有相同方向及类似价值观的人，并公开地感谢他们的协助及贡献，对他们宝贵的意见及努力心存感激。

这是因为他们知道，成就并不完全是一个人造就出来的。当一个人能公开对自己及他人承认并非自己能独立获得这些成就，所以不能独享荣耀时，一种完美和谐的感觉会在其内心和人际关系中逐渐浮现。相互的感激与温暖的友谊使彼此不但共享成功的果实，且借由相互鼓励而不断地成长。

凡是看过长江水闸运作情形的人都明白，在水位移动的过程中，船只上升十几英尺的高度，不是因为有人将船抬高，而是因为水位上升，船只自然跟着升高。这就好像当赞美、归功他人时，自己的人生也会因此而更加乐观，充满了感恩之心及源源不绝的活力。

每位橄榄四分卫球员都知道，球队的胜利不是他一个人的功劳。大部分的四分卫球员都了解队友在前线防守的重要。因为有了队友的防卫，球才不会轻易地被对方抢走，自己才可能打出漂亮的成绩。那些清楚这个事实，并能公开、大方地赞美队友的人是值得嘉许的，因为在他们身上具有令人赞赏的风度及雅量。

每位母亲都知道，即使她是一位单亲家庭的母亲，也不可能独立地抚养一个孩子长大成人。有智慧的母亲懂得感谢别人对她的协助，无论这些帮助是来自于师长、邻居或亲朋好友。这样做并不会贬低母亲的价值，相反地，她为孩子开启了一扇窗，让他了解每个人都可能在其生命中扮演重要的角色。她教导孩子尊敬及看重他人，同时，母亲也因此在这个抚养的过程中感受着来自他人的辅助与支持。

每位公司主管都知道：他的成功是员工们一起努力的结果。大方地赞许这件事吧！感谢一些每天勤奋工作的人，为他们喝彩，称赞那些为这个团体努力工作的人。因为嘉许员工、和他们分享成功，公司会得到更多。

一个外圆内方的人，无论他或她是一位球员、母亲或公司主管，他或她都明白，不论是家人、朋友还是同事，每一个人，其实都有许多赞美的事，大方地赞美他们，可以挖出他们潜能中的做赢家的个性，并且在帮助他们成为赢家的过程中，自己也成为一个赢家。

三、带着好心情去上班

现代社会，人们承受着较大的生活压力与工作、学习压力，平素的快节奏生活状态，使患“心理疲劳”者占60%以上，来自各方面的危机时常困扰着上班一族。平日忙碌的上班族，脸上没有光彩，精神有些不济，同事相见，也只是淡淡地点个头，擦肩而过。上班没劲，这种情绪像感冒一样，容易传染给同事。

紧张的工作，让人们常常忙得迷失了自我，日复一日地工作，压力难以舒缓。整天生活在混乱、紧张和忧虑的情绪中，难得有一份好心情。不良的情绪不仅让我们的生活缺少乐趣，也严重影响着我们的工作，让自己出色的能力难以发挥，业绩很难得到提高。

拥有好的心情，学会经营工作，学会开心地享受工作，才会获得工作的动力。

人的心情每天都会随着人和事的变化而变化，有时晴空万里，看任何人都很顺眼，做任何事都很顺利，觉得生活有滋有味。有时心情很沉闷、很压抑、很糟糕，事情也做不好，动不动就想发火，导致与家人、邻居或同事搞得不愉快，事后又很后悔，觉得不该这样做，因此，我们在任何时候都需要有一个好心情，然而这又谈何容易呢？

其实，好心情是自己培养出来的。

五花八门的工作目的带来了各式各样的对于工作的态度，我们也很难说究竟哪个是对的、哪个是错的，因为这是“仁者见仁，智者见智”的事情。但是为了能够获得愉悦的工作环境和工作体验，为了能够使自己快乐地工作，拥有上班的好心情，我们还是应该对自己的工作目的有一个理性的审视。

好好为自己服务一下。每天下班，饥饿和疲劳同时折磨着你，这个时候首先为自己做点好吃的，然后冲个热水澡，洗尽一身的风尘和疲惫，最后无牵无挂地、美美地睡一觉，这样不仅可以使自己有一个好心情，而且还有助于身心健康。

好好调节一下心情。不少人的心情总是跟季节、自然景观和天气的变化有关，比如在碧空如洗、风和日丽、百花争妍的日子，心情就很好；在阴雨连绵、狂风呼啸、月缺花残、草木萧索、天寒地冻的日子，心情就很差。面对影响好心情的季节、自然环境和天气的变化，我们应该自己调节一下，如看看有关这些季节里的书或文学作品，如读读周作人的《雨天的书》、朗诵一下毛泽东主席的《沁园春·雪》等，欣赏一些有关的名画，指导孩子用此时的自然景观、天气情况写诗、画画等，在雨后天晴、白雪皑皑或烟雨迷蒙中到郊外、田野或公园去散散步，透透气，欣赏一下自然景观、花草树木等，一定会使你心情舒畅的。

有这样一个故事：建筑工人在砌砖墙，他们都在忙碌地工作着，可各自的心情却大不相同。一个工人怨天尤人，觉得工作又累又枯燥；一个工人埋头苦干，认命而忍耐；第三个工人却快乐地吹着口哨，他想象着这堵墙砌好后，也许会有一位老人在墙边的草地上种他喜欢的花，也许会有一个小男孩在墙上创作太空画，也许会有一对恋人依偎在墙边的树影里拥吻倾诉……谁都喜欢做第三个工人，谁都愿做第三个工人。

走上成功事业的巅峰

社会竞争越来越激烈，要求我们绝不能安于现状，不安于现状要求我们时刻战胜自己，主动改进，永远别说“已经做得够好了”。托尼·高登认识到了这一点，所以他成功了。

一、绝不安于现状

那是在20世纪90年代的一天，有两个人骑着骆驼行走在非洲的大沙漠里，他们的目的地是沙漠另一边的一个小城镇。

他们带了好几壶水和好几袋食物，足够应付几天的供应。

“我们应该加快前进速度，不然会被困在沙漠里。”进入沙漠的第二天，其中一个人觉得走得太慢了，便对另一个人说。

“怕什么？我们有这么多的水和食物，慢慢走吧。”另一个人说。

提议走快一点的那个人听了，觉得有道理，也放弃了走快一点的想法。

然而，就在那天晚上，一场风暴袭来，两个人的命是保住了，可水、食物、行李都被风暴卷走了，骆驼也失踪了。

这一下，他们不能再“慢慢走”了。第三天，他们开始拼命地奔跑，可惜的是，由于无水无食，又辨别不清方向，最终没有走出大沙漠。

足够多的水和食物是两个人当时的“现状”，安于这样的“现状”，两个人慢慢地走。但无情的风暴毁掉了他们的“现状”，并最终夺走了他们的性命。

风暴不是人力可以控制的，“现状”也不是自己可以维持的。

其实，每一个组织以及每一个人都会随时遭遇类似于“风暴”的不可控事件，这些事件会毁掉一切，让没有准备的、安于现状的人陷入绝境。

即使没有狂风大浪，你所处的境况也每时每刻都在变化，安于现状只能是一厢情愿的梦想，当你从梦中醒来时，你会发现原来所拥有的一切都已经随风而逝。因此，你必须像非洲玛族人那样主动变化，在“现状”变化之前就做好准备，如果像相族人那样等“现状”消失了再变化，一切都晚了。

世界上第一辆四轮汽车是福特发明的，在其他汽车公司崛起之前，世界上最受欢迎的汽车是福特的 T 型车。这种汽车色彩单一，除了黑色还是黑色，样式也比较古板，但在流水线大批量生产模式下，其成本较低，而且耐用，迎合了当时世界各国消费者的需求，畅销期长达20年。也许正是因为这种畅销，让福特的经营者们误认为“现状”可以一成不变，福特王朝可以永远做汽车业的老大，进而忽视了世界一直都在前进的现实。

20世纪20年代，经济进一步发展了，美国人的收入增加了，汽车不再仅仅是代步的工具，人们更乐意把它当作地位和身份的象征。显然，色彩单一、样式单一的T型车已经无法满足人们的这种需求了。然而，福特公司经营者对这种变化视而不见，福特本人还固执地说：“不管消费者需要什么，福特公司生产的汽车永远都是黑色的！”

前进中的世界终于使停止“现状”的福特落后了。跟上时代发展的是顺应消费者需求的通用汽车以及后来的日本丰田和本田等。

你安于现状，但其他对手仍在进步，你止步不前，换来的只能是落后，落后就面临被淘汰。你不变，环境每时每刻都在变。

有的老板在几年前还把企业搞得红红火火，近几年却力不从心了；也有的老板过去成功过，后来栽了跟头，现在想东山再起，却办不到了，即使拥有比当年创业时更丰富的资源都无法办到。

老板今不如昔，可能有多方面的原因：企业规模大了，他本人却没有成长；现在创业门槛更高了，他跨不过去了；市场机会越来越少了，争夺者却更多了、竞争更剧烈了；现在的创业环境变化了，他不适应了。这些原因归结起来，其本质都是安于现状造成的。

尤其是环境的变化，让很多缺乏远见的老板吃亏不小。他们总是以为：环境不会恶化，只会越来越好，或者至少可以保持现状。在日新月异的环境中，他们顽固地走着老路子，使用旧方法，守着落后的经营理念。

二、主动改进，而不是被动挨打

在第二次世界大战中期，美国空军和降落伞制造商之间发生了分歧，因为降落伞的安全性能不够。事实上，通过努力，降落伞的合格率已经提高到99.9％了，但军方要求达到100％，因为如果只达到99.9％，就意味着每1000个跳伞士兵中会有一个因为降落伞的质量问题而送命。但是，降落伞商则认为提高到99.9％就够好的了，世界上没有绝对的完美，根本不可能达到100％的合格率。军方在交涉不成功后，改变了质量检查办法，他们从厂商前一周交货的降落伞中随机挑出一个，让厂商负责人装备上身后，亲自从飞机上往下跳。这时，厂商才意识到100％合格率的重要性。奇迹很快出现了：降落伞的合格率一下子达到了100％。

在通常情况下，99.9％的合格率已经够好的了。但如此“够好”却意味着每1000个士兵中就可能有一个人不是死于敌人的枪炮，而是死于降落伞的质量问题。

事物永远没有“够好”的时候。

一个人成功与否在于他是否做什么都力求最好。成功者无论从事什么工作，都不会轻率疏忽，满足现状。相反，他会在工作中以最高的规格要求自己，能做到最好，就必须做到最好。对于老板来说，这样的员工才是最有价值的员工，这样的推销员也是最棒的推销员。

工作中的每个人都应该培养自己一丝不苟的工作作风，那种认为小事就可以被忽略或置之不理的想法，正是你做事不能善始善终的根源，它直接导致工作中漏洞百出。要不断思考如何改进你必须要做的事。当然，在你对既有工作流程寻求改变以前，必须先努力了解既有的工作流程，以及这样做的原因，然后质疑既有的工作方法，想一想能不能进一步地改善。

三、不断战胜自己

一个失去一条腿的军人曾说过这样一段话：“我认为最可怕的敌人便是躲在暗处、看不见的敌人。与明处的敌人作战时，内心具有一种充实感。但我最害怕在密林深处作战。当你屏息静气，不敢发出任何声响，紧张地注视着周围时，好像什么阻力也没有，甚至连敌人的影子都看不见。时间 1 分钟、2 分钟、5 分钟、10 分钟地过去，最令人害怕、毛骨悚然的就是如此的寂静，当恐怖感渗透全身时，也就到了与那些看不见、摸不着的敌人开始战斗的时刻了……”

推销员同样也面对着看得见的“敌人”（竞争对手）和看不见的“敌人”(自己)。对于看得见的“敌人”，当然要全力战胜他，谁都明白应该怎样去做。为了取得成功，当然要付出相当的努力，因此，对于看得见的“敌人”，我们没有任何惧怕。

真正可怕的是那些看不见的“敌人”，这无形的“敌人”就在你感觉不到的自身之中。

所谓推销，就是即使客户摆出一副拒绝的架势，推销员也要用相应的对策使客户购买。客户不想买，你就要用相应的对策来改变客户的观点，这就是推销员的工作。当然，客户不会轻易改变自己的主意。道理很简单，你自己一旦有了某种打算，也不会随意改变，何况是要求别人改变决定呢？同样是拒绝，方式却有不同。有时客户是洗耳恭听后再礼貌地拒绝，有时却态度粗暴，令你难以忍受。推销员差不多每时每刻都在各种拒绝中与“敌人”打交道。假如一个推销员一开始就认为推销工作真让人讨厌，那么，等到第二天起床，他会更加厌恶自己的工作。这就是以悲观的态度去从事推销工作。

作为一个推销员，在他刚刚开始推销时，会遇到一系列的困难，如果此时自己的惰性占了上风，也正是败给看不见的“敌人”的开始。因此，我们最可怕的敌人便是自己的惰性。无论成功还是失败，都取决于自己如何有效地抑制逃避困难与贪图眼前安逸的心理。

战胜自己，不断攀登，这就是托尼·高登成为行业尖兵，成为世界级推销大师的根本原因。

·第七章·

成就你一生的销售技巧

以优雅的谈吐敲开顾客之门

推销是和人打交道的艺术，在和人交往的过程中，要掌握语言艺术，善于运用语言，对顾客要学会赞美，不吝恭维。用优雅的谈吐，你一定能打开顾客的大门。

一、语言魅力不容忽视

只有风度和气质得到周围人的承认才可称为魅力。

推销员的魅力，就在于能够说服顾客，使其购买自己的产品。在推销过程中，只能通过短时间的接触和谈话来取得对方的好感。因此，要想以自己的魅力征服顾客，达到推销的目的，推销员的语言艺术将起到重要的作用。

但是，作为一个推销员，你做到下面几点了吗？

顾客从你对他所关心和感兴趣的事务所表现出的共鸣上，感觉到你的魅力并产生好感。

由于所要争取的顾客的职业、兴趣、年龄、人生观、性格等，无论从何种角度来看都千差万别，所以，你必须明白顾客所关心的事情、感兴趣的事情也千差万别。

要与各种各样的人接触，你能够用自己的语言魅力获得顾客的青睐，从而将商品售出。

谈话的内容，与其求深，不如求广。

小昭和小辉都是公司业绩较好的推销员。小辉浑身上下带着乡土气息，是个朴实的人，也就是说他有一种气质，使得顾客对他不抱有戒备而十分放心，并且一看到他便想起童年的故乡。与他相比，小昭是一个典型的城市青年，他的魅力就是他能进行话题广泛的谈话。

一天，小昭说："经理，××先生说，马上就要签订合同了，请您去作最后的决定。"

"呀，我这次倒要领教一下你的语言艺术了。"经理向他说，并一起来到一个顾客的家。

在顾客家中，使经理感到惊讶的是小昭与主人正以飞碟射击为话题，热火朝天地谈论着。经理与小昭共事已经两年了，关于飞碟射击的议论，经理一次也没听他说过，他一直认为小昭对飞碟射击不感兴趣。事后，经理问他："我怎么不知道你对飞碟射击如此感兴趣？"

"这可不是开玩笑，上次，我到他家时，看到枪架上挂着的枪和刻着他名字的射击纪念杯，回来后便马上做准备。"总之，经过一夜，小昭准备好了这番话题。

这就是优秀推销员的魅力之一——自如地与顾客就各种话题侃侃而谈。

二、把"高帽子"给顾客带上

我和船上的外科大夫在轮船抵达直布罗陀后，上岸去附近的小百货店购买当地出产的精美的羊皮手套。店里有位非常漂亮的小姐，递给我一副蓝手套。我不要蓝的。她却说，像我这种手戴上蓝手套才好看呢。这一说，我就动了心，偷偷地看了一下手，也不知怎么的，看起来果真相当好看。我想将左手的手套戴上试试，脸上有点发烧——一看就知道尺寸太小，戴不上。

“啊，正好！”她说道。

我听了顿时心花怒放，其实心里明知道根本不是这么回事，我用力一拉，可真叫人扫兴，竟没戴上。

“哟，瞧您肯定是戴惯了羊皮手套！”她微笑着说，“不像有些先生戴这种手套时笨手笨脚的。”

我万万没有料到竟有这么一句恭维的话，我只知道怎么去戴好手套。我再一使劲，不料手套从拇指根部一直裂到手掌心去了。我拼命想遮掩裂缝，她却一味大灌迷魂汤，我的心也索性横到底，宁死也要识抬举。

“哟，您真有经验（手背上开口了）。这副手套对您正合适，您的手真细巧，万一绷坏，您可不必付钱（当中横里也绽开了）。我一向看得出哪位先生戴得来（照水手的说法，这副手套的后卫都‘溜’走了，指节那儿的羊皮也裂穿了，一副手套只剩下叫人看了好不伤心的一堆破烂）。”

我头上给戴了七八顶“高帽子”，没脸声张，不敢把手套扔回这天仙的纤手里去。我浑身热辣辣的，又是好气，又是狼狈，戴上美女的高帽后心里还是一团高兴，恨只恨那位仁兄居然兴致勃勃地看我出洋相。我心里真是说不出的害臊，嘴上却说：“这副手套倒真好，恰恰合手。我喜欢合手的手套。不，不要紧，小姐，不要紧，还有一只手套，我到街上去戴，店里头真热。”

店里真热，我从来没有到过这么热的地方。我付了钱，好不潇洒地鞠了一躬，走出店堂。我有苦难言地戴着这堆破烂，走过这条街，然后，将那丢人现眼的羊皮手套扔进了垃圾堆。

这个故事出自美国著名大作家马克·吐温的《傻子出国记》。作家以第一人称的手法，诙谐、夸张而又淋漓尽致地描述了推销中心理力量的精彩一幕。

这位小百货店的美丽小姐为了说服顾客买她的羊皮手套，恰到好处地利用人们心理和情感等方面存在着的人性弱点抛出一顶顶“高帽子”，让顾客洋洋得意，跨入她设置的陷阱。

而这位爱面子、好虚荣、重尊严的顾客宁死也要识“她”的抬举，于是在被灌了一肚子“迷魂汤”后，在心里“害臊”和面上“开开心心”的矛盾下，戴着这堆“丢人现眼”的破烂羊皮手套走人了。

这里，漂亮的店员小姐紧紧抓住顾客的人性弱点步步进攻，导致顾客不能做出最好的选择而臣服在她的脚下。

人人都有虚荣心，都喜欢听恭维的话。在推销过程中，适当地给顾客戴顶“高帽子”，顾客在陶醉中就会很轻易购买你的东西了。

大多数人都喜欢听漂亮话，喜欢被人赞美，有时候明明知道这些赞美之辞都是言不由衷的话，但仍喜欢听，因为人都有虚荣心。在推销中，如果能适当地恭维顾客，给他一顶“高帽子”戴戴，一旦他飘飘然，那你的推销就一定会成功。

三、直击推销语言艺术

推销过程中有几个环节很关键，做好这些关键环节以后，你也能做得很好，轻松掌握推销语言的魅力就不再遥远。

在推销过程中的谈话，有些属于较为正式的，其言语本身就是信息；也有些属于非正式的，言语本身未必有什么真正的含义，这种交谈只不过是一种礼节上或感情上的互酬互通而已。例如我们日常见面时的问候，以及在一些社交、聚会中相互引荐时的寒暄之类。当你与客户相遇时，会很自然地问候道：“你好啊！”“近来工作忙吗，身体怎样？”“吃过饭了吗？”此时对方也会相应地回答和应酬几句。这些话常常没有特定的意思，只是表明：我看见了你，我们是相识的，我们是有联系的，仅此而已。

寒暄，既然是非正式的交谈，所以在理解客户的话时不必仔细地回味对方每一句问候语的字面含义。现实生活中，常常由于对别人的一些一般的礼节性问候做出错误的回应，而误解对方的意思。不同文化背景的人就更易发生这种误解。比如中国人见面喜欢问“吃过饭了吗”，说这句话的人也许根本没有想过请对方吃饭。但对一个不懂得这句话是一般问候语的外国人而言，就可能误以为你想请他共餐，结果会使你很尴尬。两个人见面，一方称赞另一方：“你气色不错”、“你这件衣服真漂亮”，这是在表示一种友好的态度，期望产生相悦之感。在中国人之间，彼此谦让一番，表示不敢接受对方的恭维，这也是相互能理解的。但是对一个外国人来说，可能会因你的过分推让而感到不快，因为这意味着你在拒绝他的友好表示。

寒暄本身不正面表达特定的意思，但它却是在任何推销场合和人际交往中不可缺少的。在推销活动中，寒暄能使不相识的人相互认识，使不熟悉的人相互熟悉，使单调的气氛活跃起来，你与客户初次会见，开始会感到不自然，无话可说，这时彼此都会找到一些似乎无关紧要的“闲话”聊起来。闲话不闲，通过几句寒暄，交往气氛一经形成，彼此就可以正式敞开交谈了，所以寒暄既是希望交往的表示，也是推销的开场白。

寒暄的内容似乎没有特定限制，别人也不会当真对待，但不能不与推销的环境和对象的特点互相协调，真所谓“到什么山上唱什么歌”。古人相见时，常说“久闻大名，如雷贯耳”，今天谁再如此问候，就会令人感到滑稽；外国人常说的“见到你十分荣幸”之类的客套话，中国人却不常说。我们在推销开始时的寒暄与问候，自然也应适合不同的情况，让人听来不觉突兀和难以接受，更不能让人觉得你言不由衷、虚情假意。

除了问候和寒暄之外，还要注重推销中的对话。

作为推销场合的谈话，既不同于一个人单独时的自说自话，也不同于当众演讲，而是推销双方构成的听与讲相配合的对话。对话的本质并非在于你一句我一句的轮流说话，而在于相互之间的呼应。

瑞士著名心理学家皮亚杰把儿童的交谈方式分为两种：当一个儿童进行社交性交谈时，这个孩子是在对听者讲话，他很注意自己所说的观点，试图影响对方或者说实际上是同对方交换看法，这就是一种对话的方式。但作为儿童的自我中心式的谈话时，孩子并不想知道是对谁讲话，也不想知道是不是有人在听他讲。他或是对他自己讲话，或者是为了同刚好在那里的任何人发生联系而感到高兴。7 岁以下的儿童就常沉溺于这种自说自话中，且看两位 4 岁的儿童是怎样交谈的：

汤姆："今晚我们吃什么？"

约翰："圣诞节快到了。"

汤姆："吃烧饼和咖啡就不错了。"

约翰："我得马上到商店买电子玩具。"

汤姆："我真喜欢吃巧克力。"

约翰："我要买些糖果和一双皮鞋。"

这与其说是两人在对话，倒不如说是被打断了的双人独白。在推销双方的交谈中，有时也会出现这种现象。有的人习惯于喋喋不休，急于要把自己心中所想的事情倾吐出来，而不大顾及对方在想什么和说什么，以至于对方只能等他停下来喘口气时才有机会插进几句话。如果推销双方都是各顾各地抢着说话，那么真正听进对方的话就很少，只是白白做了许多都是无效的劳动罢了。

真正的推销对话，应该是相互应答的过程，自己的每一句话应当是对方上一句话的继续。对客户的每句话做出反应，并能在自己的说话中适当引用和重复。这样，彼此间就会取得真正的沟通。

在推销过程中，要挑选客户最感兴趣的主题，假如你要说有关改进推销效率的问题，或要把某项计划介绍给某公司董事会，那你就要强调它所带来的实际利益；你要对某项任务的执行者进行劝说，就要着重讲怎样才能使他们的工作更为便利。必须懂得每个客户的想法都一样，他们总希望能从谈判桌上得到什么好处。

倾听的人更受顾客欢迎

倾听，就是以静制动。善于倾听，你会更受欢迎。

一、倾听让你更受欢迎

韦恩是罗宾见到的最受欢迎的人士之一。他总能受到邀请，经常有人请他参加聚会、共进午餐、担任客座发言人、打高尔夫球或网球。

一天晚上，罗宾碰巧到一个朋友家参加一次小型社交活动。他发现韦恩和一个漂亮女士坐在一个角落里。出于好奇，罗宾远远地注意了一段时间。罗宾发现那位年轻女士一直在说，而韦恩好像一句话也没说，他只是有时笑一笑，点一点头，仅此而已。几小时后，他们起身，谢过男女主人，走了。

第二天，罗宾见到韦恩时禁不住问道：

“昨天晚上我在斯旺森家看见你和最迷人的女孩在一起，她好像完全被你吸引住了。你是怎么吸引她的注意力的?”

“很简单。”韦恩说，“斯旺森太太把乔安介绍给我，我只对她说：‘你的皮肤晒得真漂亮，在冬季也这么漂亮，是怎么做到的？你去哪儿了呢？阿卡普尔科还是夏威夷?’”

“‘夏威夷。’她说，‘夏威夷永远都风景如画。’”

“‘你能把一切都告诉我吗?’我说。”

“‘当然。’她回答。我们就找了个安静的角落，接下去的两个小时，她一直在谈夏威夷。”

“今天早晨乔安打电话给我，说她很喜欢我陪她。她说很想再见到我，因为我是最有意思的谈伴。但说实话，我整个晚上没说几句话。”

看出韦恩受欢迎的秘诀了吗？很简单，韦恩只是让乔安谈自己。他对每个人都这样——对他人说：“请告诉我这一切。”这足以让一般人激动好几个小时。人们喜欢韦恩就因为他注意他们。

假如你也想让大家都喜欢你，那么就尊重别人，让对方认为自己是个重要的人物，满足他的成就感，而最好的办法就是谈论他感兴趣的话题。千万不要喋喋不休地谈自己，而要让对方谈他的兴趣、他的事业、他的高尔夫积分、他的成功、他的孩子、他的爱好和他的旅行，等等。

让他人谈自己，一心一意地倾听，要有耐心，要抱有一种开阔的心胸，还要表现出你的真诚，那么无论走到哪里，你都会大受欢迎。

著名推销员乔·吉拉德说过这样一句话：“上帝为何给我们两个耳朵一张嘴？我想，意思就是让我们多听少说！倾听，你倾听得越长久，对方就会越接近你。”

这个世界过于急躁，每一个人再也没有耐心听别人说些什么，所有的人都在等着说。

再也没有比拥有一个忠实的听众更令人愉快的事情了。对于倾听者来说，在人际交往中，多听少说、善于倾听别人讲话是一种很高雅的素养。因为认真倾听别人的讲话表现了对说话者的尊重，人们往往会把忠实的听众视作完全可以信赖的知己。对于推销员而言，积极地倾听客户的谈论，有助于了解和发现有价值的信息。

一位成功的保险推销员对如何使用倾听这个推销法宝深有体会：“一次，我和朋友去一位富商那儿谈生意，上午 11 时开始。过了 6 小时，我们步出他的办公室来到一家咖啡馆，放松一下我们几乎要麻木的大脑。可以看得出来，我的朋友对我谈生意的方式很满意。第二次谈判定在午餐后2时开始直到下午6时，如果不是富商的司机来提醒，恐怕我们谈得还要晚。知道我们在谈什么吗?

“实际上，我们仅仅花了半个小时来谈生意的计划，却花了9个小时听富商的发迹史。他讲他自己是如何白手起家创造了一切、怎么在年届50岁时丧失了一切，尔后又是如何东山再起的。他把自己想对人说的事都对我们讲了，讲到最后，他非常动情。

“很显然，多数人用嘴代替了耳朵。这次我们只是用心去听、去感受，结果是富商给他40岁的儿女投了人寿险，还给他的生意保了10万元的险。我对自己能否做一个聪明的谈判人并不在意，我只是想做一个好的倾听者，只有这样的人才会到哪儿都受欢迎。”

二、学会倾听

在美国，曾有科学家对同一批受过训练的保险推销员进行过研究。因为这批推销员受同样培训，业绩却差异很大。科学家取其中业绩最好的10％和最差的10％作对照，研究他们每次推销时自己开口讲多长时间的话。

研究结果很有意思：业绩最差的那一部分，每次推销时说的话累计为30分钟；业绩最好的10％，每次累计只有12分钟。

大家想，为什么只说12分钟的推销员的业绩反而高呢?

很显然，他说得少，自然听得多。听得多，对顾客的各种情况、疑惑、内心想法自然了解很多，自然他会采取相应措施去解决问题，结果业绩自然优秀。

善于倾听，还能使你有好人缘。

因为一般人喜欢讲，不善于听。因此，他喜欢讲，你正好喜欢听，那自然是一种特别和谐、美妙的组合。

善于倾听，意味着要有足够的好奇心，去强迫自己对别人感兴趣。如果你认为生活像剧院，自己就站在舞台上，而别人只是观众，自己正在将表演的角色发挥得淋漓尽致，而别人也都注视着自己。如果你有这种想法和习惯，那你会变得自高自大，以自我为中心，永远学不会聆听，永远无法了解别人。

从现在开始，对别人多听多看，将他们当作世上独一无二的人对待，你将发现你比以往任何时候更善于与人沟通。

推销员倾听时应该注意技巧。通常推销员倾听客户谈话时容易出现的坏习惯就是只摆出倾听客户谈话的样子，内心却时刻等待机会将自己想说的话说完。这种沟通方式效果是相当差的，因为推销员听不出客户的意图，听不出客户的期望，其推销自然也就没有目标。培养倾听的技巧有以下几种方法：

一是培养积极的倾听态度，站在客户的立场考虑问题，了解客户的需求和目标。推销员有时候应该反问一下自己："既然客户都有耐心倾听我对产品的介绍，我又为什么没有耐心倾听客户对需求的陈述呢？"将客户的陈述当作是一次市场调查也是相当不错的主意。

二是保持宽广的胸怀。不要按照自己想要听到的内容来做出判断，对客户的陈述不要极力反驳，以免影响沟通的正常进行。

三是让客户把话说完。不要打断客户的谈话，客户也没有时间整天对你这样说下去，他的倾诉也是有限度的。推销员应该让客户把话说完，让他把自己的需求说清楚，推销员才能够依照客户的表述来决定自己该说什么和怎么说、该做什么和怎么做。

四是不要抵制客户的话。即使客户对推销员采取批评的态度，也应该请客户把话说完，以便找到可以解释的地方。抵制客户的话往往会导致客户对你的话也采取抵制态度。

五是站在客户的立场上想问题。客户的诉说是有理由的，他不会平白无故也不会不着边际，关键问题就是推销员如何理解客户的诉说。推销员应该从客户的诉说中发现客户内心的真正想法，以便采取有针对性的推销。

此外，聆听客户讲话，必须做到耳到、眼到、心到，同时还要辅之以一定的行为和态度。我们将倾听技巧归纳如下：

一是身子稍稍前倾，认真倾听客户的谈话，这样是对客户的尊重。

二是不要中途打断客户，让他把话说完。打断客户的谈话是最不礼貌的行为。

三是注视客户的眼睛，不要东张西望。

四是面部要保持很自然的微笑，适时地点头，表示对客户谈话的认可。

五是适时而又恰当地提出问题，以配合对方的语气来表达自己的意见。

六是可以通过巧妙地应答，将客户的谈话引向有关推销商品的话题。

请时刻记住：倾听也是一门艺术，并不是人人都能做到、做好的。怎样学会倾听，请记住吉拉德归纳的12条倾听法则：

(1) 把嘴巴闭起来，以保持耳朵的清静。

(2) 用你所有的感官来倾听。别只听一半，要了解完整的内容。

(3) 用你的眼睛倾听，目光持续地接触，这样会让客户感到你在认真倾听他所谈的每一个字。

(4) 用你的身体倾听。运用肢体语言来感受，可倾身向前，脸上保持全神贯注的神情，表示对他讲话的专注。

(5) 当一面镜子。别人微笑时，你也微笑；他皱眉时，你也皱眉；他点头时，你也点头。

(6) 不要打岔，以免引起别人的烦躁和不快。

(7) 避免外界的干扰。必要时请秘书暂时不要把电话接进来。

(8) 避免分心。把电视、音响设备关掉，没有什么声音比你正倾听的那个人的声音更重要。

(9) 避免视觉上的分神。不要让一些景象干扰你的眼睛。

(10) 集中精神。随时注意别人，不要做其他分散精力的事，如看表、抠指甲、伸懒腰等。

(11) 倾听弦外之音。常常没有说出来的部分比说出的部分更重要。要注意对方语调、手势的变化。

(12) 别做光说不练的人，把仔细倾听当作你的行动之一。

三、善于倾听客户的抱怨

客户与企业间是一种平等的交易关系，在双方获利的同时，企业还应尊重客户、认真对待客户提出的各种意见及抱怨，并真正重视起来，才能得到有效改进。在客户抱怨时，认真坐下来倾听，扮好听众的角色，有必要的话，甚至拿出笔记本将其要求记录下来，使客户感到自己的意见得到了重视。当然，仅仅听是不够的，还应及时调查客户的反映是否属实，迅速将解决方法及结果反馈给客户，并提请监督。

客户的意见是企业创新的源泉，很多企业要求其管理人员都去聆听客户服务区域的电话交流或客户反馈的信息。通过聆听，我们可以得到有效的信息，并可据此进行创新，促进企业更好地发展，为客户创造更多的经营价值。当然，还要求企业的管理人员能正确识别客户的要求，正确地传达给产品设计者，以最快的速度生产出最符合客户要求的产品，满足客户的需求。

在一次进货时，某家具厂的一个客户向其经理抱怨：由于沙发的体积相对较大，而仓库的门小，搬出搬进很不方便，还往往会在沙发上留下划痕，客户有意见，不好销。要是沙发可以拆卸，也就不存在这种问题了。两个月后，可以拆卸的沙发运到了客户的仓库里，不仅节省了库存空间，而且给客户带来了方便。而这个创意正是从客户的抱怨中得到的。

国庆节期间，一位客户申请安装一部固定电话，一切都按客户的要求进行安装。可不知哪个环节使这位客户不满意。在重新安装时，他又有抱怨，而且说了好几句难听的话。在场的装机维护中心的主任一言不发，静静地看着那位客户，不气不恼，样子很像认真聆听的小学生。足足半小时，客户累了，终于歇了口，看着不动声色的主任，开始为自己的举动感到内疚。他对主任说："真不好意思，我的脾气不好。被我这样吵闹，你还不在意。"主任说："没事，没关系，这些都是你的真实想法，我们会虚心接受的。"

事情过去后，出人意料的是，这位客户又陪朋友到电信局申请安装一部电话。现在主任和他还成了好朋友。

所以，当你与客户发生意见分歧时，不妨耐心聆听客户的意见和抱怨，不要害怕自己会失去面子。失去面子往往能赢得面子、赢得尊重，最终赢得客户、赢得生意。

不可忽视真诚地赞美他人

赞美的力量很大，对客户要不失时机地赞美，赞美要有分寸，千万不要引起客户的不满。

一、赞美蕴藏着巨大的能量

美国一个百科全书销售员是这样做的：当准客户露出一点点购买意向时，他立即把准客户的孩子们叫过来，对他们说："知道吗？你们的爸爸真好！为了让你们学好知识，现在就开始给你们准备最好的书。你们要记住：一定要真心爱你们的好爸爸！"客户被一种神圣的气氛所感染，成交自然是顺理成章的了。这样的赞美高手，其功力已达到炉火纯青的地步。

把你的掌声和鼓励不失时机地送给那些喜欢它的人，他们受到激励后会更加努力，你也将可以得到更多的回馈。

观众的掌声对一个赛场上的球队有没有激励与鼓励的作用？答案是肯定的。每个球队都知道，赛场上，天时、地利、人和都是非常重要的。观众鼓励球队的热情是支持球队打胜仗最重要的力量之一。每个球队都承认球迷的打气使他们情绪激动、斗志昂扬。

同样的道理，在日常生活中，鼓励也是很重要的一个因素，而且也是很有用的。在家庭里，夫妻应该彼此鼓励，父母与子女应该彼此鼓励。在工作上，老板和员工更是应该彼此鼓励。在生活中，朋友之间也应该彼此鼓励。

有这样一个关于鼓励的故事：一个驯兽师在训练海豚的跳高，在开始的时候，他先把绳子放在水面下，使海豚不得不从绳子上方通过，海豚每次经过绳子上方就会得到奖励，它会得到爱吃的食物，会有人拍拍它并和它玩，训练师以此对这只海豚表示鼓励。当海豚从绳子上方通过的次数逐渐多于从下方经过的次数时，训练师就会把绳子提高，只不过提高的速度会很慢，不至于让海豚因为过多的失败而沮丧。训练师慢慢地把绳子提高，一次一次地鼓励，海豚也一步一步地跳得比前一次高。最后海豚跳过了世界纪录。

无疑是鼓励的力量让这只海豚跃过了这一载入吉尼斯世界纪录的高度。对一只海豚如此，对于聪明的人类来说更是这样，鼓励、赞赏和肯定会使一个人的潜能得到最大限度的发挥。可事实上更多的人却是与训练师相反，起初就定出相当的高度，一旦达不到目标，就大声批评。

康涅狄格州的芭蜜娜·邓安是一名职员，在公司里，她的职责之一是监督一名清洁工的工作。他做得很不好，其他的员工时常嘲笑他，并且常常故意把纸屑或别的东西丢在走廊上，以显示他工作的差劲。

这种情形很不好，而且增加了他的工作量。

芭蜜娜试过各种办法，但是都收效甚微。不过她发现，他偶尔也会把一个地方弄得很整洁。于是她就趁他有这种表现的时候当众赞扬他。逐渐地，他的工作就有改进，不久之后，他已经可以把整个工作都做得很好了。

1968 年，美国心理学家罗塔尔森和雅各布森做了一次有趣的试验：他们对一所小学的 6 个班的学生成绩发展预测，并把他们认为有发展潜力的学生名单用赞赏的口吻通知学校的校长和有关教师，并再三叮嘱对名单保密。实际上，这些名单的人名是他任意选取的。然而出乎意料的是，8 个月以后竟出现了令人惊喜的奇迹：名单上的学生个个学习进步，性格开朗活泼，求知欲强，与教师感情甚笃。

为什么 8 个月之后竟会有如此显著的差异呢？

这就是期望心理中的共鸣现象。原来，这些教师得到权威性的预测暗示后，便开始对这些学生投以赞美和信任的目光，态度亲切温和，即使他们犯了错误也不会严厉地指责他们，而且通过赞美他们的优点来表示信任他们能改正，实际上他们扮演着皮革马利翁的角色。正是这暗含的期待和赞美使学生增强了进取心，使他们更加自尊、自爱、自信和自强，奋发向上，故而出现了“奇迹”。这是由于教师的赞美、信任和爱而产生的效应。

这个故事给我们这样一个启示：赞美、信任和期待具有一种能量，它能改变人的行为，当一个人获得另一个人的信任、赞美时，他便感觉获得了社会支持，从而增强了自我价值，变得自信、自尊，获得一种积极向上的动力，并尽力达到对方的期许，以避免对方失望，从而维持这种社会支持的连续性。

然而，遗憾的是，现实生活中，人们似乎都已经遗忘“信任”、“期待”和“赞美”这几个词了，他们对身边那些在生活、工作和学习中一时成绩不理想的人往往不是给予鼓励和耐心的帮助，而是讽刺、挖苦，并且总是用一种老眼光和轻视的态度冷落他们，使他们的自尊心和自信心大大地受到伤害，以至于感到心灰意冷、气馁自卑，甚至性格孤僻、沉默寡言，长此以往，他们会越来越消沉，自此与成功绝缘。

二、用赞扬来代替批评

真诚的赞扬可以收到效果，而批评和耻笑却会把事情弄糟。

这一点在孩子身上表现得最明显。当孩子做错事时，父母如果一味地批评指责，就会使孩子承受长期的心理惩罚，会给儿童带来压制、苦恼、反抗的情绪，不利于他们的行为向好的方面发展。对于个别孩子来说，甚至会影响他的一生。

吉姆·金是一个非常有责任心的父亲，他希望自己的儿子约翰认真读书，将来可以成为一个有用的人。因此，从约翰上小学二年级开始，吉姆就开始对约翰提出严格的要求。他私自给约翰订立了几条规则：禁止他随便与街上那些孩子们一起逛大街，无所事事；不允许任何一门考试低于良；不允许看卡通节目；不允许玩电子游戏，等等。约翰只要偶尔违背这些规则，就会遭到严厉的斥责。可是，到了三年级的时候，约翰的成绩却已经连“及格”的档次都难以维持了。他似乎故意与父亲作对，偷偷地跑出去找孩子们玩耍。而且，他专门找那些被家长们视作无可救药的“坏”孩子，因为他感觉到自己与他们一样：在父母的眼里，是那种只会犯错误的孩子。

吉姆非常困惑，在与邻居们谈话时不断诉说自己的烦恼，可是，在他生活的那个小镇上，没有一个人可以指出他的错误。吉姆依旧采用自己认为正确的方法，对约翰实施更加严格的管教。最终，约翰在一次斗殴事件发生后，被送进了青少年管教所。

可怜的吉姆始终也弄不明白，为什么自己花费了那么多的心血，到头来却落得如此结局。

用赞扬来代替批评，是著名的心理学家史京勒心理学的基本内容，史京勒通过动物实验证明：由于表现好而受到奖赏的动物，它们在被训练时进步最快，耐力也更持久；由于表现不好而受处罚的动物，它们的速度或持久力都比较差。研究结果表明：这个原则同样适用于人。我们用批评的方式并不能改变他人，常会适得其反。

汉斯·希尔也是一位著名的心理学家，他说："太多的证据显示，人们都普遍地不喜欢受人指责。"

因为被批评而引起的愤恨，常常使人的情绪低落，对应该改进的状况一点也不起作用。

历史全是由这些夸赞的真正魅力来为成功做令人心动的注脚。例如：许多年前，一个10岁的男孩在拿坡里的一家工厂做工。他一直想当一个歌星，但他的第一位老师却泄了他的气。他说："你不能唱歌，你根本五音不全，简直就像风在吹百叶窗一样。"但是他的妈妈——一位穷苦的农妇——用手搂着他并称赞他说，她知道他能唱，她认为他有些进步了。她还节省下每一分钱，好让他去上音乐课。这位母亲的嘉许改变了这个孩子的一生，他的名字叫恩瑞哥·卡罗素，他成了那个时代最伟大的歌剧演唱家。

在19世纪的初期，伦敦有位年轻人想当一名作家。他好像做什么事都不顺利，他几乎有4年的时间没有上学。他的父亲锒铛入狱，只因无法偿还债务。而这位年轻人时常受饥饿之苦。最后，他找到一个工作，在一个老鼠横行的货仓里贴鞋油的标签，晚上在一间阴森静谧的房子里和另外两个男孩一起睡，这两个人是从伦敦的贫民窟来的，他们对他的作品毫无信心，所以他趁深夜溜出去，把他的第一篇稿子寄了出去，免得遭人笑话。一个接一个的故事都被退稿，但最后他终于被人接受了。虽然他一先令都没拿到，但编辑夸奖了他。有一位编辑承认了他的价值，他心情异常激动，漫无目的地在街上乱逛，眼泪流过他的双颊。因为一个故事的付梓，他所获得的嘉许改变了他的一生。假如不是这些夸奖，他可能一辈子都在老鼠横行的货仓里做工。你也许听说过他，他的名字叫查尔斯·狄更斯。

大量的事实证明，当批评减少而鼓励和夸奖增加时，人所做的好事会增加，而比较不好的事会因受忽视而萎缩。

赞美就像浇在玫瑰上的水，最终将会开出让人心动的花朵。赞美别人并不费力，只要几秒钟，便能满足人们内心的强烈需求。看看我们所遇到的每个人，寻觅他们值得赞美的地方，然后加以赞美，并把赞美他人变成一种习惯吧。

三、赞美要有分寸

好话人人爱听，但过分矫饰的赞美却让人浑身不自在。一个推销员看准女人都希望自己年轻这一点，凡见到女性即称呼“小姐”。一次遇到一位年逾六旬、雍容华贵的老太太，直觉告诉他这是一个好客户，于是更加热心地招呼，并在寒暄中得知这位太太姓李，频频称呼她为“李小姐”。孰料老太太觉得不妥，希望他改一下称呼，然而推销员仍然坚持要以“李小姐”来称呼，并且用十分谄媚的语气说：“外表不年轻并不重要，只要内心保持年轻就好了。”

后来老太太虽然不再表示意见，但心中不悦的情绪早已产生，拒绝与排斥的念头也开始在心中发酵。

我们经常说礼多人不怪，所以推销员对顾客总是礼遇有加，并且经常会以近乎拍马屁的态度去奉承每一个客户，将人与人之间的沟通技巧建立在取悦对方的逢迎拍马上面，这种做法其实是一种过度包装。

推销的技巧中虽然会用到一些吹嘘和称赞的语言，但若是运用不当，就会出现相反的效果。也就是说，在赞美对方时，首先要考虑到一个事实：那就是客户可以接受哪些称赞的话，倘若适得其反，不如不用。身为推销员，反应能力一定要快，当客户表现出反感时要立即打住，避免因墨守成规而形成僵化的推销局面。否则经常如此，推销能力不但不会提高，而且还会给人一种令人作呕的虚伪形象。

应该以更实际的做法来赢取客户的认同，并且随时顺应社会的变化，掌握最新的资料，随时调整新的推销策略，这样才能跟得上时代。

四、教你赞美的技巧

赞美客户有助于推销员和客户形成良好的关系，进而达成交易。赞美对于推销员来说是相当重要的，它是一件好事，但绝不是一件易事。赞美客户如果不审时度势，不掌握良好的赞美技巧，即使推销员出于真诚，也十分有可能将好事变成坏事。在赞美客户时，以下技巧是可以运用的：

一是因人而异。客户的素质有高低之分，年龄有长幼之别，因此要因人而异，突出个性、有所指的赞美比泛泛而谈的赞美更能收到较好的效果。年长的客户总希望人们能够回忆起其当年雄风，与其交谈时，推销员可以将其自豪的过去作为话题，以此来博得客户的好感。对于年轻的客户不妨适当地赞扬他的开创精神和拼搏精神，并拿伟人的青年时代和他比较，证明其确实能够平步青云；对于商人，可以赞扬其生意兴隆、财源滚滚；对于知识分子可以赞扬其淡泊名利、知识渊博，等等。当然所有的赞扬都应该以事实为依据，千万不要虚夸。

二是详细具体。在和客户的交往中，发现客户有显著成绩的时候并不多见，因此推销员要善于发现客户哪怕是最微小的长处，并不失时机地予以赞美。让客户感觉到推销员真挚、亲切和可信，距离自然会越拉越近。

三是情真意切。说话的根本在于真诚。虽然每一个人都喜欢听赞美的话，但是如果推销员的赞美并不是基于事实或者发自内心，就很难让客户相信推销员，甚至客户会认为推销员在讽刺他。

四是合乎时宜。赞美客户要相机行事。开局赞美能拉近和客户的距离，到交易达成后再赞美客户就有些为过。如果客户刚刚受到挫折，推销员的赞美往往能够起到激励其斗志的作用。但是如果客户取得了一些成就，已经被赞美声包围并对赞美产生抵制情绪时，再加以赞美就容易被认为有溜须拍马的嫌疑。

五是雪中送炭。在我们的生活中，受挫折的环境实在是太多。人们往往把赞美给予那些功成名就的胜利者。然而这种胜利者毕竟是极少数，很多人在平时处处受到打击，很难听到一句赞扬的话。

推销员适时地对客户进行赞美，往往能够让客户把推销员当作知心朋友来对待。在这种环境中，最容易达成交易。当然对于推销员来说，不要心存任何愧疚，认为是通过和客户拉关系来推销产品，只要推销员的赞美是出于真心诚意，这种方法就是可行的。

赞美不一定都要表现在言语上，通过目光、手势或者微笑都可以表达对客户的赞美之情。

好仪表让客户喜欢上你

拿破仑·希尔说，成功的外表总能吸引人们的注意力，尤其是成功的神情更能吸引人们的“赞许性的注意力”。

一、好的外表能赢得顾客好感

刚入推销行业时，法兰克的着装、打扮非常不得体，公司一位最成功的人士对法兰克说：“你看你，头发长得不像个推销员，倒像个橄榄球运动员。你应该每两周理一次发，这样看上去才有精神。你连领带都不会系，真该找个人好好学学。你的衣服搭配得多可笑，颜色看上去极不协调。不管怎么说，你得找个行家好好地教你打扮一番。”

“可你知道我根本打扮不起!”法兰克辩白说。

“你这话是什么意思?”他反问道,“我是在帮你省钱。你不会多花一分钱的。你去找一个专营男装的老板,如果你一个也不认识,干脆找我的朋友斯哥特,就说是我介绍的,见了他,你就明确地告诉他你想穿得体面些却没钱买衣服,如果他愿意帮你,你就把所有的钱都花在他的店里。这样一来,他就会告诉你如何打扮,包你满意。这么做,既省时间又省钱,你干吗不去呢?这样也更易赢得别人的信任,赚钱也就更容易了。”

听起来真新鲜。他这些话说得头头是道,法兰克可是闻所未闻。

法兰克去了那位朋友所说的男装店,请斯哥特先生帮他打扮一下。斯哥特先生认认真真地教法兰克打领带,又帮法兰克挑了西服以及与之相配的衬衫、袜子、领带。他每挑一样,就评论一番,解说为什么挑选这种颜色、式样,还特别送法兰克一本教人着装打扮的书。不光如此,他还对法兰克讲一年中什么时候买什么衣服、买哪种最划算,这可帮法兰克省了不少钱。法兰克以前老是一套衣服穿得皱巴巴时才知道换,后来注意到还得经常洗熨。斯哥特先生告诉法兰克:“没有人会好几天穿一套衣服。即使你只有两套衣服,也得勤洗勤换。衣服一定要常换,脱下来挂好,裤腿拉直,西服送到干洗店前就要经常熨。”

过了不久,法兰克就有足够的钱来买衣服了。

中国也有一句谚语说:“佛要金装,人要衣装。”

每一天无论在工作或私人场合,我们总有机会接触到不少陌生人,这些人或多或少对我们的生活都会造成一些影响,因此我们留给别人的印象是很重要的。

所以,千万不要忽略了外表的重要性。花一点时间来打理你的外表,让自己看起来神清气爽、精神饱满,是你对自己应有的投资。

“你不可能仅仅因为打对了一条领带而获得某个职位,但你肯定会因戴错了领带而失去一个职位。”这句话很朴实，也很经典。

如果你连自己的形象都不在乎，你就别想让别人在乎你。仪表得体、举止优雅是对你自己的尊重，也是对别人的尊重。身为企业的一员，你的形象就是公司的形象，千万别让公司的形象毁于你手。

如果汽车交易商准备卖一辆旧汽车的话，他会怎样做呢？首先，他把车送到车间里，将表面的擦痕都磨光，并重新喷漆。然后，再将车内装饰一新，换上新轮胎，调整好发动机，总之，使车重新焕发光彩。为什么要这样做呢？因为汽车交易商知道外表鲜亮的汽车一定能卖个好价钱。这与你做销售工作是一样的。要记住：仪表不凡和风度翩翩将使你在客户的眼中身价倍增。

当别人注视你时，他们将看到什么呢？请站到镜子前面看一下，你所见到的也恰是你的客户所见到的。要保证你自己能够对这个“镜中人”满意，如果你都不喜欢“他”，那可别指望你的客户能够感兴趣。

二、建立有利的第一印象

西方有句谚语：“你没有第二个机会留下美好的第一印象。”

8 月份一个炎热的上午，一位推销钢材的专业推销人员走进了某家制造企业的总经理办公室。这个推销人员身上穿着一件看不出究竟是什么颜色的衬衫和一条皱巴巴的裤子，他嘴里叼着雪茄，含糊不清地说：“早上好，先生。我代表阿尔巴尼钢铁公司。”

“什么？”这位准客户问，“你代表阿尔巴尼公司？听着，年轻人，我认识阿尔巴尼公司的几个头儿，你没有代表他们——你错误地代表了他们。你也早上好！”

爱默生曾经说：“你说得太大声了，以至于我根本听不见你在说什么。”换句话说，你的外表、声音和举止所传达的印象有助于使准客户在心目中勾勒出一幅反映你的本质性格的画面。

当你出现在你的准客户面前时，他们看到的是一个什么类型的人呢？他们在刹那间捕捉了一系列你的图像或快照，然后，他们将其中最重要的一些储存进自己的意识中。

有些人认为：在面谈的前 10 秒钟内就决定了谈判会完成还是将破裂。可能真是这样，我们确实根据在与一个人见面的头几秒钟内所得到的印象快速作出对他的判断。如果这些判断是不利的，那么所有的销售都不得不首先克服这位专业推销人员在准客户心中留下的糟糕印象。另一方面，一个有利的印象肯定可以帮助销售，而且也不需要硬着头皮、费力地抗争准客户心中对你形成的不利的第一印象。

内布拉斯加州一位经验丰富的经理说：“有一天，一个人来拜访我。他穿得就像一部著名的老剧《上午之后》中的一个角色。他开始做一个好得非同寻常的销售推介，但我老是走神。我看着他的鞋子、他的裤子，然后再把目光扫过他的衬衫和领带。大部分时间里我都在想，如果这位专业推销人员说的都是真的，那他为什么穿得如此落魄呢？

“他告诉我他手中有很多订单，他有许多客户，他们也购买了大量的这种产品。但他的个人外表致命地显示他说的话不是真的。我最后没有购买，因为我对他的陈述没有信心。”

专业推销人员必须给客户留下一种好印象。必须有成功的外貌、成功的谈吐和成功的姿态。这些都是具有大意义的小事情——它们都有助于将销售面谈成功地进行下去。

第一印象是非常重要的，一定要注意保持一种良好的第一印象，因为你不可能再有第二次机会了。客户对你的第一印象主要是依据外表——你的眼神、面部表情，等等。你可以认为外表就是一种表面语言，正如声音所表达的一样。

一个人的外貌对于他本身有很大影响，穿着得体就会给人以良好的印象，它等于在告诉大家："这是一个重要的人物，聪明、成功、可靠。大家可以尊敬、仰慕、信赖他。他自重，我们也尊重他。"

只有在对方认同你并接受你的时候，你才能顺利进入对方的世界，并游刃有余地与对方交往，从而把自己的事情办成和办好，而这一切的获得在很大程度上与你的外在打扮有关。

大凡给对方留下了好印象的人都善于交往、善于合作。而一个人的仪表是给对方留下好印象的基本要素之一。试想：一个衣冠不整、邋邋遢遢的人和一个装束典雅、整洁利落的人在其他条件差不多的情况下，去办同样分量的事，恐怕前者很可能受到冷落，而后者更容易得到善待。特别是到陌生的地方办事，怎样给别人留下美好的第一印象更为重要。世上早有"人靠衣装马靠鞍"之说，一个人若有一套好衣服配着，仿佛把自己的身价都提高了一个档次，而且从心理和气势上增强了自己的信心。莫怪世人"以貌取人"，人皆有眼，人皆有貌，衣貌出众者，谁不另眼相看呢？着装艺术不仅给人以好感，同时还直接反映出一个人的修养、气质与情操，它往往能在尚未认识你或你的才华之前向别人透露出你是何种人物，因此在这方面稍下一点功夫，就会事半功倍。

衣冠不整、蓬头垢面让人联想到失败者的形象。而完美无缺的修饰和宜人的体味能使你的形象大大提高。有些人从来没有真正养成过一个良好的自我保养的习惯，这可能是由于不修边幅的学生时代留下的后遗症，或是父母的率先垂范不好，或者他们对自己的重视不够造成的。这些人往往"三天打鱼两天晒网"，只要基本上还算干净，没有人瞧不起，能走得出去便了事了。如果你注重自己的形象，良好的修饰习惯很快就能形成。如果你天生是络腮胡子脸，那也没有办法，但至少你要给人一种你能打点好自己的印象。牙齿、皮肤、头发、指甲的状况和你的仪态都一一表明你的自尊程度。

别人对你的第一印象往往是从服饰和仪表上得来的，因为衣着往往可以表现一个人的身份和个性。毕竟，要对方了解你的内在美需要长久的过程，而仪表则让人一目了然。

办事儿的顺利与否，第一印象至关重要，不讲究仪表就是自己给自己打了折扣，自己给自己设置了成功的障碍，不讲究仪表就是人为地给要办的事情增加了难度。

三、良好的仪表有助于你的成功

美国商人希尔在创业之始就意识到服饰对人际交往与成功办事的作用。他清楚地认识到，商业社会中，一般人是根据一个人的衣着来判断对方的实力的，因此，他首先去拜访裁缝。靠着往日的信用，希尔定做了 3 套昂贵的西服，共花了 275 美元，而当时他的口袋里仅有不到 1 美元的零钱。

然后他又买了一整套最好的衬衫、衣领、领带等，而这时他的债务已经达到了 675 美元。

每天早上，他都会身穿一套全新的衣服，在同一个时间里、同一个街道同某位富裕的出版商“邂逅”，希尔每天都和他打招呼，并偶尔聊上一两分钟。

这种例行性会面大约进行了一星期之后，出版商开始主动与希尔搭话，并说：“你看来混得相当不错。”

接着出版商仅想知道希尔从事哪种行业，因为希尔身上所表现出来的这种极有成就的气质，再加上每天一套不同的新衣服，已引起了出版商极大的好奇心。这正是希尔盼望发生的情况。

希尔于是很轻松地告诉出版商：“我正在筹备一份新杂志，打算在近期内争取出版，杂志的名称为《希尔的黄金定律》。”

出版商说：“我是从事杂志印刷及发行的，也许我也可以帮你的忙。”

这正是希尔所等候的那一刻，而当他购买这些新衣服时，他心中已想到了这一刻，以及他们所站立的这块土地，几乎分毫不差。这位出版商邀请希尔到他的俱乐部，和他共进午餐，在咖啡和香烟尚未送上桌前，已“说服”了希尔答应和他签合约，由他负责印刷及发行希尔的杂志。希尔甚至“答应”允许他提供资金且不收取任何利息。

发行《希尔的黄金定律》这本杂志所需要的资金至少在 3 万美元以上，而其中的每一分钱都是从漂亮衣服所创造的“幌子”上筹集来的。

成功的外表总能吸引人们的注意力，尤其是成功的神情更能吸引人们“赞许性的注意力”。当然，这些衣服里也包含着一种能力，是自信心和创造力的完美体现。

在日常生活中，我们常常听到这样的劝告：不要以貌取人。但是经验告诉我们，人是很难做到不以貌取人的。从人的审美眼光出发，爱美之心人皆有之，人们对美的认识，很多时候是从第一印象中产生的，而人的仪表恰好承载了这一“特殊”的任务。

良好的仪表犹如一支美丽的乐曲，它不仅能够给自身带来自信，也能给别人带来审美的愉悦，既符合自己的心意，又能左右他人的感觉，使你办起事来信心十足，一路绿灯。

日本推销界流行的一句话就是：“若要成为第一流的推销人员，就应先从仪表修饰做起，先以整洁得体的衣饰来装扮自已。”只要你决定投入推销业，就必须对仪表服饰加以重视，这是绝对重要的。

推销人员的着装要符合个人的性格、爱好、身份、年龄、性别、环境、风俗习惯，不要过于另类和佩戴过多的饰物。如果穿戴过于引起别人注意的服饰，反而会使人觉得你本人无足轻重，招致相反效果。

一位女推销人员在美国北部工作，一直都穿着深色套装，提着一个男性化的公文包。后来她调到阳光普照的南加州，她仍然以同样的装束去推销商品，结果成绩不够理想。后来她改穿色彩稍淡的套装，换了一个女性化一点的皮包，使自己增添了许多亲切感，着装的这一变化，使她的业绩提高了25％。

成功与衣装的影响有很大关系，新时代的成功哲学是：70％的才干，加上30％的包装。“佛要金装，人要衣装”，推销业是一个不断与人打交道的行业，衣着就是你的通行证。推销人员的衣着最好选择一些中性色彩，给人以稳重感，着装原则以合身为主，样式为辅。服装的搭配也是关键，恰到好处的搭配可以直接传递出你的品位和形象。

自然，人们对于着盛装的人和不讲究仪表的人两者间的感觉是不会相同的。美国有许多家大公司对所属雇员的装扮都有“规格”，所谓规格自然不是指要穿得怎么好看或用何种衣料，而是“观感”的水准。不只在美国如此，在世界各地都一样。在中国，保险公司的业务员在向人们推销保险的时候是不会随便着装的。无疑，人们对于穿得整齐的人总是较有信赖感的。

·第八章·

一分钟说服
——世界上最棒的推销艺术

开场白沟通技巧

推销员向客户推销商品时，一个有创意的开头十分重要，好的开场白能打破顾客对你的戒备心理，设计好开场白十分重要。

一、至关重要的开头

临时交易时，对于客户心中的想法还不知道，因而会面的开始非常重要。要引起听者的注意，接着让他产生兴趣，也就是有兴趣听你说话。一个人时时在接受周围的各种刺激，但对这些来自四面八方的刺激并非一视同仁，可能对某一刺激特别敏锐、明了，因为这成为他一刹那间的意识中心。假如听者的大脑意识中枢集中在说者的谈话上，那么此刻听者对于其他的刺激都不在意了。

打个比方，专心看电视的小朋友，任凭妈妈在旁边怎么呼喊，他都听不见。又比如参加考试的学生，当其集中注意力于试卷上的题目，专心思索时，对于窗外的噪音也不以为苦了。

就是由于人类都有这种心理的缘故，所以必须把客户的注意力集中到自己身上。客户的心理，能够因为讲话的人高明的开场白而完全受掌握。换句话说，说者的第一句话最具有重要性，可以有力地吸引住客户的兴趣，在那么可贵的一刻，在两人目光相接的时候，有许多错综复杂的心理作用就在客户身上发生了。

在这刹那之间，推销员所说的头一句话是否能让对方一直听到最后一句话，决定于客户对推销员有没有产生好感。我们虽说要在开始10秒钟之内把握住客户的心，其实这个时间越短越有利，你要抓住客户的心，最长也不可超过10秒钟。以下让我们来参考另外几个例子吧：

(住宅门口)“哦！您好早哟！你在洗车吗？我是××公司的人，今天特地来访问您。”

(农家门口)“哦！您好勤快哟！这么大早就起来；现在蔬菜市价很便宜了。”“对呀，已经不够本了；用车子把它运到果菜市场去，刚刚好够汽油钱和装箱钱！”

“您好！我是××公司的。”

(在蔬菜摊)“什么？你再说清楚一点。”“也没什么啦！刚才有3位太太们在讲话。她们一致认为你这家铺子所卖的蔬菜要比其他家新鲜得多呢！”

上面列举的开场白适用于临时交易，经常交易则无须如此。但偶尔为了改变气氛、把握客户心思起见，也不妨采取这类方式来聊天。

当你进门的那一刻，就要同时打开客户的心门。

二、设计有创意的开场白

好的开始是成功的一半。

开场白一定要有创意，预先准备充分，有好的剧本，才会有完美的表现。可以谈谈客户感兴趣和所关心的话题，投其所好。欣赏别人就是恭敬自己，客户才会喜欢你；“心美”看什么都顺眼，客户才会接纳你。

如何有技巧、有礼貌地进行颇富创意的开场白及攀谈呢？应当针对不同客户的实际情况、身份、人格特征及条件予以灵活运用、相互搭配。

在创意开场白的技巧上，有以下应注意的重点：事先准备好相关的题材及幽默有趣的话题；注意避免一些敏感性、易起争辩的话题，为人处世要小心，但不要小心眼，例如：宗教信仰的不同，政治立场、看法的差异，有欠风度的话，他人的隐私，有损自己品德的话，夸大吹牛的话，在面对女性隐私时尤须注意得体礼貌；得理要饶人，理直要气和；一定要多称赞客户及与其有关的一切事物。可以以询问的方式开始："您知道目前最热门、最新型的畅销商品是什么吗？"以肯定客户的地位及社会的贡献开始；以格言、谚言或有名的广告词开始；以谦和请教的方式开始，等等。

把心量放大，福就大，生气是拿别人的错误来惩罚自己。可针对客户的摆设、习惯、嗜好、兴趣、所关心的事项开始；也可以开源节流为话题，告诉客户若购买本项产品将节省多少的成本、可赚取多高的利润，并告诉他"我是专程来告诉您如何赚钱及节省成本的方法"；可以用与××单位合办市场调查的方式为开始；可以用他人介绍而前来拜访的方式开始；可以举名人、有影响力的人的实际购买的例子及使用后效果很好的例子为开始；以运用赠品、小礼物、纪念品、招待券等方式开始；以提供试用试吃为开始；以动之以情、诱之以利、晓之以害的生动演出的方式开始；以提供新构想、新商品知识的方式开始；以具震撼力的话语、吸引客户有兴趣继续听下去的"这部机器一年内可让您多赚×百万元"为开始……

万事开头难，做推销更是如此，但是，作为一个职业推销员是绝不能因此而放弃努力的，应该在面对客户之前做好充分的准备，设计一个有创意的开场白。

预约采访技巧

预约客户也是一种艺术，可以通过电话、信函、拜访预约客户，恰当的预约采访技巧对成功的推销至关重要。

一、预约技巧对成功推销极为重要

一般人对于一个陌生的电话通常都存有戒心，他的第一个疑问必然是："你是谁?"所以我们必须先表明自己的身份，否则，一些人为避免不必要的干扰，可能敷衍你两句就挂上电话。可是，也有人会说："如果我告诉他，他会更容易拒绝我。"事实上确实如此，所以我们尽可能表明：我是你的好朋友×××介绍来的。有这样一个熟悉的人做中介，对方自然就会比较放心。同样地，对方心里也会问："你怎么知道我的?"我们也可以用以上的方法处理。有的人又会说："其实我只是从一些资料上得到顾客的电话，那又该怎么办呢?"这时，可以这样说："我是你们董事长的好朋友，是他特别推荐你，要我打电话给你的。"这时，你也许会想：如果以后人家发现我不是董事长的好朋友，那岂不让我难堪？其实，你不必那么紧张，你打电话的目的无非是为了获得一次面谈的机会。如果你和对方见面后交谈甚欢，那对方也不会去追究你曾经说过的话了。

大多数推销员有个毛病，即一到客户那里就说个没完，高谈阔论，舍不得走。因此，在电话约访中要主动告诉客户："我们都受过专业训练，只要占用您 10 分钟时间，就能将我们的业务做一个完整的说明。您放心，我不会耽误您太多的时间，只要 10 分钟就可以了。"

解决了客户的两个疑惑，预约一般都能成功。只有得到客户的同意，有了和客户面对面的机会，才为成功推销迈出了关键的第一步。

二、约见客户的几种方法

约见是推销人员与客户进行交往和联系的过程，也是信息沟通的过程。常用的约见方法有以下几种：

1. 电话约见法

如果是初次电话约见，在有介绍人介绍的情况下，需要简短地告知对方介绍者的姓名、自己所属的公司与本人姓名、打电话的事由，然后请求与他面谈。务必在短时间内给对方以良好的印象，因此，不妨这样说："这东西对贵公司是极有用的。""采用我们这种机器定能使贵公司的利润提高一倍以上。""贵公司陈小姐使用之后认为很满意，希望我们能够推荐给公司的同事们。"等等，接着再说："我想拜访一次，当面说明，可不可以打扰您 10 分钟时间？只要 10 分钟就够了。"要强调不会占用对方太多时间，然后把这些约见时间写在预定表上，继续打电话给别家，将明天的预定约见填满之后，便可开始访问活动了。

有一位专业推销人员说："查克是我遇到过的最好的电话探寻员之一。查克的相貌确实不怎么样，不过，他有个优美的、有磁性的嗓音，而且很招人喜欢，特别是管理人员的助理。他非常善于与那些人相处，他和助理们聊天，交换些俏皮话，他会这样说：'伙计，你听上去真不赖，在一个星期三的早上，你拣到钱了吗?'说些这样的话后，他会说：'顺便问一句，你的老板在不在?'然后很快，主管的电话就会被接通；有时，那些主管是位置高如波音公司董事会主席的人。

"与主管接通后，他会说：'伙计，你比一个远在欧洲的参议员还难找。'这将毫无例外地引起一阵大笑。他会接着说：'你知道，我找到了你可以将钱全部带走的办法。'主管会说：'是吗，什么办法?'查克会回答：'美国银行的分行遍布整个地球。'他不用等很长时间就可以从主管那儿得到回应，然后，他就会安排一次约见。

“当查克的老板（雇用他的专业推销人员）前去拜访这位主管时，这位主管会对查克没能同来感到失望，他会这样说，我希望你懂得的和查克一样多。’当然，查克对这个计划几乎一无所知，他只是安排约见。这时这位专业推销人员会说：‘我想我可以。顺便问一句，查克告诉了你一些什么？’大部分时候，答案会类似于：‘嗯，我也记不清了，不过它听起来确实挺有趣。’有一个能够敲定约见的人要比对产品知晓甚多的人重要得多。”

2. 信函约见法

信函是比电话更为有效的媒体。虽然伴随时代的进步而出现了许多新的传递媒体，但多数人始终认为信函比电话显得更正式一些。因此，使用信函来约会访问，所受到的拒绝比电话要少。另外，运用信函约会还可将广告、商品目录、广告小册子等一起寄上，以增加对顾客的关心。也有些行业甚至仅使用广告信件来做生意，这种方法有效与否在于使用方法是否得当。信函约见法的目的是为了创造与新的客户面谈的机会，也是寻找准客户的一个有效途径，书信往来是现代沟通学的内容之一。对于寿险推销人员来说，如果你以优美、婉转、合理的措辞给他阐明寿险的理念，让他知道有你这么一个人挂念着他就足够了；然后，你可以登门拜访，带着先入为主的身份与他再次面谈。

巴罗最成功的“客户扩增法”的有效途径是直接通信。他曾经讲述了自己的一段经历：“有一段时期，我苦恼极了，我的客户资源几乎用光了，我无事可做。我眼巴巴地望着窗外匆匆的行人，难道我能冲出去，拉住他们听我讲保险的意义吗？不，那样显然是不恰当的，他们会以为我疯了。

“我百无聊赖地翻看着报纸、杂志，看到许多人因种种缘故登在报纸杂志上的地址，我突然灵机一动，何不按地址给他们写信？在信上陈述要比当面陈述容易得多。我马上行动起来，用打字机打印了一份措辞优美的信，然后复印成许多份，写上不同人的名字，依次寄出；寄走后，我的心忐忑不安，不知客户们看了有何感想。几个星期后，令我兴奋的是，有几个客户给我写了回信，表示愿意投保。这件事对我鼓舞很大，于是，我决定趁热打铁，对于没有回信的直接拜访。不曾想，效果特别好，会谈时，他们不再询问我有关寿险的知识，因为信上已写过，而询问的是加入寿险有什么好处、有何保障等实际操作之类的问题。”

“在我寄出的第一批准客户名单中，后来成交率在30%左右，这远比我用其他方法所获得的成功率高得多。”

3. 访问约见法

一般情况下，在试探访问中，能够与具有决定权的人直接面谈的机会较少。因此，应在初次访问时争取与有决定权的人预约面谈。在试探访问时，应该向接见你的人这样说：“那么能不能让我向贵公司总经理当面说明一下？时间大约10分钟就可以了。您认为哪一天比较妥当？”这样一来，遭到回绝的可能性自然下降。

综上3种约见方法各有长短，应就具体情况选择采用，比如对有介绍人的就采用电话方式、没有什么关系的就用信件等。

三、5步达到成功邀约

第一步，以关心对方与了解对方为诉求。

发自内心地表现出诚恳而礼貌的寒暄及亲切的问候最令人感到温馨，不过必须注意，如果过度地在言词上褒扬对方，反而会流于虚伪做作，虽然我们常说“礼多人不怪”，但是不诚实的推销辞令对许多人而言并不恰当，不如衷心地关怀比较能够取得对方的信赖。

除了诚心地问候之外，了解客户的诉求也是第一要务，敏锐的推销员必须能够在客户谈论的言辞之间了解客户心中的渴望，或是最急迫而殷切想要知道的事物，才能掌握住客户的方向，达到邀约的目的。

第二步，寻找具有吸引力的话题。

凡是面对有兴趣的事物就不容易拒绝，例如有人喜欢逛街买东西，只要有人邀约，纵然还有许多事情没处理完，也会舍命陪君子一同前往，这是因为兴趣会引起他排除万难的决心，因此提供一个可以吸引客户接受而且具有高度兴趣的话题，才容易获得客户的认同而接受邀约。

第三步，提出邀约的理由。

合理而切合需求的理由是勾起客户“一定要”接受邀约的必备要素。推销员从客户的言行中可以得知他的需求，从需求中可以找到他的渴望，再由渴望中找到可以说服他的理由，如此一步步地分析与推论下，客户拒绝的机会便大大地降低了。

倘若使用合理的方法进行邀约都无法让客户认同，也不妨采取低声下气的哀兵招式，或是以不请自到，主动登门拜访手段令客户无法推辞，总之，不管任何方法都以能够达到邀约为首要任务。

第四步，善用二择一的销售语言。

如果问你要不要吃饭？你的回答不是不吃就是吃。但如果直接问你要吃中餐还是西餐，吃与不吃的问题就直接跳过去，而且多半会得到一个肯定的答案。

换句话说，这种直接假设对方会接受的答案是一种快速切入的方法，也是避免遭到拒绝的方法。因为我们在回答问题时总是会受到问题的内容而影响思考，而暂时性地丧失先前的思考逻辑，所以推销员在邀约时可以舍去太过刻板的问法“有没有时间”，而改以直接问“你是上午或下午有空？”或是“下午2点还是4点有空，让我们见个面吧！”

第五步，敲定后马上挂上电话或立即离开。

因为人们都有不好意思反悔的心态，尤其是在答应了一段时间以后，想要再提出反对的意见都比较不容易。

产品介绍技巧

如何向顾客介绍你的产品？不同的推销方法会产生不同的效果。给顾客讲一个有关产品的故事，向顾客进行产品示范，找到产品的特性，和其他产品作一下对比，适时运用产品介绍技巧，让你的产品成为你的忠实伙伴。

一、用顾客能懂的语言介绍

一个秀才想买柴，高声叫道：“荷薪者过来！”卖柴的人迷迷糊糊地走过来。秀才问：“其价几何？”卖柴的听不懂“几何”什么意思，但听到有“价”字，估计是询问价钱，就说出了价格。秀才看了看柴，说：“外实而内虚，烟多而焰少，请损之。”卖柴的听不懂这话，赶紧挑起柴走了。

秀才的迂腐让我们感到很可笑，但我们的推销工作中也存在这样的情况，有些推销员在与顾客沟通的过程中总会使用一些晦涩难懂的词语，推销员理解起来可能没有什么问题，但是对行业情况不熟悉的客户，就有些摸不着头脑了。

莱恩受命为办公大楼采购大批的办公用品，结果，他在实际工作中碰到了一种过去从未想到的情况。

首先使他大开眼界的是一个推销信件分投箱的推销员，莱恩向这位推销员介绍了公司每天可能收到信件的大概数量，并对信箱提出了一些具体的要求。这个小伙子听后脸上露出轻松的神情，考虑片刻，便认定顾客最需要他们的CSI。

“什么是CSI？”莱恩问。

"怎么?"他以凝滞的语调回答,话语中还带着几分悲叹,"这就是你们所需要的信箱啊。"

"这是纸板做的?金属做的?还是木头做的?"莱恩试探地问道。

"如果你们想用金属的,那就需要我们的 FDX 了,也可以为每个 FDX 配上两个 NCO。"

"我们有些打印件的信封会长点。"莱恩说明。

"那样的话,你们便需要用配有两个 NCO 的 FDX 转发普通信件,而用配有 RIP 的 PLI 转发打印件。"

这时,莱恩按捺了一下心中的怒火,说道:"小伙子,你的话让我听起来十分荒唐。我要买的是办公用具,不是字母。如果你说的是希腊语、亚美尼亚语或汉语,我们的翻译也许还能听出点门道,弄清楚你们产品的材料、规格、使用方法、容量、颜色和价格。"

"噢,"他答道,"我说的都是我们产品的序号。"

莱恩运用律师盘问当事人的技巧,费了九牛二虎之力才慢慢从推销员嘴里搞明白他的各种信箱的规格、容量、材料、颜色和价格,从推销员嘴里掏出这些情况就像用钳子拔他的牙一样艰难,推销员似乎觉得这些都是他公司的内部情报,他已严重泄密。

如果这位先生是绝无仅有的话,莱恩还不觉得怎样,不幸的是,这位年轻的推销员只是个打头炮的,其他的推销员成群结队而来:全都是些漂亮、整洁、容光焕发和诚心诚意的小伙子,每个人介绍的全是产品代号,莱恩当然一窍不通。当莱恩需要板刷时,一个小伙子竟要卖给他 FHB,后来才知道这是"化纤与猪鬃"的混合制品。等物品拿来之后莱恩才发现,FHB 原来是一只拖把。

几乎毫无例外,这些年轻的推销员滔滔不绝地讲述那些莱恩全然不懂的商业代号和产品序号,而且还带有一种深不可测的神秘表情。开始时,莱恩还觉得挺有意思,但很快就变得无法忍受。

如果顾客对你的介绍听不懂，对产品的性能不能完全领会的话，他们怎么会对你的产品感兴趣呢？通俗易懂的语言是推销员必须采用的，否则，你的推销永远不会成功。

二、深入浅出地介绍产品优点

一家公司生产出了一种新的化妆品，叫作兰牌绵羊油。公司的一位推销员在销售绵羊油的时候，没有向顾客讲绵羊油含有多少微量元素、是用什么方法生产出来的，而是讲了一个动人的故事：

很久以前，有一个国王，他是一个美食家，有一个手艺精湛的厨师能做出香甜可口的饭菜，国王对他十分满意。突然有一天，这位厨师的手莫名其妙地红肿起来了，做出来的饭菜再也不像以前那么好了，国王十分着急，下令御医给厨师治病，可御医绞尽脑汁也弄不清楚这个病是怎么得的，厨师只好含泪离开王宫，开始了自己的流浪生涯。后来一个好心的牧羊人收留了这位厨师。于是，这位厨师每天和这位牧羊人风餐露宿，放羊为生。放羊时，厨师就躺在草地中，一边回想着往事，一边用手抚摸着绵羊以发泄心中的悲愤。夏天到来的时候，他帮助这位牧羊人剪羊毛。

有一天，厨师惊奇地发现自己手上的红肿不知不觉地消退了！他十分高兴，告别了牧羊人，重新来到了王宫外，只见城墙上贴着一张红榜，国王正在面向全国招聘厨师，厨师就揭了皇榜前来应聘，这时人们早已认不出来衣衫褴褛的他了。国王品尝了他做出的饭菜以后，觉得香甜可口，简直和以前那位厨师做的一样好吃，就把他叫了过来，发现果然是以前的那位厨师，国王就非常好奇地问这位厨师，手上的红肿怎么消退了。厨师说不知道，国王详细地询问了他离开王宫之后的情景，断定是绵羊毛使厨师手上的红肿消退了。

这时，推销员话锋一转，说道：“我们就是根据这个古老的故事开发出了绵羊油。”然后很自然地进行产品推销。

向顾客介绍产品的时候，讲一两个小故事对推销员来说是走向成功推销的一条捷径，只有让顾客真正了解你所推销的产品，你才可能获得成功。

介绍产品时，除了善于讲小故事外，适当地示范所起的作用也是很大的。一位推销大师说过："一次示范胜过一千句话。"

几年来，一家大型电器公司一直在向一所中学推销他们用于教室黑板的照明设备。联系过无数次，说过无数好话，都无结果，一位推销员想出了一个主意。他抓住学校老师集中开会的机会，拿了根细钢棍站到讲台上，两手各持钢棍的一端，说："女士们，先生们，我只耽搁大家一分钟。你们看，我用力折这根钢棍，它就弯曲了。但松一松劲，它就弹回去了。但是，如果我用的力超过了钢棍的最大承受力，它再也不会自己变直的。孩子们的眼睛就像这钢棍，假如视力遭到的损害超过了眼睛所能承受的最大限度，视力就再也无法恢复，那将是花多少钱也无法弥补的。"结果，学校当场就决定购买这家电器公司的照明设备。

有一次，一位牙刷推销员曾向一位羊毛衫批发商演示一种新式牙刷，牙刷推销员把新旧牙刷展示给顾客的同时，给了他一个放大镜。牙刷推销员会说："用放大镜看看，您就会发现两种牙刷的不同。"羊毛衫批发商学会了这一招。没多久，那些靠低档货和他竞争的同行被他远远抛在后面，从那以后，他永远带着放大镜。

纽约有一家服装店的老板在商店的橱窗里装了一部放映机，向行人放一部广告片。片中，一个衣衫褴褛的人找工作时处处碰壁，第二位找工作的人西装笔挺，很容易就找到了工作。结尾显出一行字：好的衣着就是好的投资。这一招使他的销售额猛增。

有人做过一项调查，结果显示：假如能对视觉和听觉做同时诉求，其效果比仅只对听觉的诉求要大 8 倍。业务人员使用示范，就是用动作来取代言语，能使整个销售过程更生动，使整个销售工作变得更容易。

优秀的推销员明白，任何产品都可以拿来做示范。而且，在5分钟所能表演的内容比在10分钟内所能说明的内容还多。无论销售的是债券、保险或教育，任何产品都有一套示范的方法，他们把示范当成真正的销售工具。

示范为什么会具有这么好的效果呢？因为顾客喜欢看表演，并希望亲眼看到事情是怎么发生的。示范除了会引起大家的兴趣之外，还可以使你在销售的时候更具说服力。因为顾客既然亲眼看到，所谓“眼见为实”，脑子里也就会对你所推销的产品深信不疑。

平庸的推销员常常以为他的产品是无形的，所以就不能拿什么东西来示范。其实，无形的产品也能示范，虽然比有形产品要困难一些。对无形产品，你可以采用影片、挂图、图表、相片等视觉辅助用具，至少这些工具可以使业务人员在介绍产品的时候不显得过于单调。

好产品不但要辩论，还需要示范，一个简单的示范胜过千言万语，其效果可让你在一分钟内做出别人一周才能达成的业绩。

三、介绍产品的特性，绝不隐瞒产品缺陷

美国康涅狄格州的一家仅招收男生的私立学校校长知道，为了争取好学生前来就读，他必须和其他一些男女合校的学校竞争。在和潜在的学生及学生家长碰面时，校长会问：“你们还考虑其他哪些学校？”通常被说出来的是一些声名卓著的男女合校学校。校长便会露出一副深思的表情，然后他会说：“当然，我知道这个学校，但你想知道我们的不同点在哪里吗？”

接着，这位校长就会说：“我们的学校只招收男生。我们的不同点就是，我们的男学生不会为了别的事情而在学业上分心。你难道不认为，在学业上更专心有助于进入更好的大学，并且在大学也能很成

功吗?”

在招收单一性别学校越来越少的情况下，这家专收男生的学校不但可以存活，并且生源很不错。

“人云亦云”的推销者懒惰、缺乏创意，而杰出的推销员总是能找出自己产品与竞争产品不同的地方，并自然地让顾客看到、感受到，从而让顾客改变主意，购买自己的产品。既要讲产品的特色，也要明确讲出产品的缺点。

俗话说“家丑不可外扬”，对推销员来说，如果把自己产品的缺点讲给客户，无疑是在给自己的脸上抹黑，连王婆都知道自卖自夸，见多识广的优秀的推销员怎么能不夸自己的产品呢?

其实，宣扬自己产品的优点固然是推销中必不可少的，但这个原则在实际执行中是有一定灵活性的，就是在某些场合下，对某些特定的客户只讲优点不一定对推销有利。在有些时候，适当地把产品的缺点暴露给客户也是一种策略，一方面可以赢得客户的信任，另一方面也能淡化产品的弱势而强化优势。适当地讲一点自己产品的缺点，不但不会使顾客退却，反而能赢得他的深度信任，从而更乐于购买你的产品。因为每位客户都知道，世上没有完美的产品，就好像没有完美的人，每一件产品都会有缺点，面对顾客的疑问，要坦诚相告。

一个不动产推销员，有一次，他负责推销一个市区南城的一幢房子，面积有120平方米，靠近车站，交通非常方便。但是，由于附近有一座钢材加工厂，铁锤敲打声和大型研磨机的噪音不能不说是个缺点。

尽管如此，他打算向一位住在这个城市工厂区道路附近，在整天不停的噪声中生活的人推荐这幢地房子，原因是其位置、条件、价格都符合这位客人的要求，最重要的一点是他原来长期住在噪音大的地区，已经有了某种抵抗力，他对客人如实地说明情况并带他到现场去看。

他说："实际上这幢房子比周围其他地方的房子便宜得多，这主要是由于附近工厂的噪音大，如果对这一点并不在意的话，其他如价格、交通条件等都符合您的愿望，买下来还是合算的。"

"您特意提出噪音问题，我原以为这里的噪音大得惊人呢，其实这点噪音对我来讲不成问题，这是由于我一直住在10吨卡车的发动机不停轰鸣的地方。况且这里一到下午5时噪音就停止了，不像我现在的住处，整天震得门窗咔咔响，我看这里不错。其他不动产商人都是光讲好处，像这种缺点都设法隐瞒起来，您把缺点讲得一清二楚，我反而放心了。"

不用说，这次交易成功了，那位客人从工厂区搬到了南城。

优秀的推销员为什么讲出自己产品的缺点反而成功了呢？因为这个缺点是显而易见的，即使你不讲出来，对方也一望即知，而你把它讲出来只会显示你的诚实，而这是推销员身上难得的品质，会使顾客对你增加信任，从而相信你向他推荐的产品的优点也是真的。最重要的是他相信了你的人品，那就好办多了。

四、对比产品更能吸引顾客

一个卖苹果的人，他把苹果定为每斤5元。下班的时候到了，他大声吆喝："5元一斤，便宜卖了。"他的吆喝吸引来一些低收入客户。这个卖苹果的回家后仔细琢磨，到底什么原因使更多的顾客宁愿去超市购买高价苹果呢？而且超市的苹果和自己的品种一模一样，为什么苹果价越低越不好卖呢？终于他明白了。

第二天，他把苹果分为两车，一车苹果仍然卖每斤5元，而和这一车一样的另一车苹果标价为每斤10元。果不出所料，卖的比前几天分外好。

回去后，一些果农问他为什么这样卖会更快、更赚钱，憨厚的他只是笑笑，吩咐别的果农照办就是了，他也不知道恰当的解释。

这个小故事道理其实很简单，果农只不过运用对比缔结成交法，准确地抓住了顾客的购买心理。这种办法适合任何推销，而且简单易行。

说起对比，一般人都能理解。其实，在推销产品时，很多推销员都曾运用过。比如一个寿险推销员去一家农户推销寿险，而该农户说他们已经买了保险，并且告诉你是财产险。你接下来会怎样开始推销自己的寿险呢？很简单，你把两种险作对比，找出财产险没有涉及的而寿险有的益处，进而让客户感到原来寿险比财产险更有利于人身和财产的安全。

在现代社会里，有种观念已经腐蚀着人的思想，这便是经常说的“好货不便宜，便宜没好货”。有的大超市抓住客户心理，把两件明明一样的衣服分为两个价，比如一件是500元，一件是800元。这样有的客户觉得800元的料子一定比500元的好，所以就宁愿用高价买下800元的这件；而有些顾客生活水平不高，想模仿高收入的人，所以虚荣心驱动着他买下500元的这件，还回去宣扬一番，说自己买了件800元的衣服。可笑的是，两件衣服质地、加工都一样，这就是顾客买东西的两种心理。

多去比较自己的产品和同类的产品，吸引顾客购买是最终目的。

成交语技巧

运用动听的声音，掌握语言的魅力，还要把握成功洽谈的要点，避免导致洽谈失败的语言，掌握成交语技巧，让交易轻松达成。

一、运用动听的声音，掌握语言魅力

你若想培养自己成为一个诚实的人，首先就应当培养自己的诚意，

所谓“诚于内，形于外”，这样才能使你的诚意表现在自己的一举一动上。这种存在于内心中的诚意会从你的表情上流露出来，更会从你说话的声音里流露出来，传遍你的全身。

一个人的态度、神情、笑容、眼光都是沉默的，但却能够传达人们的情意。这种无言的交流在人际关系上占有很重要的地位。你可以利用这种方式来吸引对方，使对方获得无言的第一印象，这是推销员应该具有的第一个条件。此外，你更应该使人清清楚楚、快快活活地听懂你所讲的每一句话。要能够沟通彼此的心意，必须依赖我们的语言，所以你应该以明朗、活泼、富有吸引力的音色，简洁流畅地传达自己的思想，这是你的义务。

言语的影响力的确是不可低估，一句话可以使对方感动、豁然开朗，甚至于生气。推销员最主要的就是用这种具有不可思议的有魔力的言语来做买卖，即所谓靠嘴巴吃饭。有这么一个故事。

从前波兰有位明星，大家都称她摩契斯卡夫人。一次，她到美国演出时，有位观众请求她用波兰语讲台词，于是她站起来，开始用流畅的波兰语念出台词。

观众都只觉得她念的台词非常流畅，但不了解其意义，只觉得听起来非常令人愉快。

她接着往下念，语调渐渐转为热情，最后在慷慨激昂、悲怆万分时戛然而止，台下的观众鸦雀无声，同她一样沉浸在悲伤之中。突然台下传来一个男人的爆笑声，他是摩契斯卡夫人的丈夫、波兰的摩契斯卡伯爵，因为夫人刚刚用波兰语背诵的是九九乘法表。

从这个故事中，我们可以看到，说话的语气竟然有如此不可思议的魅力。即使不明白其意义，也可以使人感动，甚至可以完全控制对方的情绪。那么谁都可以听得懂的国语不更是如此吗？如果只能说几句杂乱无章、毫无感情的话，想干好推销工作恐怕还早得很。

希腊哲学家苏格拉底说："请开口说话，我才能看清你。"正因为他了解，人的声音是个性的表达，声音来自人体内在，是一种内在的剖白。

很多推销员口若悬河，却无法说服客户，原因就在这里。如果声音未经训练，或者透露出畏惧、犹豫、缺乏自信，就成了败笔。

我们通常说："我今天没那心情。"其实这句话应该倒过来说，因为心怀恐惧的人的声音一定是怯怯的，个性谨慎的人说话亦小心翼翼，攻击性强的人的言语咄咄逼人。雄武有力的人通常会声若洪钟、铿锵有力；静若处子的人，声调必然低柔平和……依此类推，声音实在能使人的本色显露无遗。

我们说话的声音也必须和音乐一样，能够渗进客户的心中，才能达到说服的目的。

只有风度和气质得到周围人的承认才可称为魅力。推销员的魅力，就在于能够说服顾客，使其购买自己的产品。在推销过程中，只能通过短时间的接触和谈话来取得对方的好感。因此，要想以自己的魅力征服顾客，达到自己的推销目的，推销员的语言艺术将起到重要的作用。

二、把握成功洽谈话语的要点

成功洽谈的核心是运用肯定性语言促使对方说出"是"或"是的"，从正面向对方明确表示购买该商品会给他带来哪些好处。

言词方面的肯定性表现应该作为内在积极性的流露。所以，要想取得理想的推销成绩，推销员必须从根本上成为一位真正积极的人，应该自觉做到积极地正面性的思考、正面性的发言、正面性的动作，使自己从内到外真正积极起来。

在每个人的心中，没有什么人比自己更亲近、更重要，因而尽可能叫客户的名字可作为成功商谈的一大重点。当然，作为名字的代替，

“您”字也应多加运用，而“我”字则应尽量免提。下列是促使洽谈成功的常用话语，应该反复练习，直到能够自然出口。对此多加运用，必能使你的洽谈更加出色。

这种方法后来被称为“6+1缔结法则”。

“6+1缔结法则”源自于推销过程中一个常见的现象：假设在你推销产品前先问客户6个问题，而得到6个肯定的答案，那么接下来，你的整个销售过程都会变得比较顺畅，当他和你谈产品时，还不断且连续地点头或说“是”的时候，你的成交机遇就来了，他已形成一种惯性。每当我们提一个问题而客户回答“是”的时候，就增强了客户的认可度，而每当我们得到一个“不是”或者任何否定答案时，也降低了客户对我们的认可度。

成交由多个因素促成，做好每一个环节积极促成成交。

三、尽量避免易导致洽谈失败的语言

开始洽谈时，每一位推销员都希望自己能成为一名成功者，而不愿去做一名失败者。因此，他们都会尽量避免使用带有负面性或者说否定性含义的词语，这样才不会使洽谈失败。

但另一方面，人们的潜意识里又常常有一种被害者意识，即老是怀疑自己是不是会受到不利的对待，这种意识显然是负面的。通常这种意识并不表现为明显的对话，而作为一种恐惧、担心、紧张不安的心情表现出来，有时会形成模糊语言，即自问自答的谈话，这些谈话往往自己都意识不到，而是下意识或本能地进行着，比如：

或许他又不在家。

说不定又要迟到了。

利润也许会降低。

这个月也许不能达到目标。

或许又要挨骂了。

根据专家的统计，我们在一天中使用这种否定性“内意识”的次数大约为200至300次。因此，这类的担心是普遍和正常的，重要的是在意识水平上战胜、抑制住这种恐惧，不能让它表现在与客户的洽谈过程中。但许多推销员往往做不到这一点，或者没有自觉地有意识去做，于是在洽谈中把自己的不自信、担心和急切愿望表露无遗。这种负面的意识传递给客户，往往会使客户产生怀疑，以至于心理封闭起来，使进一步沟通变得困难，洽谈也就宣告失败。

设想顾客面对的推销员老是说这类生硬、令人丧气的话，就会自然而然地产生怀疑，甚至还会产生反感，失去与他继续交谈的兴趣，更不要说购买愿望了。这样，成交的机会当然会减少。

推销员要尽量避免使用导致洽谈挫败的语言，让洽谈顺利进行下去。

处理反对意见的技巧

推销中难免遇到比较“困难”的客户，征服“困难”客户需要有耐心、有计谋、勇于征服反对意见。

一、迎难而上解决问题

查理是电视台的广告推销员，这回他碰到一个棘手的问题，公司要他去攻克一个“难点”客户，这名客户在众多推销员心里相当有影响，他们把对这名客户的描述记录在卡片上给了查理。

查理仔细研究了一下这些卡片，卡片上的记录非常清楚：他已经5年没有购买过电视台的广告时间，同时还记着好几个同他联系过的推销员的评价。第一个写道：“他恨电视台。”第二个写道：“他拒绝在电话里同电视台推销代表谈话。”第三个写的是：“这人是混蛋。”

其他推销员的评价更加令查理捧腹大笑。这个客户究竟能有多坏？他想，如果我做成了这笔生意，那该是多么令人骄傲的事，我一定要与他做成买卖。

客户的工厂在镇子的另一边，查理花了一个小时才到那儿，一路上，查理一直在为自己鼓气："他以前曾在我们电视台购买过广告时间，因此我也可以让他再买一次。""我知道我将与他达成买卖协议，我一定可以……"查理不停地说。

最终，查理打起精神，下了车，走向大楼的主通道。通道里挺暗的，查理按一下门铃，没人应。太好了。查理想：我以后可以再也不来这儿了。突然，查理看到有一个身材魁梧的人穿过大厅走来。查理知道是主人来了，因为卡片上清楚地记录着他是个异常高大的人。

"嗨！您好。"查理努力保持平静的声音，"我是 TDL 电视台的查理。"

"滚开！"他大叫起来，看上去他异常气愤，额头上的青筋突起。

查理以为自己会按他说的去做，但是查理却说："不，等等，我是公司的新职员，我希望您拿出 5 分钟时间来帮帮我。"

他推开门，走向大厅，并让查理随他过去，查理跟着他来到办公室。

他在桌后坐下便开始对查理大吼。他告诉查理，电视台对他公司的报道是如何如何的糟糕和低劣。他告诉查理其他的推销员之所以让他愤怒，是因为他们从不做他们承诺过的事。

"您看一下这张卡片，这是他们对您的评价。"查理把那些卡片递给他。

他瞪着那些卡片，一言不发。

他们谁也不说一句话。这时，查理打破冷场："您看，不管以往发生过什么，不管您如何看待他们，还是他们如何评价您，现在唯一重要的是晚上10点半的天气预报广告时段公开销售了，那是一个黄金时段，如果您购买的话，对您的生意将大有裨益，我发誓我会做得非常不错，我不会让您失望的。”

“这就行了。”他的语气缓和了许多，“价钱多少？”

查理给他报了一个价，然后他告诉查理：“行，就这样达成协议吧。”

当查理回到电视台将订单给其他推销代表看时，查理几乎都认为自己有两米高了，从此以后，查理对于那些被认为棘手的客户再也没有害怕过了。

遇到棘手客户也没有什么可怕的，不要犹豫，更不要退缩，唯有迎难而上，才是解决难题的关键。

二、巧妙对付谈判对手

在谈判中很可能遇到以战取胜的谈判者，那么，应如何对付这样的对手呢？首先要能破“诡计”。

如果识破了对方的战术，其战术就不再起作用了，因为被识破的战术就不是战术了。例如，对方采用情感战术，你可以明确告诉对方，你虽然愿意帮助他，但是你没有权力答应他的要求。也可以点明并承认其战术高明，赞扬对手巧妙地使用了它。

1. 首先不要被对方唬住了

只要能保持理智的态度，用事实而不是感情来商谈，同时表现冷静、端庄、威严的风度和坚定的立场，那么，不论对方如何变换花样，也无济于事。

2. 然后要善于保护自己

当对方力量比自己强，并使用强硬的以战取胜的战略时，你可能担心已经投下不少心血，万一交易做不成，那将如何如何。其实在这种情况下，最大的危险是你百般迁就对方并贸然前进。有不少交易你应该下决心放弃，这是保护自己的最好方法。另一种保护自己的方法是“搭建禁区铁丝网”，比如，可以用“底价”来保护自己。所谓“底价”是愿意接受的最低价，对买主来讲，“底价”则是愿意付出的最高价。一旦对手的要求超过此范围，应立即退出交易。

3. 善于因势利导

如果对方立场比较强硬，你又没有力量改变它，那么，当他们攻击你时，不要反击，要把对方对你的攻击转移并引到问题上。不要直接抗拒对方的力量，而要把这力量引向对利益的探求及构思彼此有利的方案和寻找客观规律上。对于对方的立场不要进行攻击，而要窥测其中隐含的真实意图。请对方提出对你的方案的批评和建议，把对你个人的攻击引向对问题的讨论。

4. 最好能召请第三者

当你无法和对方进行原则性谈判时，可以召请第三者出面进行调解。中间人因不直接涉及其中的利害关系，也容易把人与问题分开，容易把大家引向对利益和选择方案上的讨论，并可以提出公正的原则，有利于解决双方的分歧。

· 第九章 ·

9 步走向成功推销

勇敢地亮出自己

两个人同时从牢中的铁窗望出去，一个看到了泥土，另一个却看到了星星。也许就是一念之差，开创了一个人一生中最有意义的冒险天地。

一、让推销圆你的财富之梦

要想取得事业的成功离不开推销，要想实现自我价值也离不开推销。推销是我们生存在这个世界上所必须具备的能力。

我们可以再重申一下：每个人都是推销人员，无论是生活还是工作的需要，你都要不断地把自己推销给亲友、同事或上司，以博得好感，争取友谊、合作或升迁。因为你无时无刻不在推销，即使你不是推销人员，但你仍在推销，而且推销将伴随你的一生。推销无时无刻不在发生，当美国举行总统大选时，候选人以自己的执政纲领、言谈举止等通过新闻媒体，将自己推销给全体选民；当微软将推出自己的视窗操作系统时，是将自己作为未来世界的标准推销；当张朝阳提出“注意力经济”的理念时，是将“搜狐”推销给上网者及公众；当周杰伦在各地巡回演出时，是把自己的形象和音乐推销给众多的歌迷……因此，我们每一个人都在进行推销，无论你是 3 岁顽童，还是八旬老翁；无论你是政治家、歌星、艺术家、商人还是普通老百姓，都需要推销。

总统的竞选班子，实质上就是一个推销总统的班子；教授需要推销，教授的每一次著书立说，实质上就是一次推销行动，推销自己的思想、传播自己的理念；学生也需要推销，无论是博士、硕士还是大学生，在进入社会后，你怎样把你的才华、把你最美好的一面展示在招聘者的面前，这就是推销。至于企业家、商人，推销已融入他们的生命。所以学习推销是很重要的。

很多人都希望自己有高档住房、名牌汽车，但这都需要钱。钱，怎样才能更快、更多地赚到呢？据统计：80%以上的富翁都曾做过推销人员。美国管理大师彼得·德鲁克曾经说过："未来的总经理，有99%将从推销人员中产生。"世界著名的华人富豪，如李嘉诚、蔡万霖、王永庆等，他们都是从做推销员起步的。他们以有限的学历，不辞辛苦地通过推销积累经验、累积本钱，终于成就了自己的事业。李嘉诚推销钟表、铁桶，从中学到了做事业的诀窍；王永庆卖米起家，利用其灵活的经营手段成就其塑胶王国；蔡万霖与其兄蔡成春从酱油起家做成世界十大富商……

只要你会卖东西，你就能赚到钱；而且卖得越多，赚得就越多。在日常生活中，买卖随时随地都在进行。钱从这个人的口袋里流出，流进了那个人的腰包；然后又从那个人的腰包流出，流进了另一个人的口袋。你只要设法让钱流进你的口袋，你就成功了。

一个乡下人去上海打工，向不见泥土而又爱花的上海人兜售含有沙子和树叶的泥土做"花盆土"，结果赚了大钱。美国罗氏公司的创办人艾德·罗把沙土和锯屑放在纸袋里，在袋子上写着："猫儿厕，能除湿去臭，问你的猫儿就知道。"结果创造了 25 亿美元的销售额。

不管到什么时候，也无论你预备将来做什么，推销对每一个人来说真的很重要。学习推销，就是学习走向成功的经验；学习推销，就是人生成功的起点。它是人生必修的一门功课，它能使你的人生更加辉煌。

二、充分挖掘你的潜力

做一个出色的推销员必须有积极的心态。积极成功的心态之所以会使人心想事成，走向成功，是因为每个人都有巨大无比的潜能等待我们去开发；消极失败的心态之所以会使人怯弱无能，走向失败，是因为它使人放弃了对伟大潜能的开发，让潜能在那里沉睡，白白浪费。

任何成功者都不是天生的，成功的根本原因是开发了人的无穷无尽的潜能。

每一个人都有相当大的潜能。爱迪生曾经说："如果我们做出所有我们能做的事情，我们毫无疑问地会使我们自己大吃一惊。"根据这句话，我们可以这样问自己："我的一生有没有使自己惊奇过?"

你有没有听过一只鹰自以为是鸡的寓言?

一天，一个喜欢冒险的男孩爬到父亲养鸡场附近的一座山上去，发现了一个鹰巢。他从巢中拿了一只鹰蛋，带回养鸡场，把鹰蛋和鸡蛋混在一起，让一只母鸡来孵。孵出来的小鸡群里有了一只小鹰。小鹰和小鸡一起长大，因而它一直以为自己是一只小鸡。起初它很满足，过着和鸡一样的生活。但是，当它逐渐长大的时候，它内心里就有一种奇特不安的感觉。它不时想：我一定不只是一只鸡！只是它一直没有采取什么行动。直到有一天，一只老鹰翱翔在养鸡场的上空，小鹰感觉到自己的双翼有一股奇特的新力量，感觉胸膛里的心正猛烈地跳着。它抬头看着老鹰的时候，一种想法油然而生：养鸡场不是我待的地方，我要飞上青天，栖息在山岩之上！

它从来没有飞过，但是它的内心有着力量和天性。它展开了双翅，飞到一座矮山的顶上。极为兴奋之下，它又飞到更高的山顶上，最后冲上了青天，到了高山的顶峰，它发现了伟大的自己。

有一句老话说，在命运向你掷来一把刀的时候，你将抓住它的哪个地方？刀口或刀柄？如果你抓住刀口，它会割伤你，甚至使你致死；但是如果你抓住刀柄，你就可以用它来劈开一条大道。因此当遭遇到大的障碍的时候，你要抓住它的柄。换句话说，让挑战提高你的战斗精神。没有充足的战斗精神，你就不可能有辉煌的成就。因此你要发挥战斗精神，它会引出你内部的力量，并付诸行动。

三、拥有一颗感恩的心

有一个被提名超级推销明星的年轻人，无论在成就还是收入方面都无法与其他被提名者相比，但有趣的是，评委选择了他，原因就是他在激烈的竞争中得到了自己想要的东西。首先，他与许多从名校毕业的学生竞争一份销售的工作。这家公司有个规定，只招聘大学毕业生从事销售员的工作，可他只受过中学教育。尽管如此，他还是去应聘了这个职位，当然，他被拒绝了。这并没有阻止他，他每天去那家公司请求经理录用他，经理不断地拒绝。直到有一天，经理终于提供给他一个临时的销售职位，他又喜又愁。

愁的是他必须得有一辆交通工具。他穷得连一件新衣服都买不起，更何况买一辆车。他四处筹钱，终于买了一辆非常破旧的有篷货车，驾驶座下还有个洞。他用木板把洞堵住，这样脚不至于碰到地。有一次，他的一个客户要求前往公司的展示厅观看演示，他就用那辆破车去接客户，那位客户并没有介意。那天雨下得大极了，水从洞里灌进来，自然，他和客户都湿透了，年轻的他向客户道歉，并且保证下次一定用一辆好一些的车来接她。这位客户问他什么时候能做到，他回答说，只要他的客户都能像他这样通情达理、乐于助人，在不久的将来，他一定能买得起好车，他顺利地完成了这笔交易。几个月后，他买了一辆好车。他用新车去把先前那位客户接出来吃饭，以表谢意。

这个年轻人明白自己想要什么，而且有那种坚忍的意志去争取他想要的东西，他知道人们会帮助他实现他的目标。他所要做的就是去问、去要求，于是他得到了他想得到的这份工作，尽管有很多不利因素，他还是勇于要求。他感谢那些曾经帮助过他的人，在成功以后不忘回过头去表达他的谢意。他是一个饮水思源的成功者。

成功人士，尤其是专业销售人员有赖于许多人的支持，不仅仅是他们的客户。有些推销人员虽然获得了巨大的成功，但是他们忘记了那些一开始曾经帮助过他们的人。那些忘恩负义的销售人员不会获得长久的成功，因为人们会远离那些自私的人。对我们所有人来说，我们不应该忘记周围所有的人。没有他们美好的祝愿、祈福、帮助、机会、理解和爱，我们根本不会成功，我们的成功离不开他们。

没有人愿意与那些只利用客户为自己牟利的销售人员打交道。做生意应该是双赢的关系，否则的话，你可能会赢一次，但不会长久。想赚大钱，就要让你的客户每一次都比你赢利更多。这样做，看起来似乎很幼稚，但是从长远来看，你会得到更多的好处。原因很简单，你会很受欢迎，因为别人能通过你获得更多的利益。这不会让你有所损失，只不过让你的盈利稍微少一点，但是你能够通过客户更多的光顾和赞赏来弥补这一切。如果你能比他人给予得更多，你将有什么样的感受？谁才是真正富有的人？在你学着给予超过索取，并且学会感谢的时候，你才能真正得到你想要的东西。

四、对你的工作和产品具有信心

在你要求别人给予帮助和你给别人帮助的时候，哪一种情况会让你觉得比较紧张？

如果你向朋友或熟人说：“啊，我的车子正在进行维修，星期六能不能麻烦你带我去参加宴会？”或说：“嘿，听说你的车子在维修，要不要我载你一起去参加宴会？”哪一种说法让你觉得自在一些？

通常帮助别人比要求别人帮助要轻松，因为帮助别人比要求对方帮助让你自信多了。从推销生涯开始的第一天，你就必须保持这种助人乃助己的心态。

自信心是推销人员最重要的资产。但是，在推销领域中，推销人员大都缺乏自信，感到害怕。为什么呢？因为他们认为："无论打陌生电话、介绍产品还是成交，都是我在要求对方帮助，请求对方购买我的产品。"

千万不要有这种念头！试试看，换个角度思索："我认为我可以替客户提供有价值的服务，因为我已经做好市场调查。我并不是胡乱找人，对方确实需要我的服务，而且我将竭尽所能地帮助他们。"

秉持这种态度，能让你减少紧张、增加自信，从而完成推销。

通过自己引以为豪的公司、可信赖的产品、训练有素的推销技巧，拜访确实需要你所提供的产品与服务的客户，这才是真正地在帮助客户用积极的心态，勇敢地称自己是推销人员，你就打开了通向成功的大门，迈出了走向胜利的第一步。

先推销你自己

推销，首先是推销你自己，就是让顾客喜欢你、信任你、尊重你、接受你；就是要让顾客对你抱有好感。

一、推销你的可爱

某食品研究所生产一种蕈汁饮料，一名女大学生前往一家公司推销，她拿出两瓶样品怯生生地说："这是我们刚研制成的新产品，想请你们销售。"经理好奇地打量了一眼这个文绉绉的推销人员，正要一口回绝，却被同事叫去听电话，就随口说了声："你稍等。"打完了一个漫长的电话，经理已忘记了这件事。这样，这位推销人员整整坐了几个小时的“冷板凳”。临下班时，经理才发觉这位等回话的大学生，感动得要请她吃饭。面对这个讷于言辞的书生，经常与吹起来天花乱坠的推销人员打交道的老资格经理，其内心一下子感到很踏实，当场拍板进货。这个案例说明：推销人员在与顾客的交往中，首先要用人格魅力去吸引顾客。

推销是与人打交道的工作，在推销活动中，人和产品同等重要。顾客购买时，不仅看产品是否合适，而且还要考虑推销人员的形象，他们的购买意愿深受推销人员的诚意、热情和勤奋精神的影响。据美国纽约销售联谊会统计，71％的人之所以从你那里购买产品，是因为他们喜欢你、信任你、尊重你。一旦顾客对你产生了喜欢、信赖之情，自然会喜欢、信赖和接受你的产品。反之，如果顾客喜欢你的产品但不喜欢你这个人，买卖也难以做成。并且，推销人员只有“首先”把自已推销给顾客，顾客乐意与推销人员接触，愿意听推销人员介绍时，才会为推销人员提供一个推销产品的机会。在实践中，一些推销人员不懂这一道理，见了顾客张口就说买不买，闭口就问要不要，十有八九要碰壁的。其原因在于，在顾客未接受你之前，推销人员谈论产品，进行推销，顾客本能的反应就是推诿、拒绝，让你及早离开。

俗话说“细微之处见精神”，推销人员不要在一些细节上马虎，否则也会引起客户的反感。提早 5 分钟到达，时间约定了，就不要迟到，永远做到比客户提前 5 分钟到达，以留下美好印象，赢得信任。早到 5 分钟，你可以有所准备，想想与客户怎么说、说什么等，这样也不至于见面时语无伦次。

不迟到，这是一个成功的推销人员最起码的要求，也是你博得客户好印象的一个关键。

二、推销你的真诚

具备良好人品是推销事业成功的基础；而待人真诚与否则是衡量

人品好坏的重要标志。

推销人员与顾客打交道时，他首先是“人”而不是推销人员。推销人员的个人品质会使顾客产生好恶等不同的心理反应，从而潜在地影响着交易的成败。被轻工部授予“改革闯将”的苏州电扇总厂销售部经理潘仁林总结出的一条销售准则是：“推销产品，更是在推销你的人品。优秀的产品只有在具备优秀人品的推销人员手中才能赢得长远的市场。”

向顾客推销你的人品，就是推销人员要按照社会的道德规范和价值观念行事，要表现出良好的道德品质：热情、善良、勤奋、自信；有毅力、懂自尊；待人诚恳、乐于助人；谦虚谨慎、尊老爱幼、富有同情心……

向顾客推销你的人品，最主要的是向顾客推销你的诚实。现代推销是说服推销而不是欺骗推销，因此，推销的第一原则就是诚实，即古人推崇的经商之道——“童叟无欺”。诚实是赢得顾客好感的最好方法。顾客希望自己的购买决策是正确的，希望从交易中得到好处，害怕蒙受损失。顾客在觉察到推销人员说谎、故弄玄虚时，出于对自己利益的保护，就会对交易活动产生戒心，结果极可能使推销人员失去那笔生意。

推销人员要赢得顾客的信任和喜爱，必须真诚地对待顾客。齐滕竹之助认为，即使语言笨拙，只要能与对方坦诚相见，也一定能打动对方的心灵。顾客不是为你的推销技巧所感动，而是为你的高尚人格所感动。如果你成为让顾客信任的推销人员，你就会受到顾客的喜爱，而且能够和顾客形成亲密的关系。一旦形成这种关系，顾客就会因为照顾你的情面，自然而然地购买你的产品。其次，推销人员要经常替顾客着想，站在顾客的立场上考虑问题，进行商谈。齐滕竹之助说，最要紧的是对顾客想了解、期望、要求的事情全力以赴、诚心诚意地帮助他去办，尽快、尽早地提供服务；对顾客接待自己并购买自己推销的商品，要经常怀着感激的心情去与顾客接洽；尊重顾客的想法、知识、人格、职业、地位。

推销人员在做推销时，一定要给客户以真诚的印象，只有这样，才能赢得顾客的心，进而向其推销产品。

真诚是推销的第一步。简单地说，真诚意味着你必须重视客户，相信自己产品的质量。

真诚、老实是绝对必要的。千万别说谎，即使只说了一次，也可能使你信誉扫地。正如《伊索寓言》所说："说谎多了，即使你说真话，人们也不会相信。"

例如，在介绍产品时要实事求是。有好说好，有坏说坏，切忌夸大其词或片面宣传。一位推销人员向顾客介绍新产品"乳化橘子香精"的性能时，既讲优点，又讲缺点，末了还讲他们提高产品质量的措施。他诚实的态度赢得了用户的广泛信赖，订货量远远超过其他人。

为了你的声誉，你最好别去欺骗他人，因为被骗的人会把它告诉另一个人，而另一个人又会转告其他人。失去一桩生意并不意味着你失去了一位客户，千万别因为一次交易的微薄利益而得罪客户，进而使你失去大量潜在的生意。当你予人好处的时候，影响就会像滚雪球一样越来越大，你的钱包自然就会渐渐鼓起来，而声誉也会相应得到提高。

三、推销你的服务意识

良好的服务是推销人员应该具备的首要条件，它意味着我们不仅要做我们该做的事情，还要提供会让客户感到额外惊喜的服务。

推销是一种服务，优质的服务就是良好的销售。推销人员只有乐于帮助顾客，才会和顾客和睦相处；时时为顾客着想，为顾客做一些有益的事，才会造成非常友好的气氛，而这种气氛是推销人员在推销工作顺利开展上所必需的。

在世界著名的花旗银行曾发生过这样一件小事情。

有一个顾客到该银行的一个营业所，要求换一张崭新的100美元钞票，说是要为他的公司作奖品用。可是当时这家营业所恰好没有新钞票，于是，银行的一位服务员立刻打电话到其他营业所联系，整整花了15分钟时间，终于从别的地方调来一张新钞票，随后，这位营业员十分郑重地把这张钞票放进一只盒子里，并附上名片，上面写着："谢谢您想到我们银行。"不多久，这位本来是偶然到这家营业所换钞票的顾客回来开了个账户，并存上了25万美元。

换一张100美元的钞票，对一家大银行来说简直不值得一提。另外，该营业员也可以用钞票能正常流通作借口，不换这张钞票，更不用说当时这家营业所确实没有新钞票。但是正是由于这位营业员具有强烈的为客户服务的意识，为顾客着想，真诚为顾客服务，才使顾客对这家银行产生了信任感。

服务就是帮助顾客，推销人员能够提供给顾客的帮助是多方面的，并不仅仅局限于通常所说的售后服务上。例如，可以不断地向顾客介绍一些技术方面的最新发展资料；介绍一些促进销售的新做法；邀请顾客参加一些体育比赛，等等。这些虽属区区小事，却有助于推销人员与顾客建立长期关系。

良好的服务意识是我们推销人员应具备的首要条件。顾客购买商品，即使有些事情是客户没有提出的事项，我们也要主动地提供服务。如果缺乏诚恳、热忱的服务，从客户的立场而言，购买意志会产生动摇、失去信心，怀疑推销人员的承诺是否会如期兑现，所销售的商品价格是否合理，以及会与别家公司的产品作比较，顾客在做综合的判断，深思熟虑后才会有所决定。如果客户仍然犹豫不决，推销人员必须将有关商品的实惠以进一步劝诱的方式做适当的说明和解释，这是有关推销成功与否的关键所在。

只有让顾客认可你、喜欢上你，你才可能推销成功。要想做好推销工作，必须先把你自己推销出去。

成功始于行动

只有行动起来，真正为你的未来去奋斗了，你才可能成功，成功始于行动。

一、做好准备再出发

当你真正准备开始一项了不起的行动时，你需要花费大量的时间，以确保万事俱备；哪怕是只欠东风，也要考虑它能为你而用的可能性。

推销人员在推销之前总是要做一些准备。即使是一次陌生拜访，你也不会为了敲门而敲门。你要做一些研究，以保证敲对门。根据推销人员所提供的产品或服务的不同，这种准备或基础工作也不同。但通过事先的准备工作，推销人员会从潜在客户身上发现尽可能多的信息，例如他的生活习惯、他的家庭、他的关切点、他的兴趣、他的爱好、他的要求、他的需要、他的渴望，一切有关的信息。

有了这些，当推销人员进入推销阶段，就能说出客户的问题所在(因为他已经做过准备)，并向客户提供解决方案。此时，客户会对你产生良好的印象，不需要你做更多的工作，他会很快地接受你提出的解决方案。

“时刻准备着”并不仅仅是美国童子军的座右铭、中国少先队的口号，它也应该是每一位推销人员的座右铭。因为如果对推销做了充分准备，会大大增强推销人员的自信心。当你对本公司以及竞争对手的产品都了如指掌，并且掌握客户存在哪些问题，同时能够提出解决办法时，客户就会产生你与其他推销人员不同的印象。而要达到这一步，唯一的方法就是你必须事先做充分的准备。

全美最大的房地产开发商约翰·W. 加尔布雷斯也深感推销前做好准备的重要性。他的儿子丹现在是该公司的负责人，加尔布雷斯常常会兴致勃勃地讲起，丹曾经如何为一次重要的推销活动做好充分准备："有一次，我和丹正和一家大公司的总裁商谈一笔生意，这笔生意牵涉到我们一幢价值 6000 万美元的大楼的售后回租事宜。这类生意往往需要你对所谈到的利率和租金了如指掌。利率波动一个小数点就可能导致 10 年或 20 年多收或少收一大笔租金。所以，在和这家公司会谈前，我建议丹背下那些利率幅度在 3.5％与 5.5％之间的租金表。

"也许你想不到，当我们进入谈判的最后阶段时，那家公司的老板要求我们算出几个与不同利率相对应的不同租金数额。他一定以为我们会向他借计算器，但是我们却没借，丹毫不费力地、飞快地算了出来。那位老总自然也就明白了丹在开会之前早已做好充分准备。他当然知道没有人能够如此快地心算出那些利率，但是丹显然给他留下了深刻的好印象。丹赢得了他的尊敬，他也就对我们充满了信心，我们终于成交了。"

加尔布雷斯坚持认为："你必须做好准备，因为那是一切的基础。你对你的生意了解得越多越好。没有什么比你走进别人的办公室却浪费了别人的时间更无礼、更放肆的了；要是你不能回答他们所有的问题，你就是在浪费他们的时间，也包括你自己的时间。"

二、努力争取与客户面对面的机会

想要获得良好的交流效果，最好的沟通方式莫过于看着对方的眼睛。因此，努力争取与客户面对面的机会就显得非常重要了。

推销的最终目的在于激发顾客的购买欲望，促使顾客采取购买行动。而要激发客户的购买欲望，就必须获得与客户面对面的交流机会。

在接近顾客阶段，推销人员已成功地引起顾客的注意和兴趣，赢得了向顾客开展推销洽谈的宝贵机会。为使洽谈能有效进行，使顾客能主动参与洽谈，推销人员必须在洽谈开始阶段就深深打动顾客，洽谈题材紧紧围绕顾客的需要永远是正确的做法。为此，推销人员在谈判之初必须设法找出此时此刻顾客的需要，投其所好地开展推销洽谈，至少应使洽谈在友好、合作的氛围中展开，并提高洽谈的效率。

有一些推销人员在赢得了洽谈的机会之后就滔滔不绝地介绍自己的产品，或自己的价格政策、或对顾客的优惠措施，唯独不去思考、判断此刻顾客在考虑什么、他最关心的是什么。所以往往说了半天，最后被顾客不耐烦地一句“如果需要你的产品，我会跟你联系的，再见”而敷衍了事。

为了能迅速使推销围绕顾客需要展开，在面对面的交流中，推销人员可以掌握推销对象的一般需求规律，并以此为题进行试探性的介绍与提问，尽量动员顾客开口说话，让顾客表达他的意图，以准确判断顾客的真正需要。

随着社会主义市场经济的不断发展，人们接触推销人员的机会越来越多，人们购买的理智性和选择性越来越强。有关研究表明：人们总是更愿意相信那些客观、恰当的推销陈述，总是被那些客观、恰当地介绍自己的推销产品和服务，客观、恰当、公正地看待其他竞争者，以及客观、恰当地回答和承诺顾客要求的推销人员所说服。

客观、恰当地传递信息必须坚持以事实和现实可能性为基础，并引导顾客对购买评价予以足够重视。例如，有一位顾客需要购置一套中文电脑处理系统，可是，顾客要求以一个他认为合适的价格购买。此时，在面对面的交流中，推销人员可以详细地引导顾客更全面地认识和评价这一购买决策的其他因素，如售中、售后服务，培训、维修、升级，等等。事实上，大多数顾客并不十分清楚哪些是在购买决策时需考虑的重要问题。

面对面交流还能诱发顾客的购买动机。

心理学研究表明：购买行为受到购买动机的支配，而购买动机又源于人的需要。所谓满足需要，就是在了解顾客需求的基础上帮助顾客解决问题。因此，诱发顾客的购买动机也就是先了解顾客的需要，帮助顾客明确问题、思考问题，寻求解决问题的方案。

从顾客购买动机看，顾客不是购买流行时装，而是购买美丽大方；顾客不是购买自动化机床，而是购买效率和加工手段。诱发顾客的购买动机，必须诉诸顾客的需要，让顾客知道所推销的产品能带来的好处或效用。在交谈中，一方面，推销人员可以利用社会的健康合理的消费观念和消费风气诱发顾客的购买动机；另一方面，也可以利用顾客的需要和面临的问题说服顾客接受新观念，改变原有的消费习惯和态度，购买新产品。

3条黄金定律

望、闻、问、切，既是中医之道，也是推销职场的制胜法宝。望，即观其色、辨其行；闻，即听其声、解其意；问，即顺其情、知其意；切，即切其点、察其道。

一、有效聆听，尽早收到购买信号

推销大师说，允许顾客有机会去思考和表达他们的意见，否则，你不仅无从了解对方想什么，而且还会被视作粗鲁无礼，因为你没有对他们的意见表现出兴趣。

最重要的是，洗耳恭听可以使你确定顾客究竟需要什么。譬如，当一位客户提到她的孩子都在私立学校就读时，房地产经纪人就应该明白，所推销的住宅小区的学校质量问题对客户无关紧要。同样，当客户说："我们不属于那种喜欢户外活动的人。"房地产经纪人就应该让他们看一些占地较小的房屋。

股票经纪人尤其应该成为好听众，因为他们主要通过电话做推销。例如，当客户询问每一家推荐公司的股息情况时，一位善于观察的经纪人就应该意识到自己必须强调投资的收益。

很显然，对于推销人员来说，客户的某些语言信号不仅有趣，而且肯定地预示着成交有望。

认真地聆听客户的谈话并不代表这种聆听没有目标，只是泛泛地听。一个善于聆听的推销员应该能够在聆听的过程中尽早听出客户有关购买意愿的信号。只有这种能够捕捉到有效信号的聆听才称得上是有效的聆听。相信下面典型的例子将会给你带来深刻的启发。

"我认为市场调查可以结束他们的争论。"阿姆斯说，"我建议这样做，他们也同意了。我们有事实依据在手，提交的不是你或他的个人意愿，而是调查结果，我们赢得了这笔生意。"

依通常标准，有严重的语言功能障碍的亨利·阿姆斯根本不可能做推销人员。

但亨利的确是个极优秀的推销人员。他很少开口，高谈阔论对他来说有困难，潜在顾客听起来更困难，但他会提出问题，引导顾客相信他，他只用有限的话语达成一笔交易，更多的推销人员应该从中借鉴一点经验。

二、巧妙地提问能赢得顾客的喜爱

好的医生通过恰当的提问来了解病人的病情，好的推销员通过巧妙的提问来赢得客户的喜爱。

在推销过程的每个阶段，推销人员都可能并且应该有针对性地提问。无论哪种形式的推销，为了实现其最终目标，在推销伊始，推销人员都需要进行试探性的提问与紧随其后的仔细聆听，以便顾客有积极参与推销或购买过程的机会。然而，问题是，大多数推销人员总是喜欢自己说个不停，希望自己主导谈话，而且还希望顾客能够老老实实地坐在那里，被动地聆听，以了解自己的观点。但是，对于推销人员来说，最重要的是要尽可能有针对性地提问，以便使自己更多更好地了解顾客的观点或者想法，而非一味地表达自己的观点。

推销人员可以在推销周期内的各个阶段运用有针对性的提问技巧：在打电话与顾客商量见面的时间和地点时、在初次拜访顾客时、在寻找合适的顾客时、在需要了解推销对象的公司及其部门的情况时、在与顾客讨论公司产品的特点和好处时、在做产品示范或进行产品展示时、在处理顾客的反对意见、关切、怀疑、误解及不实际的预期时、在与顾客商谈推销合同的条件及其内容时、在结束交易时，等等。

推销实践中，我们应注意提问的表述方式。如，一个保险推销人员向一名女士提出这样一个问题：“您是哪一年生的?”结果这位女士恼怒不已。于是，这名推销人员汲取教训，改用另一种方式问：“在这份登记表中，要填写您的年龄，有人愿意填写大于 21 岁，您愿意怎样填呢?”结果就好多了。经验告诉我们，在提问时先说明一下道理，对洽谈是很有帮助的。

获得信息的一般手段就是提问。洽谈的过程常常是问答的过程，一问一答构成了洽谈的基本部分。恰到好处地提问与答话更有利于推动洽谈的进展，促使推销成功。

三、正确解读肢体语言

聪明的人，从来都不会只是用耳朵来听别人说话，他们更多的是用眼睛来判断对方想说却又没说出来的话。

任何人如果学会仔细观察他人的身体语言信号，对于自己的工作和个人生活都会获益匪浅。非语言信号不仅能够传递大量的个人信息，而且还能培养自己对事物的敏感性，有利于同他人建立良好的人际关系。如果人们能够发现并解读他人发出的各种信号，而且能够适时地做出适当的反应，那么，无论是在人际关系、讨论、谈判还是在推销访问等方面，他都能占尽优势，控制局面。

如果能够通过身体语言了解对方的心思与情绪，同时自己能够适时地做出反应，一般地，你就可以引出自己想要的结果。从其他人的身体语言中，人们可以知道自己应该何时改变应对措施，以及如何去改变应对措施。比如，应该何时改变自己的推销访问策略、产品展示会日程，或者个人风格等。也就是说，在推销人员与顾客的推销谈话中，需要适时加入一点新东西，比如，调整自己的身体语言、多展示一些产品的好处，或者采取其他技巧来实现自己的推销目标。

从对方的身体语言反应中，我们可以知道对方究竟了解到了多少谈话的内容。如果对方表现出一脸呆滞的样子，或者只是木然地凝视，那么我们就可据此推断出：对方已经分心，或者说对方在想自己的心事了。此时，说话者可以暂停片刻，或者问一问聆听者是否了解刚才说的话，或者说话者再重复一遍刚才说过的重点，给对方多一点时间来消化、吸收信息。

一般地说，洞察力强的推销人员都知道，在推销过程中，非语言信号的影响力要比单纯的语言的影响力大得多。当推销人员越来越熟练地解读对方的非语言信号时，他们就能更快、更容易地抓住每一个稍纵即逝的成交机会。

除了能正确解读肢体语言外，还要注意语调。

一个人是友好还是有敌意、是冷静还是激动、是诚恳还是虚假、是谦恭还是傲慢、是同情还是讥笑，都可以通过声调表现出来，而言语本身有时倒并不显得十分重要，因为词语的含义是会随着声调而变化的。

恰当而自然地运用声调，是顺利交往和推销成功的条件。一般情况下，柔和的声调表示坦率和友善，在激动时自然会有颤抖，表示同情时略为低沉。不管说什么话，阴阳怪气的就显得冷嘲热讽；用鼻音哼声往往表示傲慢、冷漠、恼怒和鄙视，是缺乏诚意的，自然会引起别人的不快。假如你想问推销对手一个不懂或不敢肯定的问题，你以讨教的口气，说得十分谦虚和诚恳，这样别人就乐于告诉你，相互之间就会感到很默契。可在有的时候，你可能不肯放下架子、耻于下问，生怕被别人看轻了，于是就会以一种考察别人的口气发问，似乎自己早已知道，只是想考考对方而已。这样，别人会感到你没有诚意，也就不会郑重其事地回答你、相互间就有了一层隔膜。如果你还带着鼻音发问，那么就流露出这样的态度："哼，我看你就不懂!"这样，对方往往会回敬你一句："难道你懂吗?"于是相互间就无法沟通，推销也就无法顺利进行下去。

找到你的客户

一个不知道码头在何方的舵手，任何风对他来说都不会是顺风；一个不会寻找客户的推销员，任何商机对他来说都不会是良机。

一、寻找商机

谁有可能购买你的产品，你打算把你的产品或者服务推销给谁，谁就是你的潜在客户。

寻找潜在客户是一项艰巨的工作，尤其是你刚刚从事推销这个职业，你的资源只是你对产品的了解，除此之外，你一无所有；你会通过很多种方法来寻找潜在客户，而且你花在这上面的时间也非常多。

新业务中最具潜力的一块就是现有的客户群。拿汽车销售来说，由于代理人的存在，目前汽车行业是最具竞争性的行业之一，可以通过不断提供极佳的产品来吸引新买家。美国的 W 先生在过去的 30 年中一直在购买汽车，而且总是通过代理人购买。一名职业推销人员一定会在汽车售出 3 个月后和 W 先生联系，以确认 W 先生对该产品是否满意。他或她会在一年后和 W 先生再次接触，看看是否一切正常，或是了解一下 W 先生是否想换车。第三次接触会在 18 个月后，而第四次是在两年后，最后可以几乎肯定的是，W 先生会换车。推销人员更愿意做新生意而不是长期重复的问候。

除了利用原有的客户以外，还要善于拜访陌生人，开发新的客户源。

齐藤先生是日本寿险推销的老前辈，在他刚刚从事推销保险的时候，他去参加公司组织的旅游会，在熊谷车站上车时正好看到一个空位，就坐了下来。当时，那排座位上已经坐着一位约三十四五岁的女士，带着两个小孩，他知道这是一位家庭主妇，于是便动了向她推销保险的念头。

在列车临时停站的时候，齐藤先生买了一份小礼物，很有礼貌地送给两个小孩子，并同这个家庭主妇闲谈起来，一直谈到小孩的学费，还谈到她丈夫的工作内容、收入等。那位女士说，她计划在轻井车站住一宿，第二天坐快车去草津，齐藤先生答应可以为她在轻井车站找旅馆。由于轻井是避暑胜地，又逢盛夏，独自出来旅行的人要想找旅馆是相当困难的，那位女士听后非常高兴，并愉快地接受了。当然，齐藤先生也把自己的名片递给了她。两周以后，那位女士请求齐藤先生见一下她的丈夫，而就在那天，他的推销获得了成功。

做陌生拜访，随时随地都可以，比如买菜、逛商店、买花，即使在医院都可以实实在在地做成保险，潜在的准客户就在你身边，只要你勤于发现与发掘。

如果能够借助他人的介绍，可使得工作事半功倍。

有时报纸、杂志上会登出需求信息，根据这些信息可以顺利地找到目标客户。报纸、杂志上登载的某些消息，如新公司的成立、新商店的开业，也是很重要的。

这些公共情报的来源是很多的，并且它们都是公开的。现有房屋的名单可为房屋供应商、杀虫剂和家具供应商提供目标客户。税收名册也有助于确定一定财力范围内的人员名单，可向他们推销诸如汽车一类的产品。通过电话联系、直接邮寄或私下接触，都可以寻找目标客户。

二、把潜在客户变成真正的客户

你已经拥有了一个明确的目标，却不代表你已经实现了这个目标。在目标和现实中间，还有一段很长的路要走。

你找到了你的潜在客户，可是光有潜在客户是不够的，你必须使他们成为你真正的客户，你必须在“怎样才能使你的潜在客户下决心购买你的产品”上下功夫。

假如你正在向一位零售客户推销服装，她喜欢那件衣服却犹豫不决。你说：“让我想想，您最迟要在下周日拿到衣服。今天是星期五，我们保证在下周六把货送到。”

你不必问她是否想买，你只是假设她想买，除非有明显的障碍(如没有能力支付)，否则你将当场完成销售。

若改变推销方法，问她：“您想什么时间拿到这件衣服?”

那么她一定会犹豫不决，如果你有些犹豫，那么你的客户也会犹豫；假如你有胆怯的心理，那么她也会有同感。因此，你必须充满自信，显得积极有力。

一位管理顾问正想租用昂贵的曼哈顿写字楼。租赁代理知道他的经济情况，向他推荐了一套又一套的房间，从未想过她的潜在客户会不租房子，只是在想：哪一套房间最适合我的客户？

在介绍不同的办公室之后，她断定该是成交的时候了。

她把潜在客户带进了一套房间。在那里，他们俯瞰东江，她问道："你喜欢这江景吗？"

潜在客户说："是的，我很喜欢。"

然后，推销人员又把客户带到另一套房间，问他是否喜欢那天空的美景。

"非常好。"那客户回答。

"那么，您比较喜欢哪一个呢？"

顾客想了想，然后说："还是江景。"

"那太好了，这当然就是您想要的房间了。"推销人员说。

果然不出所料，那位潜在客户没有想到拒绝，他租用了。

自始至终，你只需善意地假设顾客会买，然后平静地达成交易。

当承包商赛莫·霍瑞——他那个时代最伟大的推销人员之一开始同富兰克林·屋尔斯讨论关于兴建美国的屋尔斯大厦时，他们完全陷入了对立状态。

经过另一次毫无收获的拜访（同样的逃避和犹豫），霍瑞略微表现出不满，他站起身来，伸出手说："我来做一个预测，先生，您将会建造世界上最宏伟的大厦，到那时我愿为您效劳。"

他走了。

几个月之后，当大厦开始动工时，屋尔斯对这位高级推销人员说："还记得那天早晨你说的话吗？你说，如果我要建造世界上最宏伟的大厦，你将为我效劳。"

"是的。"

"噢，我一直铭记在心。"

当然，你没有推销上百万美元的大厦，但同样的推销技巧也会对你的产品或服务奏效的。

带着与推销屋尔斯大厦同样的假设、同样的自信、同样的安详和信念，你也将会达成交易。还在等什么呢？你知道你的潜在顾客一定会买！

当你拿起响着的电话时，听筒另一端传来声音：

“嗨，您是钟先生吗？”

“你是……”

“您好，我是雷佛汽车公司的苏西。”

“喔。”

如果你不想和这家伙谈话，想挂断电话，且让我们换个剧本瞧瞧：

电话铃响了，你拿起听筒。

“喂？”

“嗨，您是钟先生吗？”

“你是……”

“钟先生，我是雷佛汽车公司的苏西，你妹妹蓓琪让我打电话给你。”

“喔，嗨！”

不管你打电话的技巧多么高明，不管你在潜在客户身上下了多少工夫，不管你的商品和服务多么棒，这一切全比不上熟人的推荐有效。你或许能借潜在客户的朋友、亲戚、生意伙伴，甚至他老板的名义，将自己介绍给他。有了熟人的介绍，你就已经跨入门内，赢得他的注意和信任。

此外，经由客户推荐往往能促成潜在客户的出现，因为客户很少会介绍那些对你的商品完全不感兴趣的人给你。

那么，你要如何赢得推荐？

这得靠你自己开口问了。当交易完成后，你不妨请客户介绍其他人给你，但这个过程并不如想象中那样容易。如果你只问客户，他有没有朋友想买汽车、小狗或电脑，他大概会随口答说“没有”或“目前没有”。这种答案，千万别信以为真。

你的客户可能在一个星期里曾遇见许多人，但在你问他的那一瞬间，他很难立即给你一个比“没有”或“目前没有”更好的答案，因为他不可能马上回想起所有曾见过的人，更别说那些人的个性或他们有些什么需要。

赢得顾客的心

如果说歌星是靠优美的歌声来撩动听众的心，演员是用精湛的演技来俘获观众的心，那么一个成功的推销员则同时需要声音和技巧两种武器来赢得顾客的心。

一、一次示范胜过 1000 句话

艺术的语言配以形象的表演，常常会给你带来意想不到的惊人效果。

百闻不如一见。在推销事业中也是一样，实证比巧言更具有说服力，所以我们常看见有的餐厅前设置着菜肴的展示橱窗；服饰的销售方面，则衣裙洋装等也务必穿在人体模型身上；建筑公司也都陈列着样品屋；正在别墅区建房子的公司，为了达到促销的目标，常招待大家到现场参观。口说无凭，如果放弃任何销售用具（说明书、样品、示范用具等），成功的希望当然几乎为零。

俗话说：“买卖不成话不到，话语一到卖三俏。”可见推销的关键是说服。推销人员要让产品介绍富有诱人的魅力，以激发客户的兴趣，刺激其购买欲望，就要讲究语言的艺术。

美国纽约“成功动机研究”主持人保罗在进行大量研究后发现：优秀的推销人员都会巧妙地利用人们喜欢听故事的心理去取悦客户。

一位推销人员在听到客户询问“你们产品的质量怎样”时，他没有直接回答，而是给客户讲了一个故事：“前年，我厂接到客户的一封投诉信，反映产品质量问题。厂长下令全厂员工自费掏钱坐车到100公里之外的客户单位，当全厂员工来到客户使用现场，看到由于产品质量不合格而给客户造成很大损失时，感到无比的羞愧和痛心。回到厂里，我们立刻召开了质量讨论会，决定把接到客户投诉的那一天作为‘厂耻日’。结果，当年我厂产品就获得了省优称号。”推销人员没有直接去说明产品质量如何，但这个故事让客户相信了他们的产品质量。

推销人员既要用事实、逻辑来说服客户，也要用鲜明、生动、形象的语言来打动客户。打动客户感情的有效方法是对产品的特点和利益进行形象描述，以增强吸引力。

幽默，是推销成功的金钥匙，能迅速打开客户的心灵之门，让客户在会心一笑后，对你、对产品或服务产生好感，从而诱发购买动机，促进交易的迅速达成。

你在推销产品过程中，仅仅向客户介绍产品的外观形态是不够的，还应该向客户示范怎样使用产品、产品有哪些实际功能和特点。在条件允许的情况下，可以让客户亲自做示范，这样要比推销人员单独做示范更能引起客户的兴趣。

有一位陈先生曾在一家汽车修理厂工作，同时也是一位极活跃的推销人员，不管新车或旧车，总是自己开着去拜访想买的客户。

“这部车子，我正要将它送到买主那里，张先生，您也可以顺便看一看如何？我想把它有缺点的地方修理好了再送去，只要像您张先生这样有经验的人说一声‘好’，我就可以更放心了。”

一边说着就一边和张先生一起驾驶这辆车子，开了一两公里路，征求客户的意见："张先生，怎么样？您有没有什么指教？"

"有的！我觉得方向盘好像松了一点。""好！您真是高明！我也注意到这个部分有问题，还有没有其他意见？"

"引擎很不错，离合器也很好。"

"好！好！您的确是很有经验，佩服！佩服！"

"陈先生，这辆车子要卖多少？我不是想买，只是问问价钱，打听打听行情。"

"这样的车子，您一定知道值多少，您出多少钱？"

假定这时生意还是没谈成的话，可以一边试车一边再商量，最后必可做成这笔生意，尤其是推销旧车子，有100%的成功概率。

二、告诉客户你将带给他的利益

无论你怎样竭力地劝服你的客户，你都需要让他明白：这是他所必需的。这是全部问题的关键之所在。

说服客户购买的最好办法就是使客户意识到购买了你所推销的产品以后将会得到很大的利益，使客户感到他需要这种产品，并且迫切地需要购买，这是一种冒最小的风险获取最大利益的活动，因此，推销人员必须致力于谈论利益。

此外，还必须将购买后的利益具体化、现实化，使其可信也可及。

"这个电热毯自动控制，不用担心温度过高或偏低；有两个开关分别设置在两边，不用起身就可以从任意一边关启电源；它宽1.5米、长2米，可供双人床铺用；重1.5千克，搬运或存放都很方便；它所用的面料可以水洗，不用多花钱就可以保持褥子干净……"

这种介绍方法是边讲边议，在介绍产品特点的同时提及所带来的各种好处，使客户觉得购买这种电热毯可以获得许多利益，必定乐意购买。

不同的客户群体对产品的利益需求是不同的，因此推销人员在告诉客户他将获得的利益方面应有所侧重。

对中低收入阶层来说，他们更在意价格。推销人员就要在介绍产品性能好的同时还要介绍能节省客户的金钱。

对中等收入阶层来说，他们对产品的性能更关注，推销人员要强调产品在性能方面的优越性，花同样的钱能享受更多的服务，这样客户一定会满意的。

对富裕阶层来说，他们更注重产品与身份相符，或是满足他们的一些特殊需要。对这类客户要强调产品的高档和气派，强调产量不高但性能稳定，并且有一些独特的功能。

徐先生曾讲述过这样一件事。

他打算买一张办公椅，在家具店里看到一贵一贱两张椅子，不知如何挑选。

店员看徐先生试坐两张椅子后，告诉徐先生："4500 元的这张椅子坐起来较软，觉得很舒服，反而 6000 元的椅子你坐起来觉得不是那么软，因为椅子内的弹簧数不一样，6000 元的椅子由于弹簧数较多，绝对不会因变形而影响到坐姿。不良的坐姿会让人的脊柱侧弯，很多人的腰痛就是因为长期不良的坐姿而引起的，光是多出的弹簧的成本就要将近 600 元。同时，这张椅子旋转的支架是纯钢的，它比一般非纯钢的椅子寿命要长一倍，不会因为过重的体重或长期的旋转而磨损、松脱，这一部分坏了，椅子就报销了，因此，这张椅子的平均使用年限要比那张多一倍。你这张坐一张，那张要坐两张，纯钢和非纯钢的材料价格会差到 1000 元。另外，这张椅子看起来不如那张那么豪华，但它完全依人体工学设计，坐起来虽然不是软绵绵的，但却能让你坐很长的时间都不会感到疲倦。一张好的椅子对经年累月坐在椅子上办公的人来说实在是非常重要的。这张椅子虽然不是那么显眼，但却是一张用心设计的椅子。老实说，那张 4500 元的椅子中看不中用，是卖给那些喜欢便宜的客人的。”

徐先生听了这位店员的说明后，心里想到：还好只贵 1500 元，为了保护我的脊柱，就是贵 3000 元我也会购买这张较贵的椅子。

让客户无法回绝

面对两个不同的客户，身无分文的那个人走了，那是他的错；口袋盈实的人也走了，这却是你的错。

对于任何一个顾客来说，他没必要找出一个理由来接受你，却可以找无数个理由来拒绝你，关键就在于你如何去巧妙地应对。

一、顾客为什么会拒绝

“销售始于被拒绝时”是推销人员的始祖——雷德的名言。确实，你遇到过“嗯！你来得正好！事实上，我正要这些东西。千思万盼，总算把你等到了”这样的客户吗？你肯定没有遇到过，因为人们习惯于拒绝。

人是有思想、有感情、有需求的高级动物。你向人们推销，他不需要这种产品时，一定会拒绝你；他口袋里没有钱时，当然会拒绝你；他对你和你的产品不了解时，可以拒绝你；他对你的推销不理解时，可以拒绝你；他没有考虑到自己有这种需要时，可以拒绝你；他太忙时，可以拒绝你；他情绪不佳时，可以拒绝你；他太兴奋时，可以拒绝你；他对你的形象有点看不顺眼时，可以拒绝你；天下雨时，他可以拒绝你；天放晴了，他也可以拒绝你……

总而言之，他可以用任何一个借口、用任何一条理由，甚至是不称其为理由的理由，就可以毫不留情地拒绝你。

客户拒绝你的推销的理由有成千上万条，赞同你的推销的理由却只有一条：现在就需要；而且还要附带一个不可或缺的条件：口袋里有现金。

这时的你，就应该思考如何回应拒绝了。

被拒绝时，先自我思考一下："为什么？是因为产品或服务无法让他满意吗？还是他根本就不想再和你交谈？"总之会有理由，我们不妨花些时间理清思路，找到被拒绝的原因及应对方法。

要想弄明白客户拒绝的真正理由，只有通过与他对话，从他的语言、神态表情及身体动作等方面去猜测和分析。

只要客户不拒绝与你对话，你用某些预先设置的提问去"套"他，就会发现拒绝的真正理由。只要你了解了拒绝的真正理由，便可以对症下药，用你已经准备好的一整套的推销语言和技巧去说服他。

二、与客户谈判的技巧

谈判是一场没有硝烟的战争，也需要讲究进退均衡的技巧。

推销也如同打仗一样，推销桌上虽然不像战场上那样刺刀见红、互相残杀，但亦是互相交锋、争斗激烈。有时要坚持谈下去；有时则要暂时休会，下次再谈；有时要据理力争，讨价还价；有时需要暂时退却，待机而进。商战如同兵战，推销桌上战术技巧的灵活选择和娴熟运用，全凭推销人员的经验与智慧。

美国人的哲学是赢的哲学。或许人们把运动场上求胜的观念太过于引申到商场上了。事实上，求胜的形象并不是进行谈判的最好选择。理由是有一位赢家即意味着有一位输家，这会完全扭曲了谈判的整个目的。就是想赢得一切的动机，使许多谈判者不愿放弃任何一点利益，不愿承认自己的弱点。然而有所舍弃也是成功要素。一位赌马老手绝不会押注在全部9匹马上。他知道有赢相的马儿就只有这两三匹，他也只押注在这几匹有赢的希望的马上。他知道，如果他9匹马都赌，很可能会输去绝大部分的所押赌注，所以他坚持自己的计划、立场。同样地，你必须学习，有时候赢可定义为放弃或退出到局外。

凯恩是一位销售员，代表一家公司与需要暂时帮助的公司签约并给予协助。这家公司需要大量文字处理操作人员的帮助。凯恩公司拥有许多有打字技巧的员工，有些是大学生。他知道他们并不真正符合条件，不过契约报酬优厚，他经不住这份诱惑。他通知他公司的人事部门尽快训练这些打字员，他马上要把这些打字员送到签约公司客户的操作机器前。凯恩所依赖的是工作人员和签约公司的管理人员能建立良好的关系，他知道他选定的人员有基本的技能，外貌、个性也很吸引人。他深信他们能在一段不太长的时间内精通对方的机器，而他也会有一笔丰厚的佣金收入。

不过，事情并没这么顺利，签约的客户欣赏派遣人员工作勤奋、为人诚恳这个事实，不过他们对推销人员的夸大、错误描述颇不谅解，他们抱怨道："如果我们需要受训者，我们干吗找你们帮忙?"凯恩犯此大错，连失二城，不仅派遣前往的文字处理操作人员全被解雇，而且原先凯恩公司在该公司已正式签约的成员也全部被取代。凯恩面对的这位购买代理商是位有原则的人，他不愿与不承认自己缺点的人做生意。

"退一步，进两步。"以退为进是谈判桌上常用的一个制胜策略和技巧。

打仗也好，经商也好，推销也好，暂时地退却是为了将来的进攻。这也是"退"与"进"的辩证法在谈判桌上的灵活运用。

三、给顾客一个购买理由

优秀的推销员对一个事实再清楚不过，那就是：很多顾客在购买他们的产品之前，原本没有那个打算。

没有人会买一个对自己来说没有用的东西，他们之所以购买你的产品，肯定有购买的理由。推销人员必须让你的客户明白你所推销的产品会带给他什么用途，即你必须明确地告诉客户：购买产品的理由。

推销活动是买卖双方均得利的公平交易活动，要想达成交易，就得使双方都满意，如有一方受到损失，这项交易肯定不能成功。推销人员从交易中得到的好处是谁都明白的，那么你应该让客户知道他通过购买你的产品能得到什么利益。你必须承认，我们人类天生有懒惰的本性，所以客户不会主动思考你的产品会给他带来什么好处。他要求你向他讲出，而且，这就是考验你的时候，哪个推销人员打动了他的心，他就会买哪个推销人员的产品。

人们如饥似渴地盼望不劳而获，或至少有那样的幻想。在推销过程中，你可以利用人们的这种心埋，使用一种诱导物。

这种诱导物可能是一件很微小的东西——一张街道指南、一张公路地图、一个台历——一件值不了几美元的东西。但它却对一些价值几千美元的大交易的完成起了推动作用。

喜欢牧羊犬的凯文是一名售楼先生，他常常在出售房屋时带着他的小狗。有一天，凯文碰见了一对中年夫妇，他们正在考虑一栋价值 24.8 万美元的房子。他们喜欢那栋房子及周围的风景，但是价格却太高了，这对夫妇不打算出那么多的钱。此外，也有一些方面——如房间的设计、洗手间的空间等，令他们不十分满意。

凯文几乎要放弃了，因为销售成功的希望很渺茫，正当那对夫妇打算告别时，那位太太看见了那只小狗，并问：“这只狗会包括在房子里吗?”凯文回答：“当然了。没有这么可爱的小狗的房子怎么能算完整呢?”

这位太太说他们最好是买。丈夫看见妻子这么喜欢，也就表示同意了，于是这笔交易就达成了。这栋价值 24.8 万美元的房子的特殊诱导物竟是一只小牧羊犬。

凯文用不同的诱导物——樱桃树或草坪进行试验，来同竞争者的优惠卡相比较。这些诱导物实际上并不值钱，却胜过现实的优点。你怎么都不会想到一只温驯的、会摇尾巴的小狗会促成 24.8 万美元的一笔大交易。

除了提供额外价值外，还要满足客户好奇的心理。

夏末秋初，美国西雅图的一家百货商店积压了一批衬衫。这一天，老板正在散步，看见一家水果摊前写着“每人限购 1000 克”，过路的人争相购买。商店老板由此受到启发，回到店里，让店员在门前的广告牌上写上“本店出售时尚衬衫，每人限购一件”，并交代店员，凡购两件以上的，必须经理批准。第二天，过路人纷纷进店抢购，上办公室找经理特批超购的大有人在，于是店里积压的衬衫销售一空。

20 世纪初，一些外国石油公司想在当时只点豆油灯的中国推销他们的煤油。为了打开中国市场，外国商人除了大肆宣传煤油灯的好处外，还挨家挨户地向中国老百姓赠送带玻璃罩的煤油灯，让他们试点。试点的人体会到煤油的好处，便常去买煤油，洋人的煤油终于打进了中国市场。

完美成交艺术

虽然你的顾客尚未开口表决，却已在无形中透露了内心的机密。你注意到了吗？

一、把握成交的信号

美国将领麦克阿瑟说：“战争的目的在于赢得胜利。”推销的目的就在于赢得交易，成交是推销人员的根本目标，如果不能达成交易，整个推销活动就是失败的。

所谓成交，就是推销人员诱导顾客达成交易，使顾客购买产品的行为过程。

心理学名词“心理上的适当瞬间”在推销工作中的特定含义是指顾客与推销人员在思想上达到完全一致的时机，即在某一瞬间买卖双方的思想是协调一致的，此时是达成交易的最好时机。

把握成交时机对于一个推销人员来说是至关重要的，过早或过晚都会影响成交的质量和成败，促成交易，首先应捕捉住成交的时机。成交时机到来时，必定伴随着许多有特征的变化和信号，推销人员应富于警觉并善于感知他人态度的变化，能及时根据这些变化和信号来判断“火候”和“时机”。

一般情况下，顾客的购买兴趣是“逐渐高涨”的，且在购买时机成熟时，顾客的心理活动趋向明朗化，并通过各种方式表露出来，也就是向推销人员发出各种成交的信号。

成交信号是顾客通过语言、行为、情感表露出来的购买意图信息。成交信号有些是有意表示的，有些则是无意流露的，这些都需要推销人员及时发现。

顾客的语言、面部表情和一举一动都在表明他们的想法。从顾客明显的行为上也完全可以判断出他们是急于购买还是抵制购买。推销人员要及时发现、理解、利用顾客表露出来的成交信号，这并不十分困难，其中大部分也能靠常识解决，关键需要推销人员的细心观察和体验，同时还要积极诱导。当成交信号发出时，要及时捕捉，并迅速提出成交要求。

二、签约之前扔掉惶恐

除非你是骗子，否则就不应该在客户面前惶恐。

你以为艺术表演者在出场前都镇静自若吗？答案是否定的。他们也会怯场，在出场前都有相同的心理恐惧：一切会正常无误吗？会不会漏词、忘表情？观众会怎么想？他们能喜欢吗？

推销人员在签约之前或许也是同样的心情吧，既兴奋又紧张。无论你将它称之为怯场、放不开还是害怕，总之有好多推销人员因此很难坦然、轻松地面对客户，这都是人性使然。不管你信不信，就是有很多推销人员出人意料地会在最后签合同的紧要关头突然紧张害怕起来，生意就这么被毁了。

从你打电话要求与客户见面的那一刻开始，一直到令人满意地签下合同，这条路上一直是处处充满惊险。想必没有人喜欢被赶走，没有人愿意遭受打击，没有人喜欢当“不灵光”的生意人。

有一些推销人员，他们在与客户协商的过程中，目标明确，头脑灵活。可是，一到了关键时刻，马上就要签约了，他们总是战战兢兢，结果失去了引导客户签约的勇气和即将到手的工作成果。

你会突然产生这种令人失灵的恐惧，其实是害怕自己一不小心犯了什么错，客户会反感，肥鹅就飞了，害怕丢掉渴望已久的订单罢了。如果你在签约的那一刻恐惧感一占上风，所有致力于目标的专注心志就溃散无踪了，那么你的订单就真的飞了。

在签约的决定性时刻，在即将大展魅力的时刻，很多推销人员却失去了勇气和掌握全局的能力，甚至忘记了自己是推销人员。

如何避免这种状况发生呢？无疑只有完全靠内心的自我调节。你只有抱有“我的产品能够解决客户的问题”这一自始至终的想法，才能充满自信。

眼看就要到签约阶段时，你要平和冷静，同时放松心情，注意客户可能传出的信息，以便立刻正确有效地掌握时机。

你要表现出签约好似是件理所当然的事一样，好似订单早已落入口袋一样。在这一刻，你什么都不要想，因为想什么都没有用，你只要注意你的客户就可以了。

对于世上其他的一切完全脱离不见，其他有关订单、销售额、约会等的念头也一律消失无踪——所有思想上的重担统统都被抛开了。

客户肯定也能感受到这种气氛。他同样也变得越来越轻松、开朗，对眼前购买决定的抗拒感越来越小。

推销人员要密切注意一开始就定好的目标，丝毫不放松。因为你是合情合理地估算过自己的目标的，这个目标切实可行，并非是定得过高的空中楼阁，所以你要全力以赴，丝毫不退让，无论如何都要达成。

怀着这样积极自省的态度，你才能避免犯一般推销人员临签约生惧的错误，更不会在最后的阶段紧张慌乱，与生意失之交臂。

三、避免客户反悔

在你饥肠辘辘的时候，一只快煮熟的鸭子却飞了，这种粗心导致的失误是不是很遗憾?

也许我们每个人都有购物之后或者决定购物之后又突然后悔的时候。相信很多人都会重新考虑自己是否做出了冲动的、奢侈的或荒唐的购买决定。

在我们这样一个快节奏、高消费的社会里，人们常常需要做出匆忙的决定，而事后又怀疑自己行动太仓促。毕竟，可供挑选的高档商品太多了，虽然人们的需求也很大，但没有多少人富得可以买下一切。正因为有了这种想法，人们才会很自然地问自己：“我到底该不该买这件产品，或者，我的钱用到别的地方是不是更好?”

永远也不要让客户感到专业推销人员只是为了佣金而工作。不要让客户感到专业推销人员一旦达到了自己的目的，就突然对客户失去了兴趣，转头忙其他的事去了。如果这样，客户就会有失落感，那么他很可能会取消刚才的购买决定。

对有经验的客户来说，他会对一件产品发生兴趣，但他们往往不是当时就买。专业推销人员的任务就是要创造一种需求或渴望，让客户参与进来，让他感到兴奋，在客户情绪达到最高点时，与他成交。但当客户的情绪低落下来时，当他重新冷静时，他往往会产生后悔之意。

无论什么时候，当一位父亲陪着儿子来买车时，我们应该会见机行事地说："您一定很幸运，因为您有这样一位了不起的父亲。他一定愿意让您买下这辆车。"

"当一位顾客为他或她的配偶、母亲或情人，或任何别的人买车时，我们应该会这样说几句。一旦你强调了这一点，顾客就不大可能改变主意或因后悔而违约，因为在你把顾客的形象树立得高大无比之后，他们无论如何也会设法保住面子。

提供美的服务

我们对推销事业的抱负和理想，应该是以"真"开始，以"善"去行动，最后以"美"去做最好的完善与补充。

一、客户在交易确认后期望什么

当推销人员与客户签下第一份订单时，你们之间的合作关系便开始了。这时就需要由推销人员向客户证明，你的承诺将会实现。推销人员必须实现你的承诺，甚至要提供比顾客所期望的更多更高质量的服务。

一般的推销人员认为：只要与客户达成了交易，推销工作便结束了。这是因为他们还没有意识到满足客户期望的重要性，他们只知道与客户一笔一笔地洽谈生意，却不在帮助客户获得承诺过的利益上下功夫。这种不以满足客户的需求为中心的商业策略是不会获得成功的。

要想成为成功的推销人员，拥有满意的、忠实的客户群是非常重要的。为了能够获得忠实的客户群，推销人员必须明确客户在交易确认后期望获得什么，简单地说，有售后服务、赔偿损失、解决后顾之忧等。

只要销售人员乐于帮助客户，他就会和客户和睦相处，就会形成非常友好的气氛，而这种气氛是推销工作顺利开展所必需的。美国一位推销大王精辟地指出："如果你一生都为用户提供优质服务，那么，你的推销工作中约 80%是来自老用户的帮助而再次成交……满意的用户会招徕更多的满意的用户，这就是滚雪球的效果——你在消费者之间建立起了坚实的内核，每年这个内核会一层层地扩大。"

各种推销的区别并不仅仅在于产品本身，最大的成功取决于所提供的服务质量。推销人员的薪水都来自那些满意的客户提供的多次重复合作和中介介绍。事实上，如果你坚持为客户提供优质的售后服务，从两年以后起，你所有交易的 80%都可能来自那些现有的客户。否则，你就可能永远也不能建立与客户之间的牢固关系及良好信誉。那种不提供服务的推销人员每向前走一步，可能就不得不往后退两步。

二、欢迎客户的抱怨

顾客就是上帝，上帝有对你的抱怨，这也是合理的。

抱怨是每个推销人员都会遇到的，即使你的产品再好，也会受到爱挑剔客户的抱怨。不要粗鲁地对待客户的抱怨，其实这种人正是你永久的买主。

欢迎客户的抱怨是推销过程中处理客户抱怨的基本态度。松下幸之助说："客户的批评意见应视为神圣的语言，任何批评意见都应乐于接受。"正确处理客户的抱怨具有吸引客户的价值。

松下幸之助先生认为：对于客户的抱怨不但不能厌烦，反而要当成一个好机会。他曾经告诫部属："客户肯上门来投诉，其实对企业来说实在是一次难得的纠正自身失误的好机会。有许多客户在买了次品或碰到不良服务时，因怕麻烦或其他原因而不来投诉，但却产生了对企业的坏印象，在他与其他消费者交谈时，就有可能给企业带来了坏名声。因此，对有抱怨的客户一定要以礼相待，耐心听取对方的意见，并尽量使他们满意而归。即使碰到爱挑剔的客户，也要婉转忍让，至少要在心理上给这样的客户一种如愿以偿的感觉。如有可能，推销人员可以尽量在减少损失的前提下满足他们提出的一些要求。假若能使鸡蛋里面挑骨头的客户也满意而归，那么你将受益无穷，因为我相信他们中有人会给你做义务宣传员和义务推销人员。”

松下幸之助还结合自己的亲身经历讲到这样一件事：有位东京大学的教授寄信给他，说该校电子研究所购买的松下公司产品出现使用故障。接到投诉信的当天，松下幸之助立即让生产这件产品的部门最高负责人去学校了解情况。经过厂方耐心讲解与妥善处理，研究人员怒气顿消，而且对方进一步为松下公司推荐其他用户和订货单位。

一般而言，客户抱怨的最主要原因是他们的自尊心受到了某种伤害。况且，身为客户，往往会有种优越感，他们会觉得：

“我是客人。”

“我是来向你消费的。”

如果无视客人的优越感，甚至背道而驰，很可能就会点燃客人的满腔怒火。

相反，如果能够重视客户的自尊心及优越感，以认同的态度说话，客人便会明显地感到满足，进而对你和你所代表的企业产生好感，从而成为你永久的客户。

“对于我们没有注意到的地方，您真是观察入微，谢谢您的细心提醒。”

“谢谢您的指教，我们会立刻查明原因，并作为下次改进的目标。”

“我们会根据您的意见尽快改进，非常谢谢您的指教。”

客户肯定会对这样的回答乐不可支，因为他的自尊心及优越感都因你的这番话而得到了满足。这就是对待客户抱怨的肯定用语，也是重要的待客之道，这一点一定要好好运用。

把“同志，是您自己弄错了”这样的否定句转换成“真不好意思，您可以好好阅读一下使用说明。很抱歉，我的说明不够清楚，但是请您依照说明书上的方式来使用”。这样的说法既能顾及客户的面子，又能清楚地告诉客户他错误的地方。

同样一件事，有些说法令人生气，有些则令人觉得高兴、愉悦，其中的不同之处就在于是采用否定说法还是采用肯定说法，因此在处理客户抱怨的时候我们不妨试着运用一些肯定说法。

推销不是一锤子买卖，而是要和客户建立长期关系。企业与客户建立长期的业务关系，在企业景气时，会把企业的成功推向高潮；在企业不景气时，则会维持企业的生存。而要建立长期的业务关系，企业和推销人员就要从维护客户的利益出发，向客户推销服务。

一次，A 先生乘新加坡航空公司的飞机从新加坡飞往台北，机组人员的服务一如既往地令人满意。这时，一位空姐建议他看看机上的购物目录。如果不是她的鼓动，A 先生也许什么也不会买。他买了一条皮带，却发现它太长了，于是这位空姐用她自己的小剪刀替 A 先生将皮带剪短。接下来又出了问题，A 先生扣不上皮带扣，于是她又帮助 A 先生扣上。这并不是她的义务，但她做得非常仔细、非常热情。更令他吃惊的是，当她发现 A 先生是他们公司的常客时，主动为他打了“会员”的折扣。这使他还想再买些东西，于是他又买了一瓶威士忌作为礼物送给在台湾的合作伙伴。随威士忌还附送一个计算器，可是上面有些刮痕，A 先生便问空姐是否可以去供货商那儿换一个，她立刻回答说可以。几分钟后，她拿来了一个新的计算器，并对 A 先生说，要退给供货商再换一个会给 A 先生带来很大的不便，于是她拿了一个新的计算器，并说道："我们去换更容易些，虽然要填一些单子。"A先生非常满意，心情愉快极了。A先生决定将继续乘坐这家航空公司的飞机，并将自己的美好经历告诉其他人。

仅仅使顾客感到高兴还不够。推销人员和他们的团队必须超越义务的界限，将美好的经历带给客户。推销中的新挑战不在于你能获得多少客户，而在于你能保留和扩展多少客户。当你的竞争对手失去客户和信誉时，你就会得到更多忠诚的客户和推荐。当这一天到来时，你的感觉如何？设想一下，所有那些对他们的推销商感到失望的客户都转而成了你的潜在客户，你的小客户和偶然客户都成了大客户和长期客户，你的生意将因此而迅速扩大，你还会想在老客户纷纷弃你而去的情况下，一家家去寻找新的客户吗？

你肯定希望你的所有客户都和你保持永久的业务关系，我们必须采取正确的方法从头做起。找到合适的目标客户，了解他们的具体需求，提出适当的方案，排除他们的误解，帮助他们接受你的方案，全心全意地为他们服务，保证他们在与你的交易中获得一次美好的经历。这些还不够，去想想你可以怎样为他们提供更多、更好的服务，去发现那些能够让你与众不同的地方，去争取更多的业务、证明和推荐，这便是销售循环。希望你能够在这个循环过程中积聚更大的力量，获得更快的速度，取得更大的成功，丰富自己的人生。付出越多，回报就越多。